**시골의사
박경철의
자기혁명**

시골의사 박경철의
자기 혁명

박경철 지음

리더스북

시골의사 박경철의
자기혁명

초판　1쇄 발행 2011년 10월　1일
초판 131쇄 발행 2024년　1월 22일

지은이 박경철

발행인 이봉주　단행본사업본부장 신동해　편집장 김예원
디자인 석운디자인　표지사진 임익순　일러스트레이터 정원교
마케팅 최혜진 이인국　홍보 반여진 허지호 정지연 송임선
제작 정석훈

브랜드 리더스북
주소 경기도 파주시 회동길 20
문의전화 031-956-7352 (편집) 031-956-7089 (마케팅)
홈페이지 www.wjbooks.co.kr
인스타그램 www.instagram.com/woongjin_readers
페이스북 www.facebook.com/woongjinreaders
블로그 blog.naver.com/wj_booking

발행처 ㈜웅진씽크빅
출판신고 1980년 3월 29일 제406-2007-000046호

ⓒ2011 박경철, 저작권자와 맺은 특약에 따라 검인을 생략합니다.
ISBN 978-89-01-13046-0　03320

리더스북은 ㈜웅진씽크빅 단행본사업본부의 브랜드입니다.
이 책은 저작권법에 따라 보호받는 저작물이므로 무단 전재와 복제를 금지하며,
이 책 내용의 전부 또는 일부를 이용하려면 반드시 저작권자와 ㈜웅진씽크빅의
서면동의를 받아야 합니다.

* 잘못된 책은 바꾸어 드립니다.
* 책값은 뒤표지에 있습니다.

당신은 지금 당신 삶의 주인인가!

　최근 몇 년 동안 청년과 학생들을 만날 기회가 많았다. 전작《시골 의사의 아름다운 동행》이 학생들의 필독서로 지정되면서, 몇몇 중고 등학교로부터 저자강연 요청을 받은 것이 시작이었다.
　솔직히 말하자면 처음에는 그리 내키는 일이 아니었다. 필자도 경험했듯, 학창시절 외부인의 강연이란 대개 형식적이고, 학생들도 수업이 없는 휴식시간 정도로 여길 거라고 생각했기 때문이다. 실제로 처음에는 학생들이 강연을 시작하기도 전에 잠을 자는 경우가 대부분이었다. 자는 애들을 깨우려면 어떻게 해야 할까를 고민했다. 그 과정에서 나의 어법으로 얘기하는 것이 아니라 그들의 어법으로 얘기를 해야 한다는 것을 알게 되었고 나름의 노하우가 생기기 시작했다. 나중에는 고등학생들이 교복이나 체육복에 사인을 해달라고 등을 내밀게까지 되었는데, 그 기쁨은 굉장히 컸다. 내 아이 말고 다른 아이들에게 어떤 영향력을 끼칠 수 있다는 것이 참으로 행복했다.

그러던 어느 날, 작은 지방도시의 한 고등학교에서 난감한 질문을 받았다.

"저는 나름대로 열심히 공부하고 있지만, 그렇게 해도 제가 좋은 대학을 가거나 좋은 직장을 얻을 수 없다는 것을 잘 알고 있습니다. 그래도 선생님 말대로 살면 희망이 있을까요?"

아무 말도 할 수 없었다. 그때 그 학생의 냉소적인 표정, 선연한 눈빛이 아직도 잊혀지지 않는다. 앞서 인생을 사는 자세, 노력과 태도 등에 대해 늘어놓은 장광설이 그 아이의 눈빛 속으로 소용돌이처럼 빨려들어가는 느낌이었다.

공감력부재의 현장이었다. 필자는 나름대로 학생들의 편에 서서 그들을 이해하고 있다고 생각했지만, 그들의 고민을 진심으로 이해하지 못한 채 상투적으로 대했던 것이다. 시골아이들의 가슴에 얼음기둥이 자라고 있었다. 아이들은 자신의 미래를 이미 그려놓았고, 꽤 많은 수가 벌써 자신들이 이 사회에서 변방에 불과하다는 자조와 체념에 지배되고 있었다. 단지 부모의 경제력이나 어느 지역에 사느냐 하는 것으로 자신들의 미래가 결정되는 사회 속에서 아이들은 이미 시퍼런 절망의 칼을 가슴에 품고 있었던 것이다.

그날 돌아오는 길에 눈물이 났다. 멀어 있던 필자의 눈이 크게 떠진 날이었다.

그러던 어느 날, 안철수 교수가 연락을 해왔다. 이화여대에서 강연계획이 있는데 대담형식으로 같이 해보자는 것이었다. 얼마 전 미국에서 대담형식 강연에 참석한 적이 있는데, 혼자서 하는 것보다 훨씬 전달력이 좋았다면서 우리도 한번 해보자고 했다. 당연히 거절할 이유가 없었다.

한 달 후, 강연을 듣기 위해 강당에 모인 대학생들의 반응과 눈빛을 보면서 갑자기 그 고등학생의 눈빛이 떠올랐다. 이유 없는 슬픔, 형언할 수 없는 아픔 같은 것이었다. 그것이 전국 대학순회강연과 이번 여름 30개 도시로 이어진 청춘콘서트의 동기였다.

이 책은 지난 6년간 중고등학생과 대학생, 학부모, 선생님들과 필자가 나눈 대화의 기록이자, 청춘콘서트에서 만난 청년들의 눈빛을 담은 앨범이다. 강연이나 인터뷰 등을 통해 해온 이야기를 동어반복하지 않고, 그동안 만난 청년들과 주고받은 대화의 결과를 깊이 숙고해서 문장으로 발효시켜 다시 퍼올리기 위해 나름대로 노력했다.

하지만 문제는 이런 글을 쓸 때는 필자 자신의 삶도 그 바탕 위에 있어야 하는데, 책에서 다룬 이야기들을 그대로 내 삶에 반영하지 못하고 있다는 점이다. 따라서 필자에게 이 책은 내 삶의 후회를 담은 시행착오의 기록이기도 하다. 그럼에도 불구하고 굳이 책으로 묶은 것은, 청년들 혹은 아이를 키우는 부모님들이 필자가 겪은 후회와 시행착오를 그대로 겪지 않기를 바라는 마음 때문이다.

이 책이 자신과 사회의 미래를 고민하는 청년들과 부모로서 아이를 어떻게 키울지 고민하는 분들에게 작은 도움이라도 되면 좋겠다. 나는 비록 생각만 하고 실천하지 못했지만 내 후배 세대들은 다르기를 바라는 기대가 숨어 있는 셈이다. 어쩌면 그것이 바로 우리 선배들의 마음일 것이다.

히포크라테스의 잠언집에 이런 말이 있다.

"인생은 짧지만 지식은 길다. 기회는 순식간에 지나가는데, 경험은 믿을 수 없고 판단은 어렵기만 하다(Life is short, art long, opportunity fleeting, experience treacherous, judgement difficult)."

그렇다. 인생은 짧다. 우리 삶에서 기회는 순식간에 지나가므로 그것을 경험적으로 알아차리고 움켜쥐기란 너무 어렵다. 그래서 기회를 잡는 것은 때때로 우연이나 행운같아 보이기도 한다. 하지만 기회는 준비된 사람에게만 찾아온다는 것을 우리는 잘 알고 있다.

그래서 지금 우리가 나눈 눈빛과 이 이야기들이 다음 세대들의 준비와 판단에 작은 도움이라도 되기를 바란다.

사랑하는 내 아이만큼이나 이 땅의 청년들, 그리고 후배들의 미래를 진심으로 축복하고 싶다.

2011년, 뜨거웠던 여름의 끝자락에서…

박경철

:: 목차 ::

프롤로그 당신은 지금 당신 삶의 주인인가! 5

1장 / 나를 찾아가는 시간

방황은 살아있다는 증거다 15
낯선 것을 통해 본질을 통찰하라 21
침묵은 가장 능동적인 대화다 31
극도의 몰입, 배움의 즐거움 43
나는 원본인가 이미지인가 48
진정한 행복은 과정의 몰입에서 온다 61
나의 존재는 무엇으로 증명하는가 68
나의 가치관은 무엇인가 79
발산하지 말고 응축하라 87

2장 / 세상과의 대화

언어는 그 사람을 말해주는 지표다 95
진실을 보고 행하는 참지식인이 되자 105
신자유주의가 가져온 불행 116
한국사회에 닥쳐올 새로운 질서 124

환경은 새로운 패러다임이며 기회다 133
행복이 개인의 문제가 아닌 이유 139

3장 / 나를 감동시키는 자기혁명

자기 삶의 혁명가가 돼라 149
경계를 넘어서야 진보가 온다 161
내면의 불길을 가다듬는 시간, 청춘 167
철학을 통해 사유의 경계를 넓혀라 174
냉정과 열정 사이에서 균형잡기 182
자신의 잠재력을 찾는 법 190
자신을 감동시켜야 진정한 노력이다 200
자기주도적 선택의 힘 209
지금 이순간에 집중하라 218

4장 / 자기혁명을 위한 배움과 성장

자기만의 색깔로 도전하기 225
경쟁심을 자기발전의 토대로 만들어라 234
청년에게 예의가 필요한 이유 239
안과 밖의 태도가 나를 말해준다 242
시간의 가치는 밀도가 결정한다 250
지식과 지혜, 영감과 창의 263
학과 습이 병행되어야 진짜 공부다 272
책을 통해 저자의 진짜 생각과 만나다 283

독서법 292
글쓰기와 말하기 300

5장 / 미래를 여는 변화와 도전

이 시대의 희망부재와 우울 313
운명론적 사고가 지배하는 사회의 위험성 323
건강한 사회를 위한 시민의식 329
소셜네트워크가 만드는 스마트월드 336
전세계적 슬로건, 공존과 공생 345
인문학적 상상력으로 통섭하라 357
패러다임 변화를 읽어내는 주인공이 돼라 361
새 시대의 패러다임 이해하기 369
공공의식을 가진 공감형 리더십의 요구 379
정의와 공정성에 관하여 386

에필로그 우리는 늘 두근거리는 시작 앞에 있다 394

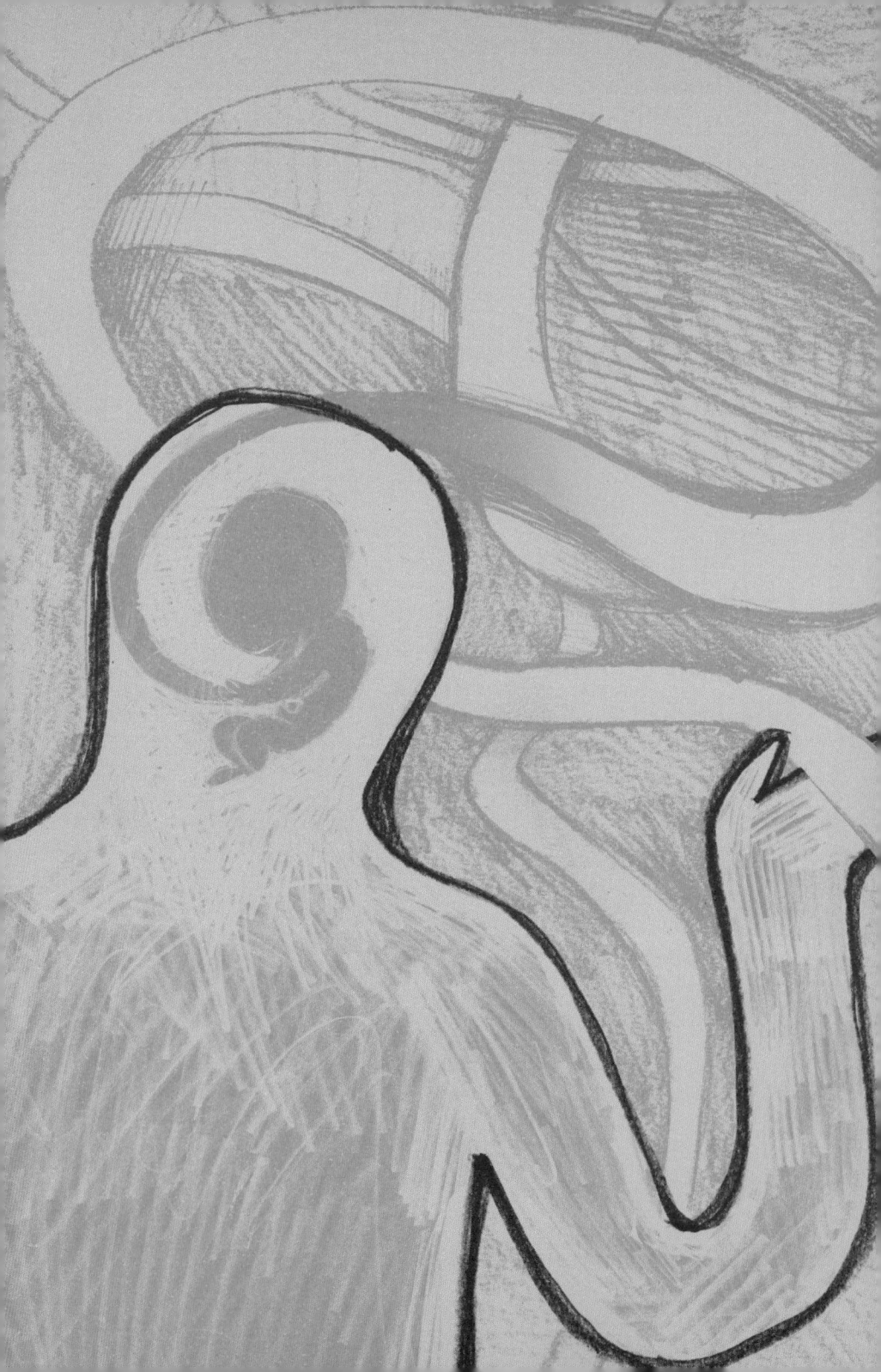

1장
나를 찾아가는 시간

방황은 살아있다는 증거다

> 모든 방황에는 의미가 있다. 지금 이 순간, 우리가 고민하며 방황하고 노력하는 것은 바른 길을 찾기 위한 여정이다. 인생은 고민의 연속이지만 그래도 계속 방황하며 노력하는 것, 주저앉지 않는 것, 그것이 바로 실존이고 나의 삶을 증명하는 유일한 길이다.

괴테(Johann Wolfgang von Goethe)의 《파우스트Faust》에서 신은 이렇게 말한다.

> 그가 지상에서 살고 있는 동안에는
> 네가 무슨 일을 하든 금하지 않겠노라.
> 인간은 노력하는 한 방황하는 법이니라.

여기서 "인간은 노력하는 한 방황한다(Es irrt der Mensch, solange er strebt)."라는 이 마지막 구절은 《파우스트》가 전하고자 하는 핵심

메시지다. 괴테는 이 책을 통해 인간의 욕망과 한계, 그럼에도 불구하고 인간이 궁극적으로 지향할 수밖에 없는 '선(善)'의 문제들을 다루고 있다. 여기서 악마 메피스토는 "너는 누구인가?"라는 물음에 "나는 언제나 악을 원하면서도 언제나 선을 창조하는 일부분"이라고 답하기도 한다. 역시 전율스러운 문장이다.

방황은 노력의 다른 이름이다

주인공 파우스트는 세상의 모든 지식을 섭렵하고 자연의 이치까지 꿰뚫었지만, 지식만으로 모든 문제를 해결할 수는 없었기 때문에 궁극적으로는 절망과 한계에 부딪힌다. 그는 이 한계를 해결하기 위해 결국 악마와 계약을 해서 '젊음'을 얻고, 자신의 인생에서 한 번도 가져보지 못한 순수한 여인의 '사랑'까지 얻게 된다.

하지만 행복이란 언젠가 다가올 불행의 전주곡에 불과한 것! 악마는 이 사랑을 비극적 결말로 유도하고, 파우스트는 다시 좌절하게 된다. 이때 사랑 다음으로 그를 유혹한 것은 '욕망'이었다. 그는 또다시 악마의 도움으로 이번에는 욕망의 대상인 그리스 최고의 미인 헬레나와 권력을 얻지만, 악마와의 계약이 파놓은 함정에 다시 빠지고 만다. 이렇듯 탐욕은 늘 비극을 잉태하게 마련이다. 하지만 이런 어리석음과 방황에도 불구하고 그는 결국 구원을 받게 된다.

여기서 핵심은 '방황은 노력의 증거'라는 것이다. 생의 과정에서 온갖 유혹과 욕망에 의해 무너지고, 죄를 짓고, 심지어 악행을 저지르기도 하지만, 결국 인간은 '노력하는 한' 구원의 길(올바른 길)을 찾아가게 되어 있는 존재다.

인생에서 방황은 곧 시행착오일 뿐인데 우리는 이것을 죄악시하곤 한다. 방황은 죄악이 아니다. 인간에게 방황이 없다는 것은 나아

가려는 의지가 없다는 말과 같다. 인간은 욕망하는 동물이며, 그 욕망은 더 나아지려는 의지의 원동력이기 때문이다. 방황은 한계를 극복하기 위한 실험이며 그것을 넘어선 것이 성취다.

여기서 중요한 것은 험난하더라도 바른 길을 가야 한다는 점이다. 순간을 쉽게 모면하기 위해 타협하거나 우회하면 결국 빠져나올 수 없는 미로에 갇히게 된다. 한계를 회피하려는 유혹은 악마의 키스처럼 유혹적이다. 하지만 여기에 말려드는 순간 우리는 그물에 걸린 물고기 신세가 된다. 즉 욕망은 개선을 위한 의지인 동시에 자칫하면 승리를 자축하기 위해 제단 위에 자신의 피를 뿌리는 어리석은 충동일 수도 있는 것이다.

단순한 욕망의 좌충우돌은 생에 대한 모독이다

지금 우리의 현실이 그렇다. 결과만 보고 과정을 무시하며 달리는 사회적 환경은 우회와 타협의 결과다. 국가는 잠재성장률(정상적으로 달성할 수 있는 성장잠재력)을 넘는 GDP 성장률을 목표치로 내세운 후, 그것을 달성하기 위해 몇몇 대기업에 국가의 자원을 집중배분하고 토목사업을 통해 눈에 보이는 경제성장률을 달성하는 데만 관심이 있다. 그 과정에서 소외된 곳에 가야 할 자원, 사회의 안정과 행복을 위해 투자해야 할 자원들이 모두 한곳에 집중됨으로써 성장률이 높아졌음에도 정작 국민은 불행해졌다.

기업도 마찬가지다. 기업이 단지 더 많은 이익을 내기 위해서만 움직인다면 당장 임금과 고용을 줄이고 사회에 대한 공헌을 외면하며 국가 권력과 결탁해 불법과 탈법을 서슴지 않게 된다. 이런 사회적 환경속에서 개인 역시 단지 살아남기 위한 경주를 벌일 수밖에 없다. 그 결과, 과정은 언제나 무시된다. 학교는 교육을 포기한 채 입시를 향해 질주하고, 학생들은 생존을 위해 대학, 취업, 승진, 성공과 같은 허울 좋은 목표만 좇는다. 사회 전체가 헬레나의 입술을 얻기 위해 악마와 계약한 파우스트 박사의 아바타가 되어버린 셈이다.

이것이 방황이 죄악시된 이유다. '뭘 그리 고민하나? 적당히 눈감고 넘어가면 되지'라는 악마의 목소리에 따르는 것은 방종에 불과하지만, 한계를 극복하고 새로운 길을 내려는 방황은 아름다운 것이다. 남이 가는 길을 가면 편안하지만 종속되고, 새로운 길을 가면 험난하지만 독립적으로 서게 된다. 우리는 우주 그 자체이지 결코 종속적인 존재가 아니다. 세상의 모든 문제는 내게서 출발하고, 그 답역시 내 안에 있다.

그 때문에 지금 이 순간 우리가 고민하며 방황하고 노력하는 것은 바른 길을 찾기 위한 여정이어야 한다. 고민이 없다면 당연히 방황도 없다. 우리가 캄캄한 동굴에서 출구를 찾지 못하고 있다면, 때로는 바위에 머리를 부딪히고 때로는 발목을 접질리더라도 출구를 찾으려는 노력을 계속해야만 한다. 물론 그 결과 더 깊숙한 미로 속에 갇힐 수도 있다. 그렇다고 그것이 무서워 그대로 앉아서 죽을 수는 없지 않은가.

　사람은 누구나 태생적으로 한계를 지닌다. 그런 이유로 파우스트 박사처럼 겉보기에 세상의 모든 것을 다 갖춘 듯한 사람도 나름의 고민으로 방황한다. 고민과 방황은 마치 숨 쉬고 밥 먹는 것처럼 우리와 함께한다. 하지만 그래도 계속 방황하며 노력하는 것, 주저앉지 않는 것, 그것이 나의 삶을 증명하는 유일한 길이다. 대신 노력하지 않는 방황이나 방종, 즉 욕망의 좌충우돌은 생에 대한 모독이다. 치열하게 고민하고 노력하며 황무지를 여행하는 것만이 진정한 방황이다. 그 과정에서 살이 찢어지고, 고름이 흐르고, 굳은살이 박혀 나무껍질처럼 단단해질 때, 비로소 온전한 내가 세워지는 것이다. 고민을 두려워 말자. 그리고 우리 마지막 순간까지 방황해보자.

낯선 것을 통해 본질을 통찰하라

우리는 익숙한 것들에 대해서는 생각하지 않는다. 새로운 환경, 낯선 것들과 만났을 때 비로소 우리 머릿속에서 '새로운 생각'들이 일어난다. 그러므로 나의 발전을 위해서는 의식적으로 새로운 환경에 도전해 새로운 생각을 이끌어내고, 그것을 통해 새로운 습관을 만드는 것이 중요하다.

"낯선 것과의 조우를 통해 이성이 시작된다."

이는 독일 철학자 하이데거(Martin Heidegger)의 말인데, 가히 '생각'의 본질을 관통하는 선언이다. 우리는 익숙한 것들에 대해서는 생각이 일어나지 않는다. 습관처럼 반복되는 동작과 행동들은 본능에 의존한 관성일 뿐 생각의 결과로 행하는 것이 아니기 때문이다.

예를 들어, 아침에 눈을 떠서 얼굴을 씻고 밥을 먹고, 자동차를 몰고 출근해서 정해진 대로 늘 하던 일을 하고, 친한 사람과 맥주 한두 잔을 나눈 다음 귀가해서 TV를 보고 잠자리에 든다면, 그날 하루에 일어난 대부분의 생각은 망상 내지는 조각조각 나뉜 생각의 파편들에 불과하다.

하지만 익숙하지 않은 상황과 만났을 때는 우리 머릿속에서 '새로운 생각'들이 일어난다. 매일 제시간에 오던 전철이 오지 않으면 그제야 '무슨 일이지?' 하는 생각이 드는 것처럼. 즉 낯선 것과 조우하지 않는 한 새로운 생각은 없다는 뜻이다.

의식적으로 새로운 환경에 도전하라

이렇게 새로운 상황에 대한 생각들이 사유되고, 그것들이 의식에 젖어들어 나의 행동이 교정되고 내면화되는 과정이 바로 긍정적 습관화, 소위 긍정적 애티튜드(attitude)의 형성이다. 반면 좁은 범위에서 습관화된 행동과 생각만 반복하게 되면, 우리는 모든 낯섦을 거부한 채 누에처럼 고치를 짓고 거기에 안주하게 된다.

따라서 나의 발전을 위해서는 의식적으로 새로운 환경에 도전해서 새로운 생각을 많이 이끌어내고, 그것을 통해 새로운 습관을 만드는 태도를 형성하는 것이 대단히 중요하다.

다만, 이렇게 해서 새로이 형성된 태도들은 막 거푸집에 부은 시멘트반죽과 같아서 습관화하려면 오랜 기간 의식적인 노력을 계속해야 한다. 만약 생각만 가득하거나, 설령 새로운 생각을 정리했다 해도 그것을 새로운 습관으로 연결하지 못한다면 그것은 '행동으로 연결하지 못한 생각', 즉 관념에 불과하다.

이렇게 우리가 생각을 행동으로 연결시키기 어려운 이유는 '저항의 중간지대'라는 방해물이 있기 때문인데, 이것은 익숙한 나쁜 습관이 새로운 좋은 습관을 밀어내려는 무의식의 장난을 가리키는 말로, 육체적인 것과 심리적인 것의 두 가지가 있다.

먼저 육체적인 것을 살펴보자. 어떤 사람이 갑자기 운전을 배우기로 마음을 먹었다고 가정하자. 그 결심의 배경에는 직장이 먼 곳으로 바뀌었거나 지하철역에서 먼 집으로 이사를 갔거나 하는 등의 환경의 변화가 있었을 것이다. 이처럼 운전의 필요성을 생각하게 된 새로운 환경이 운전을 배우겠다는 결심을 이끌어내기는 했지만, 막상 운전을 배우는 과정은 쉽지 않다. 핸들은 뜻대로 돌아가지 않고, 발은 액셀러레이터와 브레이크를 혼동한다. 운전연습 한 시간 만에 머리는 지끈거리고, 뒷목이 뻐근하고, 몸살이 난다. 하지만 이 저항의 중간지대를 극복해야만 비로소 운전면허증을 손에 쥘 수 있다.

이때 두려움과 피곤과 몸살이라는 저항의 중간지대를 건너가게 하는 힘은, 그것이 필요하다는 이성적 의지와 그것으로써 얻는 이익이 현재의 어려움보다 가치있다는 믿음일 것이다. 하지만 이 과정에서 변심의 유혹은 계속된다. 지금이라도 그만두고 익숙한 원래 상황으로 회귀하려는 나태함의 욕구가 작동하는 것이다.

그래도 이 중간지대를 무사히 건너 운전에 익숙해지면 이성적 지령 없이도 주행하는 다른 차들과 교통신호에 따라 손과 발이 무의식적으로 반응하게 된다. 중간지대를 극복하면 일체화가 이루어지기 때문이다. 그러면 얼마 전까지 '목표'였던 운전이라는 도전은 이제 익숙한 습관으로 자리잡게 된다.

하지만 유혹에 져서 그 과정을 멈춘다면, 불과 얼마 전까지 새로운 도전이었던 운전은 좌절의 대상이 되고, 이후 다른 무엇인가가 필요한 새로운 환경을 만났을 때 그것에 다시 도전하고 저항의 중간지대를 극복하려는 나의 의지 또한 현저하게 약화된다. 나를 나쁜 습관의 포로로 만들어가는 것이다.

두번째는 심리적인 문제다. 스스로 어떤 목표를 세우고 무엇인가를 하기 위해 계획을 세울 때를 보자. 처음에는 '그래 결심했어.' 하고 두 주먹을 불끈 움켜쥐지만, 얼마 지나지 않아 그 마음은 새벽녘의 모닥불처럼 사그라들게 된다. 바로 심리적 저항의 중간지대가 존재하기 때문이다. 이것은 무의식의 장난이다. 우리가 의식이라고 믿고 있는 것들은 마치 정교하게 편집된 한 편의 영화와 같은 것이다. 우리의 자아는 메이킹 필름을 편집하는 가위다. 스스로 자아라고 믿는 의식은 내가 가진 편집가위로 기억하고 싶은 것, 자랑스러운 것, 앞뒤를 매끄럽게 연결하기 위해 무시해도 좋을 만한 것들만 남기고 기억을 싹둑싹둑 잘라버린 결과물이다. 이때 잘려나간, 버리고 싶은 기억의 필름들은 의식의 호수 아래로 가라앉는다.

하지만 이것은 실체하는 것이므로 마치 호수에 던져진 시신처럼 언제든 수면위로 떠오를 기회만 엿보고 있다. 만약 나의 내면이 단단하게 정리되고 의식이 집중되어 망상의 찌꺼기가 파고들 틈이 없다면 그것은 강바닥의 진흙으로 퇴적되고 만다. 그러나 내 의식이 산만하거나 다른 것에 유혹되어 집중하지 못할 때는 순식간에 수면 위로 떠올라 의식과 뒤섞여버린다. 편집 안 된 필름을 보면 화면을 이해할 수 없는 것처럼 온통 뒤죽박죽이 되어버리는 것이다.

그래서 무엇인가를 결심할 때는 반드시 주변을 먼저 바르게 정돈해야 한다. 난잡한 환경에서 공부할 수 없듯이(집중할 수 없듯이) 새로운 습관을 만들고 새로운 태도를 형성하고 싶을 때는 나의 의식을 방해할 만한 것들, 즉 심리적 저항의 중간지대를 우선 걷어내버려야 한다.

관습을 깨려면 나쁜 습관부터 버려라

그러기 위해서 중요한 것은 좋은 습관을 만드려는 노력보다 나쁜 습관을 버리려는 의지요, 노력이다. 우리는 먼 길을 가는 여행자다. 그런데 그 긴 여정을 떠나면서 모래주머니를 주렁주렁 달고 갈 수는 없는 일이다. 잘 돌아보면 우리의 어깨에는 나쁜 습관이라는 모래주머니가 주렁주렁 달려 있다. 당연히 걸음은 무겁고 몸은 지친다. 이 때 아무리 좋은 습관이라는 물을 마셔도 걸음은 점점 무거워질 뿐이다. 길을 떠나는 자가 가장 먼저 할 일은 불필요한 짐을 내려놓는 것이듯, 우리도 나쁜 습관을 하나씩 내려놓아야 한다. 나쁜 습관은 마치 빙의된 귀신과 같아서 우리 몸과 마음에 찰싹 들러붙어 쉽게 떨어지지 않는다. 하지만 어깨에 올라앉은 오백 명의 귀신과 함께 길을 갈 수는 없는 노릇이다. 이것을 하나씩 떼어내고 그 자리에 좋은 습관 풍선을 다는 작업은 필연적으로 새로운 환경과 함께해야 한다. 늘상 습관적으로 살아가고 익숙한 것을 만나고 같은 길만 가면, 귀신은 하나하나 친구를 더 불러들인다. 하지만 새로운 환경에 뛰어들어 의식이 깨어나고 심장이 두근거리면, 귀신은 그 소리에 놀라서 떨어져나간다. 그것이 긍정적 애티튜드의 형성이다.

이쯤에서 다시 생각, 혹은 사유라는 문제로 돌아가보자. 생각은 감각으로 느끼는 것이 아니다. 새롭게 만나보고 듣는 것 등이 새로운 환경에 대한 자극은 되겠지만, 그것들이 다 생각으로 이어지는 것은 아니다. 이를테면 맛있는 음식을 먹고서 '최고야!'라고 감탄했다고 해서 그것이 사색의 결과라고는 말할 수 없지 않은가.

모든 생각은 문자의 정교한 조합을 통해서 이루어진다. 즉, 내 생각의 범위는 내가 알고 있는 문자의 범위이고, 생각은 그 문자의 조합을 넘지 못한다. 따라서 나의 생각을 넓히기 위해서는 많은 문자를 알고, 그것을 조합하는 방법을 익혀야만 한다.

예를 들어, 어떤 사람이 쫄면을 먹으면서 '이 면발은 쫄깃하기가 면을 입에 물고 울산바위에서 번지점프를 하고 싶을 정도'라는 표현을 떠올렸다면, 그는 그사이 충분히 많은 생각을 했을 것이다. 그리고 이 쫄면이 왜 특별히 쫄깃한지, 글루텐 함량이 얼마나 되는지, 면을 삶은 온도가 몇 도인지 등에 대한 호기심도 이어졌을 것이다. 하지만 그가 '아, 쫄깃해!' 하고 감탄사만 던지고 끝낸다면, 그의 생각은 겨울날 문고리의 정전기처럼 공중에 흩어지고 마는 것이다.

이것이 바로 우리가 문자로 된 것들을 익히고 다른 사람의 표현방식(사유)을 끊임없이 배워야 하는 이유다. 나아가서는 소위 '문·사·철'이라 불리는 인문학을 공부해야 하는 이유이기도 하다.

요컨대 나의 사유를 두텁게 하고 내공을 쌓기 위해서는 결국 내 삶이 '새로운 자극 → 도전 → 생각 → 축적된 사유 → 태도화 → 새로운 자극'으로 이어지는 순환고리 속에 있어야 하는 것이다.

현상을 제치고 본질을 통찰하는 노력

이 지점에서 지금 우리의 환경은 익숙한 것은 고사하고 밤거리의 네온사인처럼 새로운 정보가 넘쳐나고, 자고 나면 새로운 것들 투성이인데 무슨 소리냐고 반문할 수도 있다. 과거 사람들은 여행 기회도 적고 이동 정보량도 적어 세상을 돌아다니며 견문을 넓혀야 했지만, 지금은 앉은 자리에서 지구 반대편의 소식을 들을 수 있는 세상이다. 새로운 것을 소화하기에도 체할 지경이라는 생각이 드는 것도 당연하다.

실제 우리가 받아들이는 정보의 양은 과거에 비해 엄청나게 많다. 포털사이트의 검색창에는 끊임없이 새로운 이슈가 떠오른다. 특히 과학기술 분야에서는 과거 수십 년 치의 진보가 1년 사이에 이루어지고 있다. 사실 그 엄청난 정보들을 제때 읽어내기도 숨이 찰 지경이다.

하지만 문제는 본질이다. 아리스토텔레스(Aristoteles)는 "현상은 복잡하지만 본질은 단순하다."라고 말했다. 실제로 현대를 살아가는 우리는 현상의 포로가 되기 쉽다. 일주일만 뉴스를 멀리 해도 마치 외딴섬에 떨어진 것과 같은 소외감을 느낄 정도니 정보 습득에 대한 두려움을 피할 수가 없다. 그러나 무엇보다 중요한 것은 그 많은 정보가 실제로 나에게 필요한 것인가라는 점이다.

나에게 필요한 것과 불필요한 것을 구분할 수 없다는 것은 무차별적으로 쏟아지는 화살 앞에 맨몸으로 서 있는 것과 같다. 수많은 현상(사건, 정보, 지식)은 안개처럼 겹쳐 본질을 흐리는데, 그 안개 속의 적이 무엇인지를 정확히 알 수 없으면 우리는 공포를 느끼게 된다. 마치 영화 〈미스트〉 속의 괴물처럼 현상 자체가 우리의 거대한 적이 되어버리는 것이다.

이런 상황에서 올바른 가치판단을 하기란 쉽지 않고, 특정 사안에 대해서 바른 견해를 갖기란 간단치 않다. 정보량이 적고 대상이 명확할 때는 본질이 무엇인지 선명하게 알 수 있지만, 정보가 많고 대상이 불명확할 때는 선택이란 걸 할 수밖에 없기 때문이다. 이럴 때 모든 현상을 놓치지 않으려고 몸부림치는 것은 오히려 나를 오리무중에 빠뜨린다. 답은 현상 너머 본질에 있는데, 너무 많은 현상에 가려 본질을 보지 못하는 것이다.

예를 들어, 반값등록금 문제, 부의 양극화, 사회적 기회 상실, 부패, 기득권층의 이기와 탐욕, 저축은행의 불법대출 같은 사안을 동시에 생각하면 도무지 답이 보이지 않는다. 모든 문제에 각각 대응하기 위해서 마음만 급해진다. 하지만 이 현상들의 본질이 자본독주에 의한 기득권의 문제라는 점에 주목하면 단 하나의 명제로 압축되고, 이어서 기득권의 인적·물적 자산 독식을 깰 수 있는 방법으로 생각을 모은다면 인재선발 방식, 그에 따른 스펙문화, 서열사회 등에서 저절로 답을 찾을 수 있다.

또 2011년 8월 현재 글로벌 경기위기에 대한 소식들이 폭포처럼 쏟아지고 있는 순간도 한번 생각해보자. 모든 해석자들의 말에 전부 귀를 기울이다 보면 차라리 아무것도 모르는 상태보다 더 어지러운 혼란에 빠지게 된다. 반면에 이 사건은 2008년 금융위기 당시 민간의 부실을 정부가 떠안은 결과 이제 정부 쪽에서 문제가 터진 것이라는 핵심만 놓치지 않는다면 본질은 빚이며 일단 빚을 갚는 것이 해법이라는 생각에 이를 수 있다.

이렇게 현상에 속지 않고 본질을 들여다보면서 대상을 명확히 하는 태도는 항상 중요하다. 그럼에도 우리가 현상의 포로가 되는 이유는 현상이 살갑기 때문이다. 내가 아는 지식과 정보들이 아까워서 산만하게 흩어진 미약한 정보들을 모두 붙들고 있기 때문이다. 그러다 보니 자기가 아는 것을 기준으로 현상을 보고, 그것을 뿌리내려 본질을 이해하는 데 쓰기보다는 그저 정보의 양을 늘리는 데만 집착하는 것이다. 즉 이런 식으로는 내가 아무리 많이 알아도 세상의 지식에 비하면 내가 아는 것은 너무나 미미하고, 나의 사유는 척박하며, 내가 이해하는 세계는 전체의 일부에 지나지 않는 것이며, 그 일부의 지식으로 판단하려 드는 태도가 나를 오류에 빠뜨리는 원인인 셈이다.

그러므로 아리스토텔레스의 말처럼 과감하게 현상(내가 참이라고 인식하는 것들)을 버리고 본질을 직선으로 관통하려면, 다양한 체험적 지식을 통해 얻은 새로운 생각과 기존의 것을 비교하고 개선하는 긍정적 태도를 꾸준히 유지하는 것이 무엇보다 중요하다. 이를테면 바닷물 한 컵과 한 바가지는 바다의 입장에서 보면 똑같이 미미하다. 바닷물의 근본 성질은 얼마나 많은 바닷물을 퍼올렸는가로 알 수 있는 것이 아니라 직접 맛을 보고 짠맛을 맛봐야 알 수 있는 것이다. 현상을 제치고 본질을 기반으로 세상을 이해하는 것이 곧 통찰적 시각이다.

침묵은 가장 능동적인 대화다

침묵은 충동에, 감정에, 유혹에 흔들리는 나를 관찰하고 경고할 수 있는 유일한 존재다. 침묵의 순간 세계에 대한 사색이 시작된다. 침묵한다는 것은 단순히 말을 하지 않는 것 이상이며, 관성에 의한 모든 행위를 멈춘다는 의미다. 그래서 타인과 외부에 대해 침묵한다는 것은 또 다른 형태의 열정이다.

우리는 보통 침묵을 소극적이고 수동적인 것이라고 생각하기 쉽지만 사실 침묵은 적극적이고 능동적인 선택이 될 수 있다. 또 침묵은 우주가 탄생하기 전부터 존재해왔으므로 현재 우리가 몸담고 있는 세상의 언어와는 다른 것이기도 하다. 즉 침묵한다는 것은 말하거나 말하지 않는다는 차원의 문제가 아니라, 어떤 다른 형태의 아우라를 지니는 것이다. 그래서 침묵은 그것이 언어차원의 문제를 뛰어넘는 적극적인 의지에서 비롯된 것이냐, 아니냐에 따라 전혀 다른 형태의 힘을 갖기도 한다.

예를 들어 침묵한다는 것은 관찰자가 되겠다는 의미다. 즉 내가 침묵하는 순간 나는 상대의 표현을 관찰하는 자가 되고, 반대로 말하는 순간부터 상대에게 관찰당하는 자가 된다. 물론 대상이 없는 침묵은 나를 관찰하는 적극적인 형태일 것이다. 실제 우리는 많은 수다를 떨며 살아간다. 타인에게 나를 관찰할 무수한 기회를 주는 것이다. 필자 역시 아침에 라디오를 진행하고 칼럼을 쓰고 강연을 다니는 사람이니 결과적으로 무수한 수다 속에서 스스로를 돌아볼 겨를 없이 살고 있다. 이것은 필자 스스로 나무 위에 올라간 원숭이처럼 궁둥이를 드러내고 있는 것과 다를 바 없는데, 그 점에서는 이 책을 쓰는 행위 역시 마찬가지다. 사실 이래서는 자신을 관찰할 기회가 없으니, 우물에 호스를 들이대고 물을 퍼내는 것과 같은 자해행위를 하고 있는 셈이다.

또 우리의 모든 행동은 시간과 함께하지만 침묵은 반대다. 침묵은 생각을 낳고 생각은 얼마든지 시간을 거꾸로 되돌릴 수 있다. 그러므로 침묵하는 순간 우리는 더 이상 시간의 포로가 아닌 것이다.

이쯤에서 독일 바덴의 한 마을에서 의사로 일하며 다양한 저술을 남겼던 막스 피카르트(Max Picard)의 이야기를 한번 들어보자.

> 인간은 자신이 나온 침묵의 세계와 자신이 들어갈 또 하나의 침묵의 세계(죽음) 사이에서 살고 있다. 인간의 언어 또한 두 세계 사이에서 살고 있다. 말은 순결함, 소박함, 원초성을 자신이 나온 침묵으로부터 얻는다. 그러나 미미한 지속성, 덧없는 사라짐, 허약함, 말이

자신이 명명하는 사물들과 결코 완전하게 일치하지는 못한다는 사실은 두번째 침묵, 곧 죽음으로부터 나온다. …… 그러나 요즘 말 속에는 더 이상 죽음으로부터 나오는 침묵도 없다. 진정한 죽음이 없다. 오늘날 죽음은 하나의 독자적인 세계가 아니라 다만 수동적인 어떤 것이다. 인간은 자신의 생애에서 죽음의 체험이 없기 때문에 죽음에 실패한다. 죽는 법을 배워야 한다.

_ 막스 피카르트,《침묵의 세계 *The World of Silence*》

두 번, 세 번 곱씹어야 그 속에 담긴 깊은 맛이 우러남을 느낄 수 있는 말이다. '침묵'에 대해 '말한다'는 것 자체가 어찌 보면 난센스지만, 침묵에 대해 갖고 있는 우리의 막연한 생각들을 일거에 날려버리는 말이기도 하다.

막스 피카르트에 의하면, 침묵은 말하기 이전의 원형이다. 즉 우리는 침묵의 세계(생명 이전의 세계)에서 왔고, 다른 침묵의 세계(죽음의 세계)로 돌아가는 존재인 것이다. 그러니 지금 우리가 말하고 있는 것들은 모두 이 두 침묵 사이에 존재하는 일종의 틈새라고 할 수 있다.

침묵은 또 다른 형태의 열정이다

침묵은 나의 외부에 존재하는 것처럼 보이지만 생각하는 나는 사실상 침묵 안에 존재하며, 침묵을 통해 나를 관찰하면서 '자아' 혹은 '내면'이 성장한다. 침묵은 온갖 충동과 감정, 유혹에 흔들리는 나를 관찰하고 경고할 수 있는 유일한 존재다. 침묵의 순간, 세계에 대한 나만의 사색이 시작되는 것이다.

침묵은 단지 말을 하지 않는 것이 아니다. 침묵하는 순간 외부와 나를 분리시키므로, 침묵한다는 것은 단순히 말을 하지 않는 것 이상이며 관성에 의한 모든 행위를 멈춘다는 의미다. 그래서 타인에 대해 외부에 대해 침묵한다는 것은 또 다른 형태의 열정이다. 이를테면 음악을 감상하며 말문을 닫는다는 것은 그 자체가 바로 격렬한 몸짓이다.

물론 침묵이 단순히 '말하지 않는 것'과 다르기 위한 전제조건은 그것이 반드시 사색과 함께해야 한다는 것이다. 그래서 철학자 칸트(Immanuel Kant)의 산책은 침묵이지만, 천둥소리에 놀라서 말문이 막히는 것은 침묵이 아니다. 즉 온전하게 내가 주체인 침묵만이 능동적 침묵이며, 나 스스로 선택한 완전한 침묵의 시간, 나를 위한 온전한 숙고의 시간만을 침묵이라 할 수 있다.

그런데 우리는 이러한 침묵의 중요성을 잊고 산다. 침묵한다는 것은 시작과 끝을 인식하는 것으로, 사람을 겸허하게 만드는 힘을 갖고 있다. 또한 말로 표현되는 모든 것의 허무를 알아차리고 진실과 거짓 사이에서 기만당하는 나를 보호하는 중요한 장치이기도 하다.

하지만 외부의 강요에 의해 수동적으로 침묵하게 된다면, 그것은 침묵이 아니다. 그것은 나의 사상과 철학을 왜곡하고, 존재를 훼손하며, 자긍심을 무너뜨리는 것이다. 진정한 침묵은 누구로부터 오는 것이 아니라, 스스로 맞이하는 것이다.

인식의 지평을 넓히는 응시의 힘

침묵은 응시를 낳는데, 응시는 사물을 스쳐 지나치지 않고 가만히 들여다보는 것이다. 매일 무심히 걷던 산길에서도 잠시 걸음을 멈추고 가만히 응시하면 보이지 않던 것들이 보인다. 그때 그 길은 더 이상 어제의 그 길이 아니다.

초가을 이맘때면 봉정사를 찾는다. 안동에 사는 재미다. 주중에는 호젓한 저녁시간을 만들지 못해 아쉽지만, 토요일 오전이나 늦은 저녁 봉정사를 가면 사람 대신 바람이 마당을 쓴다.

인적이 없는 산사는 적요하다. 은행잎을 훑어내린 바람이 범종, 법고, 목어, 운판을 스치고 지나가며 억겁의 세월을 일깨운다. 이른 아침이면 떨어진 낙엽에 제법 물기가 돌지만, 언제 태어났는지 모를 그 바람이 금세 습기를 말려버린다. 바람은 그들을 하나하나 떼어놓고 이리저리 희롱하며 보이지 않는 법(法)의 수레바퀴를 돌린다.

매표소를 지나 천천히 산길을 걸으면 예전에는 미처 보지 못했던 것들이 하나하나 모습을 드러낸다. 차를 타고 오르면 빽빽하게 하늘을 가린 소나무숲에 눈길을 빼앗기지만, 한 걸음 한 걸음 발로 몸을 옮기면 땅에 시선이 머무는 탓이다. 걸으며 보는 것과 달리며 보는 것이 이렇듯 다르다.

걸으면서 만나는 것은 생명이다. 몇날 며칠 차곡차곡 재워져 습기가 가득 찬 낙엽들 사이로 이름 모를 생명들이 꿈틀거린다. 밤새 낙엽에 의지해 찬 이슬을 피하다가 본능이 이끄는 대로 햇빛을 찾아나선 것이다. 그런데 그 순간 누군가 차를 타고 오면 그 생명들은 자신도 모르는 채 백척간두, 아슬아슬한 생사의 경계에 맞닥뜨린다. 우리네 삶도 이와 크게 다르지 않을 것이다.

일주문을 지날 때쯤 가장자리로 내려서면 아래쪽으로 작은 계곡이 보인다. 그 순간의 물소리는 다르다. 찻길과는 달리 소음이 개입되지 않아서다. 소리를 듣기 위해 계곡으로 몇 걸음 더 내려서서 길가에 쪼그리고 앉으면 '후드득' 나무에서 떨어지는 물방울소리가 들린다. 밤새 지탱해온 이슬의 무게를 견디지 못해 나뭇잎이 허리를 숙여 흘려내리는 소리다. 물방울은 바닥에 떨어진 다른 나뭇잎의 등 위에 떨어진다.

나무는 가을을 준비한다. 여름 내내 한껏 빨아들인 물을 몸에 담고, 광합성의 문을 닫아거는 것이다. 나무는 잎을 떼어내고, 제 한 몸 감당하기도 벅찬 잎들은 몸에 묻은 물방울을 떨어낸다. 산문의 풍경도 마찬가지다. 선승들은 마치 낙엽이 떨어지듯 절을 떠나 동안거(冬安居)에 들어가고, 그때쯤 산사는 관광객들의 차지가 될 터이다.

마침 바람이라도 불어오면 고개를 들어 나무를 올려다본다. 낙엽들이 꽃비처럼 쏟아져내린다. 이별은 새로운 만남을 예비한다. 봄이면 나무는 다시 새잎을 낼 터이고, 그렇게 생명을 이어갈 것이다. '회자정리 거자필반(會者定離 去者必返)'이라고 했다. 나무와 나뭇잎, 이슬방울 하나까지 부처의 법이 스며 있다. 장엄한 광경이다. 걸음을 멈추고 가만히 머물지 않고서는 차마 엿볼 수 없는 광휘(光輝)다.

이 순간, 잊고 있던 자연의 소리에 가만히 귀를 기울이면 들릴락말락 투둑거리는 나지막한 소리가 온 숲을 흔든다. 문득 인간의 주파수가 아닌, 부처의 귀로 듣는 소리는 어떨까 궁금해진다. 떨어진 낙엽들이 땅과 만나는 소리다. 낙엽은 아쉽게 아쉽게 허공을 맴돌다 겨우 바닥에 내려앉는다. 머물던 저 높은 나무 위를 떠나 처음으로 바닥에 닿은 것이다. 그 느낌은 어떨까? 앞선 동료들을 만난 반가움이 앞설까, 아니면 자신의 죽음을 슬퍼하기라도 할까?

아무리 쳐다봐도 아쉬움은 보이지 않는다. 서러움도 느껴지지 않는다. 그저 대자연의 질서에 몸을 맡긴 구도자의 물색(物色)이다. 모태를 떠나 연기(緣起)의 수레바퀴에 몸을 실은 수백 수천의 낙엽이 하늘을 수놓은 장면은 아름답지만 처연하고, 장엄하지만 통쾌하다.

추락하는 것은 대개 슬프지만 이때의 낙엽들은 아름답다. 인간은 질서를 거슬러 하늘로 날아가고 싶어 하지만, 자연에는 역리(逆理)가 없다. 태어난 것은 스러지고, 매달린 것은 떨어진다. 하늘은 내리고 땅은 키운다. 그 이상도 이하도 아니다. 이 질서가 특별하게 여겨지는 것은 내가 그만큼 역리와 배율(排律)에 익숙해진 탓이리라.

이 순간, 내 등과 무릎에 낙엽 몇 장이 내려앉는다. 호의일까? 최소한 적개심은 아닐 것이다. 나는 애써 나무를 흔들지도, 떨어진 낙엽을 헤집어보지도 않았다. 그저 가만히 그들의 군무를, 숲의 장관을 응시하고 있었을 따름이다. 어쩌면 자신의 마지막 순간을 증거하는 자에게 보여주는 나뭇잎의 호의일지도 모른다. 나뭇잎을 들어보면 먼저 떨어진 나뭇잎들은 이미 생기를 잃고 노란 마분지처럼 메말랐지만, 직전까지 존재했던 생의 흔적은 감격스러운 데가 있다. 손끝에 닿는 느낌이 차갑지도, 그렇다고 온기가 느껴지지도 않는다. 막

숨이 끊어진 생명이라고 믿기에는 지나치게 담담하다.

순간 당황한다. 내가 그들의 처음이자 마지막 안식을 방해한 것은 아닐까. 서둘러 나뭇잎이 원래 놓였던 자리를 가늠해본다. 앞에는 이미 꽤 오래된 듯 갈색으로 변한 은행잎들이 수북이 쌓여 있다. 무더기를 가만히 들어 아래를 살펴보니 개미떼가 급하게 흩어진다. 급작스러운 침입에 당황한 개미떼가 오(伍)와 열(列)을 잊고 제각각 산개한 것이다. 잠시 기다리자 개미들이 다시 원래의 자리로 돌아온다. 순간 나뭇잎을 다시 놓아야 할지 말아야 할지 고민이 된다. 겨우 평화를 회복한 개미들에게 다시 혼란을 줄 터이기 때문이다.

도리없이 그대로 일어선다. 원래 나뭇잎이 놓였던 자리를 잊어버린 나는 결국 그것을 책갈피에 갈무리하기로 한다. 다시 바람이 불고 낙엽들이 하늘을 날다가 불안정하게 낙하한다. 그러고는 내가 앉아 있던 부근 어디에 가볍게 착지한다. 그곳이 그들이 몸을 누일 온전한 자리일 것이다.

이렇게 한순간 걸음을 멈추고 응시하는 시선으로 그 장면을 지켜본 것이 내가 자연의 온전함에 보낼 수 있는 최대한의 경의(敬意)이자 헌사(獻詞)였다. 그리고…… 나는 다시 산길을 오른다.

필자가 전에 쓴 수준 낮은 에세이인데 '응시'에 관한 이야기를 하고 싶어 여기에 옮겨보았다. 봉정사까지 차를 타고 올라가면 불과 10분이지만, 사방에 널린 자연을 의식하며 산길을 걸어 올라가면 30

분 혹은 한 시간이 걸리기도 한다. 이때마다 사물을 바라보는 나의 시선은 넓고 깊어진다.

그동안 수도 없이 지나쳐온 길이지만 이 순간의 경험은 매번 처음이고 기적이다. 그곳에는 또 다른 기적들이 매일 다른 모습으로 출현할 것이고 지금 이 순간도 아마 그럴 것이다. 이렇게 머무르며 바라본 장면들은 스치며 바라본 세계와는 완전히 다른 세계다.

우리가 사는 세계의 크기는 내가 인식하는 시선의 범위만큼이다. 산속 바위에 핀 꽃은 내 눈이 그것에 닿지 않는 한 피어 있는 것이 아니라는 왕양명(王陽明)의 시 〈암중화巖中花〉처럼, 산속에 핀 꽃은 내가 인식하지 않는 한 꽃이 아닌 것이다. 아는 만큼 보인다고 했다. 내가 인식하는 만큼이 내 세상의 크기인 것이다. 그러니 청년이 넓은 세상을 여행하고 도전하는 것은 그만큼 자기 세상의 크기를 넓히는 것이고, 그만큼 자신에게 기회를 주는 일이기도 하다.

김춘수의 시 〈꽃〉에 등장하는 "내가 그의 이름을 불러주기 전에는 그는 다만 하나의 몸짓에 지나지 않았다"라는 구절도 내가 의미를 부여하고 인식할 때만 그것이 비로소 내 것이 된다는 의미를 담고 있다. 가만히 사물이나 현상을 응시하지 않고서는 그것의 의미를 온전히 인식할 수 없다. 그러니 우리는 끊임없이 인식에 대한 긴장과 이완의 줄타기를 해야 한다. 세상은 내가 초대하는 것이다. 내가 초대하지 않는 한 나만의 세상도 없다.

이러한 진리는 행복과 불행의 문제에서도 공히 적용된다. 우울증

유병률이 사실상 30퍼센트를 넘는다는 정신과 의사들의 견해가 있을 정도로 우리 사회의 많은 사람들이 불행해한다. 그런데 더 큰 문제는 불행의 원인이다. 치열한 경쟁사회 속에서 내가 감당해야 할 것들은 모두 외부에 존재한다. 그렇다면 그렇게 혹독한 세상과 투쟁하면서 우리가 지키려는 것은 무엇일까? 그것은 나 혹은 가족과 같은 존재일 것이다. 즉 위로를 주는 대상은 내부에 있고 스트레스를 주는 대상은 외부에 있는데, 정작 우리는 소중한 것들을 간과하고 외부를 보고 살아가고 있는 것이다.

아침에 일어날 때 나를 위해 아침을 준비하며 분주하게 움직이는 아내의 모습, 아이들의 맑은 웃음소리, 창을 통해 쏟아지는 빛나는 아침 햇살을 응시하며 위로를 받고 그것을 지키기 위해 외부에서 투쟁해야 하는데, 도리어 외부에서 이루는 성취들을 행복의 대상으로 삼고 있는 셈이다. 병원에서 마지막 숨을 거두는 환자를 지켜보면 때로 눈물이 난다. 그가 얼마나 많은 부를 가지고 있건 그가 어떤 권력과 명예를 쥔 사람이건 간에 삶의 마지막 순간에 그가 간절히 원하는 것은 누군가의 따뜻한 손이다. 마지막에 그의 곁을 지키는 사람의 손에서 느껴지는 체온, 그것이 모든 사람이 마지막에 간절히 원하는 대상이다. 하지만 대부분의 사람은 그 손이 얼마나 귀중한 손인지를 모른 채 일상을 살아간다. 이렇게 응시와 간과의 대상이 뒤집히면 어디에서도 위로받을 수 없고 종국에는 불행의 감정만이 나를 지배하게 되는 데 말이다.

청년의 시기에 가장 중요한 것이 이것이다. 때로는 소소한 것을 뛰어넘어 큰 이상을 품어야 하겠지만, 반대로 나를 돌아보고 목표를 다지고 인식의 지평을 넓히기 위해서는 대상을 정확히 바라보고 차분히 응시해야 한다. 그리고 이 모든 것은 결국 침묵의 시간, 사색의 시간을 통해서만 초대할 수 있다. 그래서 청년의 시기에 중요한 것은 술잔을 비우며 뜨거운 열정을 노래하는 것만이 아니다. 내면을 들여다보는 시간, 최소한의 침묵과 사색을 통해 나 자신을 관찰하고 바로잡는 시간이 꼭 필요하다.

극도의 몰입, 배움의 즐거움

사람이 집중할 수 있는 대상은 다양하다. 누군가는 학교교육에 집중력을 발휘하지만 누군가는 사회활동이나 장사에 집중력을 발휘한다. 이처럼 다양한 집중의 대상을 무시하고 단지 학교에서 가르치는 것에만 집중하라고 강요하는 것은 진정한 몰입의 즐거움을 가로막는 행위다.

 청년들을 만나면 공부법에 대한 질문을 많이 받는다. 대개는 의사로 살아가면서 어떻게 전혀 다른 분야인 경제를 공부할 수 있었을까 하는 호기심에서 비롯된 질문들이다. 그런데 그들이 묻는 공부법이 단지 시험점수를 올리기 위한 시험기술을 말하는 것이 아니라면 공부법을 논할 때 '집중력'에 대해 말하지 않을 수 없다. 잠을 적게 자도 개운하다는 말이 숙면했다는 말과 같은 말이듯, 사실 머리가 좋다는 말은 집중력이 좋다는 말과 거의 동의어다. 공부법은 곧 집중력에 관한 문제이기도 한 것이다.
 그런데 사람이 집중할 수 있는 대상은 다양하다. 누군가는 학교교육에 집중력을 발휘하지만, 누군가는 사회활동이나 장사에 자신의 집중력을 발휘한다. 그 때문에 이런 다양한 집중의 대상을 무시하고 단지 학교에서 가르치는 것에만 집중하라고 강요하는 것은 다른 모든 분야에서 학생들을 패자로 만들어버릴 위험이 있다.

교육에 대한 데카르트의 통찰

철학자 데카르트(René Descartes)는 이런 점을 잘 알고 있었다. 그는 학교교육을 통해 익힌 지식과 가르침이 언제나 옳은 것만은 아니라고 생각하고, 살아있는 경험을 하기 위해 긴 여행을 떠났다. 그리고 여행 과정에서 스스로 깨달은 사실을 곰곰이 되새겨 학문에 대한 네 가지 규칙을 선언했다.

1. 나 스스로 명확하게 '참'이라고 인정한 것 외에는 어떤 것도 '참'이라고 받아들이지 마라. - 계속 의문을 가져라.
2. 모든 문제를 큰 덩어리로만 바라보지 말고 가능한 한 작게 세분하라. - 건너뛰지 말고 완전히 이해하라.
3. 가장 단순하고 이해하기 쉬운 대상에서 점차 단계를 밟아 복잡하고 난해한 문제에 접근하라. - 토대가 중요하다.
4. 어떤 항목도 빠지지 않았다는 확신이 들 때까지 모든 항목을 열거하고, 그것에 대해 광범위하게 재검토하라. - 완전할 때까지 복

습하라.

'격물치지(格物致知)'라는 말이 떠올려지는 데카르트판 공부법인 셈인데, 지금 돌이켜봐도 공부의 방법에서 이보다 윗길은 없는 듯싶다. 어쨌든 데카르트는 이 학문에 대한 네 가지 규칙과 함께, 사회인의 태도에 대해서도 네 가지 원칙을 제시했다.

1. 자신의 사회에서 가장 보편적인 가치에 복종하고 온건하며 신앙을 굳건히 하고, 극단적인 의견의 편에 서지 마라.
2. 행동을 취하는 순간에는 의연하고 명확한 태도를 취하라. 아무리 의심스러운 결정이었다 하더라도 일단 결정을 내린 다음이라면 완전한 확신을 갖고 그것에 따르라.
3. 주어진 운명을 따르기보다 자신의 한계를 극복하기 위해 노력하며, 세상을 바꾸려는 노력 이전에 자신의 그릇된 욕망을 다스리는 데 주력하라.
4. 위 세 가지를 실천하는 바탕 위에서 일할 수 있는 직업을 선택하라.

집중력의 측면에서 보면 실로 나비처럼 날아가서 벌처럼 핵심을 찌르는 섬뜩한 이야기가 아닐 수 없다. '신앙을 굳건히 하고'와 같은 조항만 뺀다면, 17세기 철학자 데카르트를 복제해서 이 시대 한국 교육의 해결사로 초빙하고 싶을 정도다.

실제 공부는 미쳐야 이룰 수 있다. 원래 미친다는 것은 정상이 아니라는 뜻이다. 즉 일상적으로 행하던 다른 무엇인가를 포기한 상태를 말하고, 정상적인 수준을 뛰어넘는 집착이 생겼다는 의미다. 그러니 공부 때문에 다른 것을 포기하면 할수록 제대로 미쳐가는 것이다. 에디슨이 계란대신 시계를 삶았다거나, 숙선이 고개를 드니 머리가 하얗게 세었더라는 말처럼 시간과 공간의 경계조차 넘는 것이 미치는 경지일 것이다.

하지만 우리 같은 보통사람이 미치는 것은 대개 오락이다. 컴퓨터 게임을 하다가 밤을 새거나, 술을 마시다가 새벽을 맞는 것도 그것에 미쳤기 때문에 가능한 일이다. 도박에 빠져 며칠 밤을 세우는 것 역시 마찬가지다. 그런데 공부는 좀처럼 미치기가 쉽지 않다. 뒤에 다시 이야기하겠지만, 공부에 미치기 위해서는 상당한 노력이 필요하다.

그렇다고 길이 없는 것은 아니다. 공부를 통해 식견이 깊어지면 자긍심이 생기고, 공부에 진짜 미치는 것은 바로 이 단계에서 시작된다. 처음에는 누구나 공부에 대한 효율이 오르지 않아 자신의 무능함을 탓하지만, 막상 그 과정을 넘어서는 순간 신세계가 열리는 것이다.

공부의 신세계를 맞이하기 위해서는 데카르트가 말한 원칙들을 다시 한 번 새겨보는 것이 좋다. 농담처럼 얘기하는 공자(孔子)님 말씀이 아직까지 전해지는 이유는 그것이 정답이기 때문이고, 그 자존심 강한 철학자들 사이에서 데카르트가 오늘날까지 회자되는 이유도 그가 말한 것들이 가치있기 때문이다. "주어진 운명을 따르기보다 자신의 한계를 극복하기 위해 노력하며 세상을 바꾸려는 노력 이전에 자신의 그릇된 욕망을 다스리는 데 주력하라." 세상에 어느 누가 공부에 대해 이보다 멋진 말을 한 적이 있단 말인가.

나는 원본인가 이미지인가

> 창의성의 발현은 흉내내기가 아니다. 나의 모든 시신경과 근육과 뼈가 체험하는 현장만이 새로운 자극을 가져다 준다. 오감을 통해 얻어진 호기심이 가라앉은 나의 의식과 무의식을 흔들어 새로운 조합을 이끌어내기 때문이다.

"미켈란젤로(Michelangelo Buonarroti)의 〈천지창조〉나 레오나르도 다 빈치(Leonardo da Vinci)의 〈모나리자〉와 같은 그림들은 미술이 아니다."

미술에 문외한인 당신에게 누군가 이렇게 말한다면 당신은 분명 그가 당신을 조롱한다고 여길 것이다. 아무리 미술에 문외한이라도 〈모나리자〉나 〈천지창조〉 정도는 이미 수십 번도 더 보았을 테고, 그 작품의 위대성 역시 익히 알고 있을 테니 말이다.

그런데 여기서 몇 가지 문제가 발생한다. 첫째, 우리가 진짜 〈모나리자〉를 본 적이 있느냐는 것이다. 프랑스를 직접 다녀온 사람을 제외하면 사실 우리 기억에 있는 〈모나리자〉는 원본 그림을 사실에 가깝게 찍은 사진이미지에 불과할 뿐이다.

둘째, 실제 본 적도 없으면서 우리가 '모나리자의 절묘한 미소'에 감동하는 이유는, 우리의 영감이 그림과 일치해서가 아니라 모나리자에 대한 설명과 해설을 수없이 들어서 생긴 일종의 학습효과 때문이다. 그렇다면 진짜 루브르박물관이나 시스티나성당에 가서 〈모나리자〉와 〈천지창조〉를 직접 보고 올 기회가 생겼다고 하자. 그림을 보는 순간 깊이 감동받아 가슴이 떨릴 수 있지만, 그것 역시 위대하다고 알려진(혹은 위대하다고 규정된) 미술작품을 직접 '알현'한 것에 대한 순진한 '흥분'일 가능성이 크다.

이 이야기가 약간 혼란스럽다면, 이번에는 〈빌렌도르프의 비너스〉나 이집트 기자(Giza)에 있는 피라미드를 생각해보자. 보통 미술사나 예술사 혹은 문화사 따위에서 가장 먼저 접하는 작

모나리자 ⓒgetty images

품은 바로 〈빌렌도르프의 비너스〉이다. 알다시피 이 조각은 원시시대 '다산의 상징'으로 만들어진 거칠고 뚱뚱한 여인상이다. 그런데 거기에 '비너스'라는 이름을 붙이고, 투박한 돌덩어리에 불과한 그것에 '질박미'라는 미적 성질을 부여한 것은 후세 사람들이다. 물론 '다산을 기원'하는 모습이라는 해석 역시 후대의 것이다(아무도 그들에게 물어본 바 없다).

그럼 기자의 피라미드는 어떨까? 고대 이집트인들에게 피라미드란 조형성을 드러내고자 제작한 미술작품이 아니라, 귀신이 돌아오고 싶을 때까지 파라오의 육신을 보존하는 거대한 돌무덤이었다. 그러나 우리는 과거의 것들에 본래의 목적과 다른 '의미'를 부여하고 그것을 미술이라 여긴다. '고고학적' 가치와 '미적' 가치를 혼동하는 것이다.

이렇듯 '미'에 대한 기준은 모호한데,

빌렌도르프의 비너스 ⓒTopic

여기에 '키치(kitsch)'라는 용어가 개입되면 상황은 난마처럼 얽히기 시작한다. 키치는 '싸게 만들다.'라는 뜻의 독일어 동사 '페어키첸(verkitschen)'에서 유래된 말로 '저속한 작품'이라는 뜻이지만, 여기서 말하는 '저속한'의 기준이 무엇이냐는 생각에 이르면 상황은 조금 복잡해진다. '저속한'은 '고급한'이라는 말과 대칭을 이루고, '고급한' 것이 아닌 것은 모두 키치라는 이상한 공식이 만들어지기 때문이다.

어쨌건 예술에는 대중예술과 고급예술, 그리고 대중예술이면서 고급예술임을 가장하는 키치도 있다. 굳이 우리가 이들의 가치를 따질 필요는 없을 것이다. 그저 대중예술은 당대의 기쁨과 슬픔을 누

기자의 피라미드 ⓒTopic

구나 이해할 수 있는 쉬운 어법으로 드러내는 것이니, 대중예술의 존재가 최우선적으로 중요한 것이라고 생각하면 된다. 하지만 고급예술은 어법이 다르다. 당대의 모순을 드러내고 실존의 고민을 고급스러운 예술양식으로 표현하는 것이 고급예술이다. 그래서 대중예술은 '흔적'을 등한시하지만, 고급예술은 '영원성'을 중시한다. 대중예술은 그 시대에서만 소비되지만, 고급예술은 당대를 넘어서도 유효하고 다음 시대에도 가치가 보존된다.

진실을 무력화시키는 키치의 비겁성

한편 키치는 이 둘에 비해 조금 비겁하다. 키치는 사실상 대중예술이면서 스스로를 고급예술인 양 기만하기 때문에 진실하지 못하고 거짓되며, 당대의 모순을 정면에서 응시하기보다는 에둘러 회피하고 오히려 진실을 무력화시키기도 한다. 또 키치를 생산하는 예술가는 스스로를 우아한 예술가인 양 위장하며, 그에 중독된 감상자가 스스로 고차원적 정신세계를 공유하는 것처럼 착각하게 만든다.

키치는 19세기 라파엘전파(pre-Raphaelites)의 그림처럼 '시대착오적'이다. 당대를 당대로 그리지 못하고 과거의 양식을 빌려 설명하며 지난날의 잣대로 현재를 설명하기 때문이다.

그래서 키치는 아름다움을 내세우지만 그 아름다움은 똥밭에 내린 눈처럼 기만으로 가득하다. 해가 뜨면 금세 드러날 진실을 두고

"이 얼마나 아름다운가!"라고 노래하고 있으니 말이다.

  대중예술이건 고급예술이건 예술가는 모순을 영감으로 깊이 인식하고, 그것을 미처 눈치채지 못한 감상자들의 심장을 날카로운 창(矛)으로 관통하는 법이다. 예술을 통해 대중은 비로소 눈을 뜨고 문제를 인식하며, 모순에 부딪히면서 세상으로 한발 나아가고자 하는 의지를 획득한다.

  키치가 세상을 바꿀 수는 없다. 세종문화회관의 '열주(列柱)'가 그리스 '회랑'의 그것처럼 감동을 주지 못하고, 국회의사당의 '천장돔'이 '모스크'의 그것처럼 신성하지 못하듯 키치의 진실도 그러하다.

오필리어 ⓒgetty images

프랑스의 철학자 장 보드리야르(Jean Baudrillard)는 이런 키치적인 것들의 문제를 의미있게 제기했는데, 그의 대표적 저작인《시뮬라시옹Simulation》(민음사)의 책소개를 잠시 읽어보자.

포스트모던 사회의 본질을 꿰뚫고 있는 책. 실재가 실재 아닌 파생실재로 전환되는 작업이 시뮬라시옹이고, 모든 실재의 인위적인 대체물을 시뮬라크르라 부른다. 우리가 살아가고 있는 이곳은 다름 아닌 가상실재, 즉 시뮬라크르의 미혹 속이다. 아니면 붕괴된 사회성 위에 세워진 죽어버린 시스템의 권력이 행사하는 미혹의 전략에 침묵하는 대중덩어리로서 냉소적인 무감각만을 지닐 따름이다. 저자는 이 책을 통해 출구도 희망도 없이 와해된 사회적인 것들의 종말을 묘사하고, 사람들에게 사는 가치를 주기 위해서, 가치 없는 세상의 허무함을 가리기 위해서 시뮬라크르적인 실재를 역설하고 있다.

세종문화회관 열주와 국회의사당 돔 ⓒTopic

우리는 매일 열심히 노동을 하지만 그렇게 해서 번 돈은 만져보지도 못한 채 계좌상의 숫자로만 표현되고 신용카드를 긁으면 그 숫자가 빠져나간다. 이제는 원본이 아닌 숫자가 돈인 것이다. 그리고 그 숫자는 주식이나 부동산에 투자되어 저절로 불었다가 가라앉기까지 한다.

대부분의 현대인들은 한 장의 설계도에 의존해 세포분열하듯 대량으로 찍어낸, 비슷한 모양의 성냥갑 같은 아파트에 살고 있다. 진짜가 사라진 것이다. 레오나르도 다빈치 〈모나리자〉도 복제되고, 로댕(Auguste Rodin)의 〈생각하는 사람〉도 정밀한 화소의 사진에 의해 대체된다. 많은 사람들이 실제보다 복제품이나 대체물에 기반해 살아가는 것이다.

그 대체물들 안에 키치가 살아 꿈틀거린다. 밀레의 이발소 그림은 원본을 모방한 것으로 그나마 모방작 자체로서는 실재지만, 변기를 모방한 뒤샹의 〈샘〉은 본 적도 만져본 적도 없지만 누구나 알고 있는 이미지에 불과하다.

정작 예술에서만 이런 현상이 나타나는 것은 아니다. 삶도 그렇다. 사람들은 삶이 지향하는 가치를 잃어버리고, 수단인 돈과 명예와 권력만이 목표가 되어 버렸다. 대다수의 사람들은 생존이라는 당위를 목적으로 삼은 채 살아가고, 시스템은 민주공화국을 외치고 있지만, 이제는 어느새 '민주'나 '공화국'이라는 말의 의미조차 희미해진 지 오래다. 이런 가치혼란의 시대에 우리는 스스로 질문해야 한다.

나는 원본인가, 이미지인가? 복제물인가, 대체물인가?

창의성은 타고나는 재능이 아니다

우리는 종종 창의성과 천재성을 오해한다. 여섯 살 때 손가락이 건반 위를 날아다녔다는 모차르트(Wolfgang Amadeus Mozart)처럼 천재성은 특정 분야에서 일반적인 범주를 뛰어넘는 능력을 선천적으로 타고났음을 뜻하는 말이다. 반면에 창의성은 선천적이건 후천적이건 '새로운 관계를 지각하거나 비범한 아이디어를 산출하거나 또는 전통적인 사고유형에서 벗어나 새롭게 사고하는 능력'(이철수,《사회복지학 사전》)을 의미하는 말이다.

즉 '하늘 아래 새로운 것은 없다'라는 관점에서 보면, 기존의 것을 새롭게 해석하고 실마리를 찾아 조합하고 재창조하는 능력은 창의성에 가깝고, 특정 분야에서 평균 이상의 뛰어난 성과를 거둘 수 있는 타고난 기초능력이 큰 것은 천재성에 가깝다. 창의성은 타고난 재능이 아니라, 새로운 물결을 만들고 시대를 선도하는 새로운 시각과 독특한 해석능력을 가리키는 셈이다.

그런 측면에서 예술가의 영감은 창의성과 천재성을 동시에 갖춘 독특한 성격을 띠겠지만, 일반인이 추구하는 창의성은 노력으로 얼마든지 키울 수 있는 개발의 대상이라고 할 수 있다. 하지만 문제는 그 발현 과정인데, 광고인 박웅현 씨는 창의성의 개발에 대해 이렇게 말한다.

실패하지 않는 사람은 아무것도 하지 않는 사람이다. 우리는 어릴 때 수도 없이 넘어지면서 걷는 데 천재가 되었다는 것을 잊지 말아야 한다. 그 누구도 넘어지면서 일어나라는 명령에 따른 것이 아니다. 스스로 하려고 해서 이룬 일이다. 실패를 하고도 다시 일어서는 사람들은 그 실패마저도 즐겁다. 성공에 한 걸음 더 다가설 수 있는 '무언가'를 배운 기회였기 때문이다. 에디슨 식으로 말하면, 천재란 2,000번 실패해도 다시 시작하는 능력을 가진 사람이며, 창의성은 2,000번 실패한 뒤에 얻을 수 있는 빛과 같은 것이다.

필자가 모 방송사의 인터뷰 프로그램을 오랫동안 진행하면서 만난 수많은 사람 가운데 가장 창의적인 사람 중 하나라고 느꼈던 이의 말치고는 너무 겸손한 이야기로 들리는데, 특히 국어사전이 정의하고 있는 것처럼 '창의성'이라는 말이 '새로운 것을 만들어내거나 발견해내는 능력'을 의미한다면 박웅현 씨의 이 말은 틀린 것일 수도 있다.

하지만 필자는 감히 국어사전의 뜻에 반대하고 박웅현 씨의 말을 지지한다. 창의성이란 하늘 아래 없던 것을 있게 하는 것이 아니다. "있게 하라."는 신의 말씀이지 인간의 언어가 아니다. 즉 창의성은 발견이지 발명이 아니며, 하늘 아래 있는 것들의 새로운 용도를 발견하고 그것들을 재조합하는 능력인 셈이다.

그렇다면 어떻게 해야 이런 '발견'을 할 수 있을까? 무엇보다 다양한 것들을 많이 접해야 한다. 실재세계건 책이나 정보를 통해 얻는 간접세계건 간에, 내가 겪어보지 않은 것들을 경험하고 만나지 못한 사람들을 만나고 익숙하지 않은 것들을 접하면서 새로운 발견과 사고를 할 수 있다.

그런데 안타깝게도 우리는 이 부분이 꽉 막혀 있다. 입시전쟁, 스펙경쟁을 치르는 과정에 도움이 되지 않는 일은 모두 배척된다. 나와 다른 환경에서 자란 친구와 교유할 수도 없고, 내가 경험하지 못한 세상을 주유할 시간도 없다. 청년은 알바에 시달리고 학생은 시험에 찌드는 상황에서 새로운 환경에 대한 신선한 모험은 원천적으로 불가능하다. 우리 사회의 창의성 부재는 바로 이 지점에 가장 큰 걸림돌이 있기 때문이다.

지나치게 번성한 키치문화 역시 문제의 한 원인이다. 창의성이 화두가 되면서 체험학습이 입학사정 평가항목으로 거론되자 부모들이 주말마다 아이들 손을 잡고 유적지를 찾아나서게 됐다. 그러나 정작 그들의 손에 들린 것은 무슨무슨 답사기라는 이름의 책과 해상도 좋은 디카, 그리고 메모장뿐이다. 아이들은 책에 쓰여 있는 견해를 무비판적으로 읽으면서 유적과 예술품을 저자의 눈으로 복사하고, 디카로 복제하며, 안내판의 글자들을 메모장에 옮겨적기 바쁘다. 독서교육 역시 추천도서 요약본으로 제공되고, 과외선생님의 지도에 따라 논술에 필요한 핵심 주제들만 뽑아 암기하는 식으로 마무리된다.

창의성의 발현은 흉내내기(키치)가 아니라, 직접 보고 듣고 경험한 추억의 퇴비 속에서 이루어진다. 동물원의 황새가 슬픈 눈으로 사육사에게 먹이를 받아먹는 장면이 아니라, 어린 시절 툇마루에 앉아 생생하게 목격한, 황새가 미꾸라지를 잡아먹는 모습에서 창의성은 꿈틀거린다.

《나는 걷는다 Longue Marche》와 같은 뛰어난 여행기를 읽고 자극을 받았다면 실제 내가 그 길을 따라 걸어봄으로써 영감이 얻어지는 것이지, 책 속의 사진 몇 장이 영감과 창의성으로 연결되는 것은 아니다. 진정한 창의적 영감은 눈과 피부, 근육과 뼈가 체험하는 현장에서 자극을 받고, 거기서 싹튼 호기심이 가라앉은 나의 의식과 무의식을 흔들어 새로운 조합을 이끌어내는 것이기 때문이다.

만약 창의성을 고민한다면, 사람을 만나되 나와 다른 사람을 만나고, 땅을 밟되 처음 밟는 땅을 밟고, 책을 읽되 생소한 분야를 읽어야 한다. 생소한 것들이 부단히 나를 자극할 때 그 자극에 의해 지각이 갈라지고 용암이 터져나온다.

필자의 경우에도 20대 후반에 가장 크게 고민하던 점이 이런 부분이었다. 나름대로 인문사회 부문의 독서는 해왔지만 예술 분야에는 문외한이었기 때문이다. 미술은 〈모나리자〉나 〈천지창조〉를 떠올리는 정도가 기껏이었고, 음악은 대중음악이나 클래식음악에 이르기까지 젬병이어서 감각적 소양이 전무했다. 이것은 창의력 측면에서는 치명적인 약점이었다. 고민 끝에 그때 선택한 방법이 클래식 음반 100장 듣기와 곰브리치와 젠슨으로 시작한 미술사 공부였다. 친구에게 추천받은 음반을 밥 먹을 때도, 수술실에서도, 심지어 베갯머리에서도 틀어놓고 들었다. 또 전시회만 열리면 찾아가 우두커니 서서 몇 시간이고 그림을 바라보았다. 그럼에도 여전히 부족한 문화적 소양이 뼈아프긴 하지만, 돌이켜보면 그 정도 시작도 하지 않았다면 어땠을지 너무 아찔하다.

절대 잊지 말자. 우리의 내면에는 모두 창의성의 씨앗이 자라고 있다. 다만 그 씨를 틔우기 위해서는 다양한 경험과 독서, 공상을 통해 창의성이 자랄 토양을 기름지게 가꿔야 한다. 또 몸으로 실천하는 행동을 통해 싹이 돋아날 수 있는 기회를 마련해야 한다. 비록 지금의 시스템이 개인의 창발성을 인정하고 키우는 데 유리한 제도가 아니더라도, 조직 혹은 사회의 이름으로 내가 가진 창의성의 씨앗이 짓눌린다 할지라도 우리 스스로 창의의 싹을 틔우기 위해 부단히 노력해야 한다. 그 속에 바로 자아실현의 길이 있다.

진정한 행복은 과정의 몰입에서 온다

경제학에서 행복은 가진 것/욕망이다. 그래서 우리는 맹렬하게 분자인 '가진 것'을 키우려 하지만, 분자가 자라는 만큼 분모도 같이 자란다. 그 결과 상대적 욕망에 제동이 걸리지 않기 때문에 분자가 아무리 늘어도 우리는 언제나 행복하지 않다.

우연성과 필연성의 문제는 늘 고민의 주제가 된다. '인생은 단순히 우연의 산물인가, 아니면 필연적인 무엇인가가 존재하는가?'라는 의문은 현실 속에서도 자주 맞닥뜨리는 것이다.

인간의 오늘은 우연성과 필연성의 만남으로 이루어진 것

오늘 이 글을 쓰고 있는 필자가 과거 어느 날 5분만 일찍 대문을 나섰더라면 지금 이 자리에 없을 수도 있다. 이 시간 어디에선가 일어나는 사고나 사건들 역시 피해자들이 1분만 늦거나 빨리 출발했다면 겪지 않았을 불행일 수도 있다. 지금 어깨를 기대고 있는 그 혹은 그녀도 과거 어느 순간에 우리가 만나지 못했다면 서로 다른 사람을 만났을 것이다.

이런 선택의 갈림길은 우리 무의식 속에 자리잡고 있는 엄청난 불안감의 한 원인이다. 과거 개그맨 이휘재 씨가 극적으로 결과가 달라지는 두 가지 선택을 놓고 "그래 결심했어."라고 외치던 TV 프로그램이 큰 인기를 끈 것도 이런 이유에서다.

이런 무의식은 결심과 선택의 지점에서 늘 우리를 딜레마에 빠지게 하는 원인이고, 이로 인해 우리는 선택의 연속인 삶을 늘 두려워하고 자신없어 한다. 그리고 이런 두려움은 필연에 대한 갈망으로 연결된다. 그것은 삶의 모든 것을 운명의 장난이라고 믿어버리고 싶은 마음인데, 세상의 모든 종교와 사상이 여기서 출발하는 것이다.

잠시 아래 글을 읽어보자.

> 길에 굴러다니는 조약돌이라면 모르겠다. 그러나 이것이 우리의 문제가 되면 그렇지는 못하게 된다. 우리는 우리 자신이 어느 시대를 막론하고, 필연적이고 불가피적이며 합목적적이라야 한다고 바라고 있다. 모든 종교, 거의 모든 철학, 그리고 과학의 일부까지도 인류가 자기 자신의 우연성을 안간힘을 다해서 부인하려는 인류 전체의 끈질기고도 영웅적인 노력을 입증해주고 있다.
>
> _ 자크 모노, 《우연과 필연》

이 상황에서 다윈(Charles Robert Darwin)의 《종의 기원》은 '자연선택'이라는 말로 우리가 살고 있는 세계 밖으로 신의 자리를 밀어냈다. 즉 존재는 우연에 의한 것이라는 말이다. 이후 진화론은 논리적으로 의심할 여지가 없는 이론이 되었지만 여전히 '고고학적 증거 부족'이라는 약점을 보강해야 할 필요가 있었다.

이때 자크 모노(Jacques Lucien Monod)의 《우연과 필연 Chance and Necessity》이 제기한 '합목적성'이라는 새로운 '요청'은 진화론의 허약한 고리들을 촘촘히 메워나가는 데 크게 기여했다. 원래 '요청된다'는 개념은 만능 해결사다. 예를 들어 다윈의 진화론이 박테리아에서 인간의 진화까지를 모두 설명할 수 있다 하더라도, "박테리아 이전 혹은 그 근원으로 추정되는 아미노산, 혹은 그 이전의 물질은 어디에서 온 것이란 말인가?"라는 질문에 답을 할 수는 없다. 즉 '태초의 생명' 혹은 '생명의 발원' 그 이전의 존재까지 증명할 방법은 없는 셈이다. 결국 다위니즘에서 '생명의 발원'은 그 근원이 되는 무엇이 있었음을 전제하는 '요청'이 필요한 것이다.

우주의 질서에 대한 이해도 마찬가지다. 우주에 대한 자각이 코페르니쿠스(Nicolaus Copernicus)에 의해 전환되고, 질서와 역학을 유클리드기하학의 범주에서 이해한 것만도 대단한 혁명이었지만, 그 혁명 역시 하이젠베르크(Werner Karl Heisenberg)의 '불확정성 원리'로 인해 전복됨으로써 여기서도 결국 '상대성 원리'가 '요청'되어야 했기 때문이다.

과정에 있을 때만 찾아오는 행복

이렇게 인간의 오늘이 우연성과 필연성의 만남으로 이루어진 것이라면, 인간이 누리는 행복과 같은 감정 역시 그럴지도 모른다. 그 감정들은 필연적인 무엇의 결과이기도 하지만 그 필연 사이에 우연히 끼어드는 우연성들이 요청되는 것이다. 실제로 행복이란 무엇일까? 원하는 것을 갖게 된 상태를 행복이라 한다면 사랑하는 여인과 결혼한 남자들은 모두 행복해야 하는데 왜 그렇지 않을까? 한강변에 50평짜리 아파트를 사기 위해 일생을 분투한 사람의 행복감은 왜 입주 후 환경호르몬의 영향이 채 가시기도 전에 사라지는 것일까? 우리가 행복이라 칭하는 모든 것은 왜 영원하지 않고 한여름 밤의 꿈처럼 소멸해버리는 것인지……. '행복'이라는 한 단어를 두고 이런 의문이 꼬리에 꼬리를 물게 된다.

이 부분을 두고 불가의 선지식(善知識, 먼저 깨달은 스승)들은 주장자를 내리치며 "부처를 만나면 부처를 죽이고 조사를 만나면 조사를 죽이라."고 호령했다. 또 장주(莊周)는 '호접몽'을 앞세워 '부질없음'을 설파했다. 하지만 도에 미치지 못한(不及) 우리네 범인들은 그저 '삶은 늘 불행의 연속'이라고 생각하는데, 그것이 단지 수양이 부족하거나 행복에 대한 지식이 부족하기 때문만은 아닐 것이다.

인류역사에서 수많은 선각자가 '행복'의 본질을 말해왔지만, 우리가 불행한 이유는 결정적인 고리 하나가 빠져 있기 때문이다. 그것은 바로 행복하고자 하는 목표, 즉 우리가 가상한 행복의 세계가 원래 손에 잡히지 않는 미래형 갈망이라는 사실을 잊고 있다는 것이다. 이를테면 우리가 지금 건강을 잃어가며 치열하게 분투하는 것은 분명히 어떤 목표를 가지고 있기 때문이다. 그러나 막상 그 목표를 이루었을 때(이루지 못했을 경우에는 말할 필요도 없다) 우리는 과거의 내가 세운 목표를 오늘 손에 쥐고 있을 뿐, 그것이 또다시 미래에 내가 원하는 그것은 아니기 때문이다. 그만큼 인간의 이성이 추구하는 행복의 개념 역시 단지 '요청되는 것'일 뿐인 셈이다.

이런 이유로 필자는 "행복하십니까?"라는 질문을 받을 때 가장 곤혹스럽다. 행복이라는 감정이 원하는 것을 얻었을 때 느끼는 것인지, 원하는 것을 얻고자 하는 갈망을 갖고 있는 순간인지에 대한 답도 정리되지 않았기 때문이다.

심리학자들의 연구에 따르면, 원하던 것을 손에 넣었을 때 느끼는 행복은 그리 오래가지 않는다고 한다. 자동차, 집, 돈…… 그 모든 것이 막상 손에 들어온 다음에는 뛸 듯했던 처음의 기쁨이 금세 사라지고 새로운 갈망이 시작되기 마련인데, 이것을 보통 권태라 부른다. 그러니 권태가 수반되지 않는 진짜 행복을 얻으려면 시간이 경과해도 처음의 기쁨이 퇴색하지 않는 대상을 획득해야 한다. 예를 들어, 로또에 맞아 10억 원의 당첨금을 받았다면 그 기쁨은 충격적이겠지만 시간이 흐를수록 기쁨은 감소되고 다시 새로운 갈망에 의해 불행이 시작된다.

더구나 로또에 당첨되는 것처럼 인생에서 성취하는 모든 것에는 우연성이 개입되어 있다. 어쩌면 내가 행복이라 여기는 것들 역시 모두 우연의 결과물인지도 모른다. 이런 것들 중에서 시간이 흘러도 식상하지 않고 빛이 바래지 않아 영구적인 가치로 존재할 수 있는 것(필연성)만이 행복의 대상일 것이다.

그렇다면 이렇게 권태가 따르지 않는 필연적 행복의 대상은 과연 무엇일까? 그것은 우리 대부분이 오늘도 열심히 추구하고 있는 돈이나 명예 등이 아니라 지식, 사상, 철학, 재능, 기능처럼 함께함으로써 더욱 빛나고 가치가 변하지 않으며 새로운 가치를 끊임없이 창조해내는 것들이다. 행복에 이르는 길은 물질이나 사랑과 같은 갈망을 통해서가 아니라, 실존적 존재로서의 나를 뒷받침해주는 것들을 통해 만날 수 있다. 무엇인가를 성취하려는 목표지향적인 삶을 살다 보면 시시포스의 바위처럼 끊임없는 마약 투여를 필요로 하고, 점점 더 강한 자극을 원하는 욕망을 통제할 수 없다.

결국 행복은 결과가 아니라 과정에 있는 셈이다. 이는 매력적인 이성을 만날 때도 마찬가지다. 그 혹은 그녀를 얻기 위해 애쓰는 과정에서 느끼는 가슴 떨림과 심장의 고동은 아프고 매혹적이지만, 막상 서로 사랑을 확인하고 연애를 시작하면 그 감정은 처음과 달라진다. 더구나 서로를 만난 과정 자체가 우연이었음은 더 말할 필요도 없다.

그러니 '간절한 것은 손에 넣지 않는 것'이라는 행복의 공식을 지키려면, 물론 그것을 완전히 성취할 수도 없고 그것을 성취하는 공식이 필연적으로 존재하는 것도 아니지만, 그것을 향해 나아가는 과정(필연)이 우연과 결합해야 하는 것인지도 모른다. 즉 "행복하십니까?"라는 질문에 "예!"라고 답하기 위해서 어떤 계획된 것의 결과에 매달릴 것이 아니라, 단지 그 과정을 위해 지금도 애쓰고 있는 중이어야 하는 것이다.

나의 존재는 무엇으로 증명하는가

인간은 사물과 달리 끊임없이 관계를 맺고 관계 속에서 규정된다. 지배를 받거나 질서에 소속되고 그렇지 않을 경우 불안하고 소외된다. 심지어 하루종일 전화벨이 울리지 않아도 곤란한 것이 인간이다. 이렇게 여러 가지와 관련되어 있는 나를 가리켜 실존한다고 말한다.

'존재'라는 말은 달리 의문의 여지가 없는 보통명사다. 그런데도 동양이건 서양이건 철학은 늘 이 존재에 대한 질문을 던지고 그에 대한 답을 제시해온 학문이라고 해도 과언이 아니다. 물론 헤겔(Georg Wilhelm Friedrich Hegel) 이후 존재에 대한 질문이 무의미해진 측면은 있지만, 인류의 사상이 이 존재에 대한 궁금증으로 점철되었다는 것은 부인할 수 없는 사실이다.

그런데 존재라는 말에 글자 하나를 덧붙여 '존재자'가 되면 좀 복잡하다. "저기 사과가 있다."라고 말할 때 우리는 사과라는 존재자를 보고 '있다'는 사실을 안다. 물론 눈을 감았을 때는 눈앞에 있어도 알지 못할 것이다. 그럼 눈을 뜨고 본 사과의 존재에 대해서는 우리가 모든 속성을 다 이해하고 있는 것일까? 이때 내가 본 사과라는 존재는 겉으로 보이는 것일 뿐 속성은 각각 다르다. 그 때문에 각각 다른 사과를 설명하기 위해 우리는 또 다른 이름을 붙이거나 달다, 시다, 벌레먹었다, 단단하다, 크다, 작다라고 표현한다. 하지만 그 모든 서술이 사과의 존재를 명확하게 지시하는 것은 아니다.

우리가 이해하는 존재는 평균 혹은 일반화된 개념이다. 밥, 사과, 사람, 심지어 나라는 존재에 대해서도 그 본질을 명확히 설명하기는 쉽지 않다. 그렇다 보니 이 개념을 설명하기 위해 온갖 철학자가 머리를 싸매고 덤볐고 그리스철학에서 근대철학에 이르기까지 철학의 역사는 바로 이 문제와의 씨름으로 점철돼 있다.

존재, 존재자, 존재적

하지만 하이데거는 이들과 달리 '존재의 의미를 묻는 것'을 목표로 삼았다. 그는 우선 우리가 알고 있는 존재자(인식 대상)와 존재의 성격을 오해하지 말 것을 요구한다. 우리가 파악할 수 있는 것은 존재자이지 존재는 아니기 때문이다. 우리는 보통 '사과'라는 존재자를 인식하면 존재에 대해서도 저절로 파악한 거라고 여긴다. 하지만 사실은 그 반대다. 우리가 존재자를 파악하는 것은 존재의 속성에 대한 일반적인 이해가 있기 때문이다. 사과라는 존재의 속성을 일반적으로 알고 있기 때문에 사과라는 존재자를 파악하는 것이다.

이 대목에서 하이데거는 존재와 존재자의 관계에 대해 질문을 던지면서 '존재적'이라는 제3의 관념을 도입한다. 존재자를 두고 어떻게 설명할 것인가를 고민하면 그 고민이 바로 '존재적'이라는 것이다. 즉, '존재자'의 속성인 '존재'와 그것을 설명하는 '존재적'이라는 세 개념이 하이데거의 철학을 이해하는 데 우선 필요한 준비다.

그 다음은 '현존재'의 개념이다. 하이데거는 존재자의 존재를 존재적으로 해명할 때 존재자에 대해 물을 수 있는 유일한 존재가 바로 우리 자신이라고 규정하고, 그것을 가리켜 '현존재'라 칭한다. 즉, 존재자 중에서 존재에 대해 궁금증을 갖고 존재적 질문을 던질 수 있는 것은 인간이 유일하다. 그리고 그 인간은 우리 자신인데, 이것이 바로 현존재다.

인간은 사물과 달리 끊임없이 관계를 맺고 관계 속에 규정된다. 지배를 받거나 질서에 소속되기 때문에 그렇지 않을 경우 불안감과 소외감을 느낀다. 심지어 하루만 전화벨이 울리지 않아도 불안해한다. 이렇게 여러 가지와 관련되어 있는 나를 가리켜 '실존'한다고 말한다. 즉 나는 나의 존재와 여러 모로 관계하므로, 나는 실존적이다. 이때 나는 스스로에 대해 존재를 물을 수 있다. 그래서 나는 그것과 관계하는 현존재다. 그리고 나의 존재를 관계하며 소통하고 이해하고 규정하는 것은 실존이다. 물론 나의 존재에 대해 문제를 삼고 질문할 수 있다는 전제하에서다.

실존적 삶이란 무엇인가

딸아이가 취학하기 전인 몇 년 전만 해도, 나에게 가장 평화로운 시간은 일요일 오전 배 위에 딸아이를 올려놓고 같이 비디오를 보는 시간이었다. 주말 비디오 보기는 마흔에 얻은 딸의 어린 시절 추억에 작은 무지개를 그려주고 싶어 시작한 일이었다.

집에서 TV를 치워버린 지 오래라 안방에 하나 남아 있던 작은 브라운관TV에 DVD플레이어를 연결했다. 모양새는 조금 이상했지만 그래도 그것을 위해 〈미야자키 하야오 DVD전집〉을 주문했다. 틈날 때마다 월트디즈니 만화영화도 하나씩 구해다가 딸아이방 책꽂이에 나란히 꽂아주었다. 그때마다 아내는 별나다며 타박을 했지만 나는 아랑곳하지 않았다. 딸아이 가슴속에 아롱아롱 매달릴 무지갯빛 꿈들을 상상하면 절로 휘파람이 나왔다.

그 시절 나는 집에 있을 때면 딸아이 꽁무니만 졸졸 따라다녔다. '그대가 곁에 있어도 나는 그대가 그립다'는 시집 제목처럼, 그 보들보들한 조막손과 솜털이 보송보송한 볼이 너무나 살가워서 책을 읽거나 밥을 먹을 때도 늘 아이를 무릎에 앉혀놓아야 직성이 풀렸다. 하지만 아이가 만화영화를 볼 때는 도리없이 옆에서 책을 읽거나 안방에서 거실로 서재로 어슬렁거릴 수밖에 없었다. 딸내미가 아무리 예뻐도 이 나이에 〈도라에몽〉을 보고 앉아 있을 수는 없었기 때문이다.

그때 아이가 좋아하던 만화영화는 〈도라에몽〉, 〈캐릭캐릭 체인지 두근두근〉, 〈아따맘마〉 등이었다. 그런데 문득 생각해보니 아이가 좋아하는 만화들이 전부 단편이었다. 내가 봤으면 싶은 〈이웃집 토토로〉 같은 만화는 보다가도 금세 채널을 돌리고 말았다. 아이의 집중력으로 '메시지를 담은' 장편을 따라갈 수가 없는 탓이었다. 아이들은 아무래도 단편으로 완결되는 이야기와 단순하고(메시지가 없고) 화려한 그림들을 선호하는 것 같았다.

그때부터 나는 내가 보여주고 싶은 만화를 강요하지 않고 딸아이에게 보여주는 방법을 찾기 시작했고, 아이와 같이 만화를 보는 놀이를 하기로 결심하게 되었다. 나중에는 딸아이도 아빠가 같이 봐줘서 그런지 〈빨강머리 앤〉과 〈미래소년 코난〉에 조금씩 관심을 갖기 시작했다. 아직 〈원령공주〉 같은 작품은 무리였지만 〈빨강머리 앤〉을 두고는 나와 교감을 할 수 있게 된 것이다.

그런데 〈빨강머리 앤〉은 볼수록 기가 막힌 작품이었다. 아이와 함께 전편을 다 보았더니 아이가 처음부터 다시 보자고 먼저 제안을 했다. 그래서 어느 날 오전 느긋하게 같이 자두를 먹어가면서 1회부터 다시 틀어 감상하기 시작했다. 예전에 무심히 흘려버렸던 대사 한 마디가 새롭게 가슴을 두드렸다. 3회분에서 앤이 이렇게 말한다.

"아줌마, 아줌마는 다른 사람이 이름을 부르지 않고 그냥 여자라고 하면 좋겠어요? 꽃도 마찬가지예요."

앤이 고아원에서 녹색지붕 집으로 입양와서(이때까지는 잘못된 입양이다) 마당에 핀 꽃을 보고 이름을 묻는다. 마리 부인이 꽃이름을 말해주자 앤은 그것은 꽃의 종류지 이름이 아니라고 말한다. 앤은 그 꽃에 부인이 아직 이름을 붙이지 않았다면(사실 이 전제가 중요하다) 자기가 이름을 붙여도 좋으냐고 묻고는, 그 꽃에 마치 친구처럼 이름을 붙인다. 그리고 자기 이름도 그냥 '앤(Ann)'이 아닌 '철자 e가 붙은 앤(Anne)'으로 불러달라고 말한다.

실존적 인식인 셈이다. '실존'이라는 말을 쉽게 정의하기는 어렵지만 '속성'이 아닌 '존재'의 우선권을 주장하는 것이 실존이라면, 이 대화에서 '꽃에 대한 인식'은 사르트르(Jean Paul Sartre)의 '존재(existence)'를 떠올리게 하고 '철자 e가 붙은 앤'으로 불리기를 바라는 앤의 '요청'은 다시 하이데거의 '현존재(dasein)'를 떠올리게 한다. 어쨌건 〈빨강머리 앤〉은 이런 치밀한 설계에 의한 끊임없는 지적 긴장을 요구하는 작품인 셈이다.

관계 속의 나

만화영화로 이야기를 시작하긴 했지만, 우리가 현실에서 '존재'나 '실존' 따위를 의식하기는 어렵다. 파도타기를 하듯 울렁울렁 물결에 흘러가는 것이 우리의 삶이기 때문이다. 그 목적이 명예건, 권력이건, 돈이건 혹은 지식이건 간에 우리는 '사회적 인간'이라고 규정된 '속성'에 충실하게 살아가기 위해 참 무던히도 애를 쓴다. 하지만 속성에 몰입하면 할수록 나의 근본적 존재와 거리가 멀어질 뿐이고, 점점 소외되어 고독한 존재가 되고 만다. 즉 '나는 누구인가'라는 질문에 대해 직업이나 지위, 학벌, 재산 정도로 설명할 수밖에 없다면 진짜 나는 점점 시야에서 멀어지고, 잃어버린 미아가 되는 것이다.

실제 우리는 늘 '누군가'로 규정된 채 살고 있다. 이를테면 가족관계에서는 아버지나 아들딸로, 사회적으로는 국민 혹은 시민으로, 회사에서는 직책으로, 그것도 아니라면 누군가의 친구나 동료로 살아간다. 관계는 우리를 수십, 수백 가지의 속성의 틀로 재단하고 있으며 이것을 피할 도리는 없다. 호모 사피엔스의 속성을 완전히 거부하는 순간 우주의 미아까지는 아니더라도 최소한 사회적 고립을 피할 도리가 없을 것이다. 심할 경우 어느 정신병원에 수용되어 '세파민(강력한 진정제)' 따위를 투여받고 초점 없는 눈으로 복도를 걸어다니고 있을 것이다. 아니면 어느 산비탈에 토굴을 파고 들어앉아 짐승 울음소리를 내고 있을지도 모른다. 우리가 인간으로 태어난 자체가 선택이 아니듯, 우리의 삶도 그리 선택적이지 않은 것이다.

이렇듯 우리가 추구하는 삶의 목표들도 어쩌면 이런 사회적 관계망 속에서 피라미드의 좀더 상위에 서고자 하는 욕망에 불과할지 모른다. 그래서 혹여 우리가 피나는 노력으로 스스로의 성취에 도달했다 해도, 그때부터 우리를 덮치는 것은 고독이다. 마이클 잭슨이 앙상하게 말라버린 육체를 추스르며 살다가, 위장을 음식물 대신 약물로 가득 채우고서야 하루하루의 삶이 가능했던 것은, 그만큼 그의 존재를 괴롭히는 실존에 대한 고민 때문이었을 것이다. 세계 최고의 가수라는 명예는 결국 관계 속에서의 정점을 의미하고, 그것은 무수한 인간 혹은 사회와 얽히고설킨 관계를 유지할 것을 강요하게 되는 것이다. 이것이 정점에 선 대가다.

마이클 잭슨은 젊어지기 위해 고압산소방을 사용한다는 루머를 잠재우기 위해 유리방 앞에서 브이자를 그려야 했고, 백반증과 건선을 치료하는 일조차 피부 탈색을 위한 것이라는 엄청난 오해를 떠안아야 했다. 그러나 그는 그것을 이용하든가 그 안에서 질식하든가 둘 중 하나를 선택할 수밖에 없었다.

차라리 그에게 더 올라가야 할 자리가 있었다면, 그것을 향해 질주하면서 존재의 고독에 몸부림치지는 않았을지도 모른다. 인간은 관계에 사로잡혀 질주하며 그 관계 속에서 상대적 서열을 규정하면서 스스로 자위한다. 그러나 그것이 학업이건 돈이건 권력이건, 모든 행위는 서열짓기에 불과하다. 내 서열이 높아지면 높아질수록 나를 규정하는 관계어는 점점 늘어난다. 그리고 그 복잡한 층위의 관계 속에서 점점 나를 잃어가는 것이다.

여기서 나를 잃어간다는 것은 실존적이지 않다는 뜻인데, 원래 실존은 속성에 우선하는 것이다. 진짜 나는 내가 간절하게 원하는 것, 나를 정확하게 인식하는 것, 나 자신을 자각하는 것에 숨어 있을 뿐이다.

관계망 속의 내가 아닌 나를 유지하는 법

그렇다면 관계망 속의 내가 아닌 나를 어떻게 유지할 것인가? 그것이 큰 숙제인데, 이렇게 나를 찾아가는 작업은 속성으로부터 나를 자발적으로 소외시키는 것, 즉 사회적 관계가 요구하는 삶만이 아닌 나 자신의 요청과의 균형을 맞추며 살아가는 것이 실존인 셈이다.

그러나 이런 실존적 삶은 쉽지 않다. 그래서 우리는 이에 대해 비겁한 굴복을 할 수밖에 없고, 이렇게 속성만 가진 '나'는 게임 속의 아바타에 지나지 않는다. 결국 우리는 내가 궁극으로 원하는 것이 무엇인지를 늘 물어야 한다. 속성 속에서의 성취는 지극히 찰나적이기 때문이다. 이를테면 로또에 당첨돼 한 10년쯤 행복하다면 좋겠지만 안타깝게도 그런 행복에 몸부림치는 기간은 길어야 3개월이다. 그후부터는 새로운 고민을 안고 새로운 것을 얻기 위해 분투해야 한다.

새로운 자동차를 사건, 아름다운 아내를 맞이하건 성취의 행복은 그것을 의식하는 잠깐의 순간뿐이다. 우리의 일상이 늘 새로운 자동차를 의식하거나 아름다운 아내만 생각할 수는 없기 때문이다. 결국 우리가 획득한 것들은 찰나적으로 불쑥불쑥 떠오르는 자기만족에 불과하고, 대부분의 시간은 오히려 그것을 유지하기 위해 더 많은 희생을 요구한다. 실존은 실로 어려운 명제인 것이다.

에드워드 호퍼(Edward Hopper)의 그림을 보면 (국내에서는 호퍼 그림에 대한 저작권이 해결되지 않아 아쉽게도 이 책에 실을 수 없는 것이 유감이다) 그의 그림에서는 늘 극단적 고독이 느껴진다. 하지만 잘 들여다보면 표정은 패배자의 익숙한 그것이 아니다. 현대사회의 질서 속에 놓인 주인공들의 머릿속에 들어 있는 고민은 내일 일용할 양식에 대한 걱정이나 새로운 자동차 또는 요트에 대한 생각이 아니다. 그들의 망연자실함은 오히려 자기를 잃어버린 데서 오는 절대고독이다. 우리가 일반적으로 고독을 느끼는 것은 타인과 함께하지 못하는 것이라고 여기지만, 진짜 고독은 타인과는 늘 함께하면서 참 나가 존재하고 있지 않다는 데서 오는 것이고, 이것을 가리켜 우울이라고 부른다.

우리는 이런 상황을 두려워한다. 오랜 시간 사회적 인간으로서의 역할에 익숙해져 있기 때문이다. 공자의 군군신신부부자자(君君臣臣父父子子) 역시 철저하게 비실존적이다. 공자는 속성만을 강조했다. 임금은 임금답고 신하는 신하답고……. '다움'이란 실존과 대립되는 가장 극적인 대비다. 당신 역시 그렇게 자신을 단련하고 담금질하고 있을 것이다. 또 그래야 한다. 우리가 태어난 것이 의도한 것이 아니듯 삶을 의도대로 살 수만은 없다. 또 원하건 원하지 않건 죽음이 기다린다. 그것의 의도를 비켜가기 위해 스스로 죽음을 택하는 이들이 있지만, 그들은 자신이 죽음이라는 규정 안으로 더 빨리 뛰어든 어리석은 이에 불과하다는 것을 모른다.

관계 속에서 우리를 규정하는 속성은 거부하면 할수록 강하게 우리를 압박한다. 결국 해법은 속성과 실존적인 고민을 함께 병렬로 처리하는 것이다. 속성이건 실존이건 무엇이 우선하면 어떤가. 우리가 철학자의 논쟁에 놀아날 하등의 이유가 없다. 우리는 사회적 관계 속에서 열심히 뛰고 있지만, 그 안에서 우리 자신을 덮치는 고독과 소외와 갈등 역시 두려워하지 말고 받아내야 한다. 만약 그것이 힘들다면 잠시 멈추었다가 다시 일어나면 된다. 누군가 말했듯, 넘어짐은 단지 일어나는 방법을 배우기 위한 것일 뿐이다.

나의 가치관은 무엇인가

> 어떤 것이 나의 물리가 터질 수 있는 자리라는 확신이 든다면 그것을 체험의 영역으로 끌어들이고, 거기서 재미를 얻을 때까지 고난의 행군을 해야 한다. 물론 이 순간의 행군도 고통스럽다. 하지만 행군이 끝나야 목적지에 도달할 수 있다.

나는 일생 동안 아프리카인의 투쟁에 헌신해왔다. 나는 백인이 지배하는 사회에도 맞서싸웠고 흑인이 지배하는 사회에도 맞서싸웠다. 나는 모든 사람이 조화롭고 평등한 기회를 갖고 함께 살아가는 민주적이고 자유로운 사회를 건설하는 이상을 간직해왔다. 그것이야말로 내가 목표로 하고 성취하고자 하는 소망이다. 하지만 필요하다면 그런 소망을 위해 죽을 준비가 되어 있다.

이 문장은 넬슨 만델라(Nelson Mandela)가 자신의 가치관을 묻는 질문에 대답한 말로, 이 짧은 문장 안에 그가 살아온 존경스러운 삶이 모두 압축되어 있다. 그는 자신의 삶의 목표와 가치를 명확하게 세우고, 오직 그 길로만 걸어간 사람이었다.

필자는 청년들이 진로에 대해 조언을 구할 때 자주 되묻는다.

"당신의 가치관은 무엇입니까?"

놀랍게도 대개의 사람들은 바로 답을 하지 못하거나 머뭇거린다. '가치관'이라는 말은 초등학교 때부터 '올바른 가치관의 확립', '바람직한 가치관의 형성' 같은 구호 아래 자주 들어왔고, 또 일상적으로 자주 쓰는 말 중 하나다. 그런데도 막상 자신의 가치관에 대한 질문을 받으면 그 답이 바로 나오지 않는 것은 참 이상한 일이다.

가치를 느끼는 기준은 사람마다 다르다

'가치관'의 사전적 의미를 보자. "생활의 여러 국면과 과정에서 가치판단이나 가치선택을 행사할 때 일관되게 작용하는 가치기준과 그것을 정당화하는 근거, 혹은 신념의 체계적 형태를 말한다. 인간생활의 여러 국면과 과정에 따라서 세계관·인간관·사회(국가)관·역사관·예술관·교육관·직업관 등의 어느 하나, 혹은 전체를 통칭하기는 말로 사용되기도 한다."(이철수, 《사회복지학 사전》)

가치관이란 문자 그대로 '가치를 보는 기준'이라는 뜻으로, 삶에서 어떤 것이 가치가 있고 어떤 것이 가치가 없는지를 판단하는 나만의 기준이 없는 상황을 가리켜 우리는 보통 '가치부재'라고 말한다.

예를 들어, 국내 최대 기업의 경영자가 스스로 삶을 마감하는 안타까운 선택을 하거나 인기 절정의 연예인이 한순간 생을 포기하는 경우가 있다. 이때 사람들은 그 이유를 잘 이해하지 못하고 단지 업무상의 과로나 스트레스, 부담 때문일 거라고 추측한다. 하지만 이 단계에서 일이나 스트레스는 부담이 아니다. 어쩌면 자동차에 주입되는 연료와 같다. 물리가 트인 자리에서 맹렬하게 달려가는 삶에는 극도의 성취라는 보상이 반복적으로 주어지기 때문이다.

그렇다면 왜 이런 일이 벌어질까? 그 이유는 바로 가치관에 있다. 이 글의 앞머리에서 가치관을 거론한 이유다. 대상을 탐색하고 과정의 고난을 극복하고 최대의 효율로 달려온 긴 여정의 결과, 그동안 이룬 성취가 어느 순간 나에게 아무런 가치도 없게 느껴진다면 얼마나 끔찍하겠는가?

가치를 느끼는 기준은 사람마다 다르다. 또 일찌감치 가치의 잣대를 갖고 있었던 사람이 있는가 하면, 뒤늦게 가치를 발견하는 사람도 있고, 영원히 발견하지 못하는 사람도 있다. 이 중 가장 불행한 사람은 뒤늦게 가치를 발견하는 사람이다. 차라리 영원히 가치를 발견하지 못한다면, 그것이 구슬이든 보석이든 내게 가득 주어졌다는 것으로 미소를 지으며 행복하게 눈을 감을 수도 있다. 운이 좋은 사람이었던 것이다. 하지만 가치의 잣대를 가지고 있지만 가치지향적 선택이 아닌 결과에 대한 두려움 때문에 다른 것을 노력해야 하는 사람과, 뒤늦게 가치를 인식하고 자신의 성과를 전면적으로 부인할 수밖에 없는 사람들은 극도의 불행에 빠진다. 전자의 불행은 지속적이고 일상적이지만, 후자의 불행은 급작스럽게 다가온다. 어느 순간 벼락처럼 뇌를 파고들어 극도의 충격과 허무에 빠지게 된다.

가치관의 형성에는 내외부 요인이 끊임없이 개입한다

그렇다면 가치관이란 정말 무엇일까? 가치관의 하부구조는 직업관, 국가관, 연애관, 행복관 등 수많은 항목으로 구성되어 있다. 가치관은 하늘에서 떨어지는 불꽃이 아니다. 이런 개별적인 항목들이 형성한 가치의 평균이자 총합이다. 문제는 이것을 형성해가는 과정이다. 내 가치관의 형성에는 끊임없이 타자가 개입한다.

국가관을 예로 들면, 당대의 사회가 요구하는 은밀한 요구가 스며든다. 386세대라면 어린 시절부터 '민족중흥의 역사적 사명'을 띤 존재로 길러졌을 것이고, 지금 세대라면 '글로벌경쟁에서 승리할 인재 양성'이라는 국가가치 속에서 훈육되었을 것이다. 하지만 국가사회의 가치는 오늘 찬양되던 것이 오래지 않아 부인되기 일쑤다. 당대의 역적이 역사의 충신이 되고, 반역이 애국이 된 예가 허다하다. 따라서 바람직한 국가관이란 당대의 눈이 아닌 시대의 눈으로, 통찰과 직관으로 바라보아야 하는 것이다.

직업관이라면, 부모가 개입한다. 돈을 잘 벌어야 한다, 명예로운 직업을 선택해야 한다, 현실은 꿈이 아니다 등의 조언과 강요는 나의 가치를 뒤흔든다. 나는 독립된 우주로서 나의 가치를 지향하는 존재자지만, 타자의 개입은 나를 의존적 상황으로 몰고간다. 그렇기 때문에 바람직한 가치관을 형성하기 위해서는 우선 내가 내 삶의 주인이 되어야 한다. 나의 생각과 나라는 존재자를 정확히 응시하고 이해해야 하는 것이다.

나를 둘러싼 타자의 개입을 인정해버린다면 가치혼재의 상황에 빠지게 된다. 나와 타인의 시선이 결합되어 실상이 없는 가치관이 형성되기 때문이다. 이 경우, 당시에는 가치지향적인 결정이라 믿었지만 시간이 지나면 그렇지 않음을 발견하게 되고, 반대의 경우도 마찬가지다.

더 두려운 것은 가치부재의 상황이다. 가치에 대한 고민이나 사유 없이 단지 목적에만 충실하게 살다 보면, 언젠가 가치를 보는 눈이 성숙했을 때 나의 모든 삶을 전면적으로 부정하게 된다.

결국 가장 중요한 것은, 바람직하고 건강한 가치관을 정립하고 삶의 모든 선택을 그것에 의거해 해나가는 것이다.

예를 들어 당신이 "무엇을 할 것인가?"라는 질문을 받는다면, 수많은 후보 중에서 가치있는 것을 먼저 선택해야 한다. 그리고 압축된 후보들 중 그 결과로 재미있을 법한 것을 선택해야 나의 삶이 가치지향의 일관성을 유지할 수 있다. 가치기준 아래 목표를 정하고 그 목표에 도달하기 위해 온전히 노력하며 뚜벅뚜벅 걸어간다면 모든 것은 일직선에 놓인다. 이때 걸음의 크기는 중요하지 않다. 내가 걸어간 길에서 도달한 마지막 지점, 그것이 나의 성취이고 무엇과도 바꿀 수 없는 소중한 나의 존재이기 때문이다.

'목표보다 과정이 중요하다'라는 표현은 바로 이 지점에서 받아들여진다. 가치지향적인 목표를 달성하자면, 내가 가는 모든 과정이 가치에 합당해야 한다. 단지 목표에 빨리 이르기 위해 우회하거나 편법을 동원한다면, 더 상위에 있는 가치의 서슬 퍼런 칼날이 언제든 내려칠 것이기 때문이다. 하지만 상위의 가치가 뚜렷하지 않다면, 산발적으로 흩어진 목표를 달성하기 위해 모든 수단을 동원하게 된다. 즉, 목표를 달성하는 과정에서 어떤 수단을 사용하는가는 가치의 문제다.

가치부재는 모래 위에 집을 짓는 것과 같다

오늘날 사회적 성공과 부와 명예를 이룬 많은 사람이 청문회나 기타 상황에서 일거에 무너지는 것은 바로 그들의 삶이 이런 가치혼재나 가치부재의 바탕 위에 세워졌기 때문이다.

불혹을 넘어 이제 오십을 바라보는 나이인 필자 역시 가치관의 문제는 너무나 큰 숙제다. 대표적인 일이 과거 모 정당의 공천심사를 제의받았던 것이다. 그 제안 이전에 비례대표 국회의원을 먼저 제안 받았지만 그것은 'for the world'가 되는 셈이니, 'in the world'라는 필자의 가치관에 맞지 않는 일이고, 가치혼재의 상황에 빠지는 것이므로 단번에 사양할 수 있었다. 하지만 시민의 한 사람으로서 국가를 지배하는 법률을 만드는 분들의 자격을 시민의 눈으로 심사해달라는 요청을 거절한다는 것은 'of the world'가 되려는 것이라 생각하고 수락했다.

그런데 그 다음에 나를 기다리고 있는 것은 극도의 피로와 고통이었다. 공천은 정치인들의 입장에서는 정치적 생사가 걸릴 정도의 엄청난 이해관계가 걸린 것이어서, 상상도 할 수 없는 압박이 주어졌다. 특히 당시 공천은 전권이 외부인사들에게 주어진 특수상황이었기 때문에 인생에 한 번도 경험해보지 못한 극한의 스트레스와 긴장의 3개월을 보내야 했다. 당시의 선택으로 인해 탈락한 분들께 심정적으로 죄송한 마음을 갖게 됐고, 또 많은 힘있는 분들을 적으로 돌리게 됐다. 그러나 결과적으로 볼 때 그 선택이 옳은 것이었는지 아닌지는 지금도 판단할 수 없다. 개인적으로는 철저히 고독했고 또 혹독한 경험이었지만 결과가 중요한 것은 아니었기 때문이다.

흔히 인생은 성공과 실패의 연속이라고 한다. 하지만 가치의 실패는 단 한 번으로 모든 것을 무너뜨린다. 결과론으로만 보면, 아흔아홉 번의 성공을 거듭했어도 백 번째의 실패는 완전한 실패다. 그 한 번의 실패로 인생에서 되돌릴 수 없는 치명적인 결과를 떠안는 것이다. 하지만 과정의 실패는 굳은살이 되어 단단한 발판이 된다.

영화 〈쿵푸팬더2〉를 보면 "Inner Peace!"라는 대사가 반복된다. 내면의 평화, 그것은 가치지향을 가리킨다. 그 길 위에서 돌부리에 걸려 넘어질 수도 있고, 무릎이 까지고 피가 흐를 수도 있다. 하지만 그런 실패는 인생의 긴 여정을 함께하는 아름다운 동반자다. 허용되는 실패는 가치를 향해 가는 길 위에서 다시 일어나기 위해 넘어지는 것이다. 그러니 끊임없이 질문해보자.

나의 가치관은 무엇인가?

발산하지 말고 응축하라

> 청년기에 필요한 것은 발산이 아니라 응축이다. 즉 인생에서 스무 살은 몸을 만드는 과정이다. 심폐기능을 키우고 근력을 키우며 묵묵하게 체력을 비축하다가, 서른이 되면 폭풍 같은 질주를 시작해야 한다. 처음부터 초조하게 출발을 서두를 필요가 없다. 레이스는 길다.

 늦은 시간 홍대 앞 주차장골목이나 클럽 앞을 지나가면 거리는 흥청거리고 골목골목 식당과 술집은 자리를 찾기 어렵다. 그곳에서는 반값등록금에 대한 걱정이나, 같은 장소에서 서빙을 하고 편의점에서 밤샘 아르바이트를 하며 학비를 벌어야 하는 또 다른 청년들의 고민은 모두 용해되어 흔적도 보이지 않는다. 아마 청춘의 특권이겠지만, 이렇게 발산되는 특권 속에서 삶에 대한 생각의 흔적은 찾아보기 어렵다.
 청춘의 시기에는 열정이 앞서고, 열정은 신중함과 병립할 수 없다. 열정이란 좌고우면하지 않고 뚜벅뚜벅 걸어가서 꽝 하고 부딪치는

충동과 자신감이다. 청년의 시기에는 실패에 대한 두려움이 적고, 넘어지더라도 다시 일어설 수 있는 기회가 상대적으로 많기 때문에, 일단 행동이 생각보다 많고 깊은 생각보다는 즉흥적 충동이 앞선다. 이 점은 청년기의 장점이기도 하지만 약점이기도 하다.

사람은 모두 태어나서 죽는다. 삶의 시작과 끝은 모두 같은 것이다. 하지만 삶에 특별한 흔적을 남긴 사람들은 다르다. 그가 걸어온 길은 다른 사람들에게 떠밀려온 길이 아니고, 그가 생각한 것은 다른 사람들이 주입한 생각이 아니다.

청년기는 뜨거운 시기이며 청춘은 발산하는 것이라고 흔히들 말한다. 인생에서 원없이 발산을 즐길 수 있는 유일한 시기라고도 한다. 하지만 우리가 의미있는 삶을 살기 위해 청년기에 필요한 것은, 누구나 생각하는 발산이 아닌 응축이다.

청년의 가슴에는 창의와 존재의 불덩어리가 돌아다니는데, 그중에서 창의의 불꽃은 새로운 것을 열망하는 뜨거움이다. 청년은 싫증을 빨리 내는데, 그것은 새로움에 대한 갈구와 지루한 것에 대한 저항으로 나타난다. 이는 변화를 거부하지 않는 혁신의 모습이고 세상의 모든 새로운 것을 창조하는 힘이 된다.

또 다른 불덩어리인 존재의 불꽃은 내가 주인임을 깨닫는 힘이다. 청년기는 굴종하지 않고 노예가 아닌 주인이 되려는 의지가 가장 강한 시기다. 이런 의지와 자존심은 청년으로 하여금 도전하게 하는 힘의 근원이다.

청년의 가슴속에서 지펴진 불덩어리는 반드시 창의와 자존으로 피어올라야 한다. 자신의 내면에 근원적으로 존재하는 불꽃을 자각하지 못하면 창의 대신 순응이, 실존 대신 의존적 미래가 기다린다.

자신의 내면에서 싹튼 뜨거운 기운을 직시하지 못하면, 그저 가슴이 다 타버릴 듯 답답해 아무데나 토해내고 싶어진다. 하지만 내 안

에서 타오르는 불길이 무엇을 향하는지 모르고, 단지 뜨겁다는 이유로 그 불꽃을 뱉어버린다면, 삶은 탄식과 방황으로 이어진다. 이런 청춘의 방황은 도피에 불과할 뿐, 경험도 추억도 아니다.

창의와 존재의 불꽃은 쉽게 꺼뜨리거나 토해내는 것이 아니다. 내면화해서 응축하고 돌처럼 단단한 여의주를 만들어 가슴속에 깊이 간직해야 한다. 그러다가 결정적인 순간이 오면, 거침없이 토해내며 세상을 향해 내달려야 한다.

> 청년기에는 혈기가 차오를 때이므로 욕망을 다스리고, 장년에는 혈기가 가득할 때이므로 싸움을 경계하고, 노년에는 혈기가 쇠퇴할 때이므로 탐욕에 주의하라.

공자의 말이다. 굳이 역사상 위인까지 가지 않고 당장 주변을 돌아봐도 20대에 미치지 않고 무엇인가를 이룬 사람이 있는지를 살펴보면 금세 이 말을 이해할 수 있다. 인맥을 만들고 기회를 잡는 모든 일들은 30~40대 이후에 시작되므로, 대개 우리는 그들의 인생에서 결과의 전후만 살피게 된다. 하지만 20대에 미치지 않고 성과를 이루었다면 그것은 상당 부분 운에서 비롯된 것이다. 귀중한 생을 단지 운에만 걸 수는 없다. 무엇엔가 미친다는 말은 곧 다른 것을 포기했다는 뜻이다. 미치지 않고서는 포기하기 어려운 유혹들, 제정신으로는 감당하기 어려운 도전을 감행하는 것을 두고 '미쳤다'고 말하는 것이다. 그러니 누구나 누리는 것, 누구나 당연하다고 생각하는 것들을 나도 당연하다고 생각하면 그것은 미친 것이 아니다. 같은 맥락에서 청춘 역시 '과연 청춘은 발산하는 것인가?'라는 질문을 스스로에게 던지고 답을 찾는 과정이 필요한 것이다.

우리의 삶에서 20대는 준비, 30대는 질주, 40대는 수확의 시기다. 20대에 준비하지 않으면 30대에 질주할 힘이 없다. 사회에 나가 자신이 준비한 모든 것들을 쏟아내기 위해서는 20대에 지구력과 근력을 키워야 한다. 많은 지식을 쌓고, 다양한 사람을 만나고, 깊이있는 경험을 축적함으로써 질주할 수 있는 몸을 만들어나가는 시기가 바로 20대인 것이다. 20대에 힘을 비축해두지 않으면 30대에 질주는커녕 출발선에 주저앉기 십상이다.

우리가 인생에서 의미있는 발자국을 남기고자 한다면, 반드시 20대를 치열하게 살아야 한다. 그리고 30대에는 내가 가진 마지막 한 방울의 열정까지 모두 토해내며 거침없이 달려야 하는 것이다. 20대의 방황은 30대의 회한을 불러올 뿐, 에너지가 될 수 없다.

그래서 청년의 시기에는 무조건 발산하지 말고 스스로를 다스리며 인내심을 길러야 한다. 다른 사람이 가는 길을 무조건 추종하지 말고, 남들이 축제를 벌일 때 오히려 내 밭을 갈아야 한다. 가슴속에 불덩어리를 가볍게 토해내지 말고, 차곡차곡 다스리고 응축해서 여의주를 만들어 입에 물어야 한다. 그리하여 인생의 본격적인 출발선에 섰을 때, 그 불꽃을 힘껏 내뿜으며 거침없이 달려나가자.

2장
세상과의 대화

언어는 그 사람을 말해주는 지표다

말의 신중함은 무엇보다 중요하다. 말을 많이 하면 그만큼 노출되는 것도 많아지기 때문이다.
타인의 말에 귀를 기울이고 말을 시작하는 타이밍을 한 템포 늦추도록 하자.
한 번 늦춤으로써 신중함을 인식시키고 한 번 신중함으로써 한 번의 실수를 피할 수 있다.

당(唐)나라 때 주요 관직에 있다가 당이 망한 후에도 진(晉)과 한(漢) 등에서 벼슬을 지낸 처세의 달인 풍도(馮道)가 쓴 〈설시(舌詩)〉의 한 구절을 살펴보자.

>
> 입은 곧 화에 이르는 문이요(口是禍之門)
> 혀는 곧 몸을 베는 칼이니(舌是斬身刀)
> 입을 닫고 혀를 깊숙이 감추면(閉口深藏舌)
> 가는 곳마다 몸이 편할 것이라(安身處處牢)

옛사람들은 이렇게 말을 적게 하는 것을 중요시했다. 실제로 말 한마디 때문에 설화(舌禍)를 입고 패가망신한 사례가 무수히 많다. 그만큼 말은 중요한 것이다. 하지만 현대사회에 이 원리를 무조건 적용할 수는 없다. 요즘은 말로 자신을 적극적으로 표현하는 시대이므로 풍도의 처세법대로 살다가는 오히려 자기주장이 없거나 무능력한 사람으로 취급받기 쉽다.

많은 말에는 반드시 득과 실이 있다

아무리 표현의 시대라고 해도 말에는 질서가 있고 설득의 힘이 깃들어 있어야 한다. 어떤 말이든 입 밖에 낼 때는 두 번 생각해야 한다. 누군가 한 마디를 하면 내 머리는 즉각적으로 반응을 하는데, 이는 말은 원래 주고받는 것으로 습관이 되어 있기 때문이다. 하지만 생각보다 말이 먼저 나가면 반드시 실언을 하게 된다. 언어의 순발력은 속도가 아니라 효용성이므로, 생각이 언어로 바뀌어 입으로 나가기 전에 다시 한 번 걸러주는 과정이 꼭 필요하다.

이런 과정을 답답해하거나 초조해할 필요는 없다. 대화중에 내가 한 번 더 생각하는 동안 상대는 자신의 허점을 곳곳에 흘려놓는다. 언어에는 반드시 득과 실이 있다. 누군가 말을 많이 쏟아내면서 좌중을 압도하고 있다면 그는 그 자리의 좌장이 아니라 모든 이에게 공격의 대상이 된다. 스스로 좌중을 압도했다고 생각하는 만큼 신뢰를 잃고 만다.

　말에서 중요한 첫번째 덕목은 호흡인데, 호흡을 고르기 위해서는 대화 도중 말을 하고 싶을 때 딱 2초만 쉬면 된다. 그사이 다른 사람들은 더 많은 실수를 할 것이고 나는 2초간 호흡을 고르면서 내 말에서 치명적인 실수를 제거할 수 있다. 설사 그 과정에서 발언 기회를 잃는다고 해도 나중에 상황을 더 잘 파악해 좀더 정리된 말을 할 수 있는 기회가 온다. 말하기 전에 호흡을 고르는 것은 어눌하거나 표현력이 부족한 것과는 다르다. 말은 늦추되 일단 내뱉는 말은 충만해야 한다. 촌철살인의 비유가 있고, 그것으로 상대의 마음을 흔들 수 있어야 한다.

　두번째는 설득력이다. 나는 과연 그를 설득하고 있는가, 아니면 스스로를 과시하고 있는가, 그것도 아니면 말로써 부족함을 달래고 있는가? 우리는 종종 말을 하는 이유가 타인에게 내 뜻을 전하기 위해서라는 사실을 잊어버린다. 원래 말의 목적은 설득이다. 즉 말의 대상은 타인이다. 타인은 나만큼 나에게 관대하지 않고 늘 차가운 시선으로 나를 바라보기 때문에 타인이 보는 나의 인상은 순간의 실수로 뒤집힐 수 있다. 인간은 자기가 보고 싶은 것만 보기 때문에 타인에게 나는 늘 경계의 대상이라는 사실을 잊지 말아야 한다.

　인간은 원시시대 이후 늘 타인과 관계를 맺으며 살아왔지만 타인은 언제나 불안의 원인이었다. 좁은 엘리베이터 안에서 전혀 모르는 타인과 함께 있으면 우리는 대부분 불안해진다. 이런 불안은 상대를 알아갈수록 줄어들지만 문제는 그 안다는 사실의 정확성이다. 그가 나를 안다고 생각하면 나에 대한 그의 불안은 옅어지겠지만, 사실 그가 안다고 생각하는 것들은 나에 대한 부정확한 정보에서 출발한 것이다. 그는 나에게서 스스로 보고 싶은 것만 보았을 테니 말이다. 그래서 그의 무의식은 나에게서 추가적인 정보를 얻고자 분주할 것이고 그 분주함의 대상이 바로 나의 말인 것이다. 3년을 사귄 연인이 단 한 마디 말로 헤어질 수 있는 이유도 그 때문이다.

내가 말을 늘어놓는 행위는 상대의 판단에 우호적인 정보를 누적시킬 수도 있지만, 반대로 말하는 과정에서 문득 나타나는 실수는 그동안의 우호적인 정보를 일시에 뒤집을 수도 있다. 그러니 말은 함정이 될 수 있다. 말의 신중함이 무엇보다 중요한 이유가 여기에 있다.

우리는 보통 다른 사람들의 의견을 들을 때 신중해 보이는 사람의 의견에 더 귀를 기울인다. 말을 많이 한 사람이 더 많은 대안을 제시했겠지만, 그의 긍정적인 대안은 많은 말 속에 들어 있는 다른 부정적 요인들에 의해 그 빛이 흐려져 결정적인 순간에 채택되지 않는다. 반면 신중한 사람의 한 마디는 결정적인 순간에 빛을 발한다.

말의 신중함은 사실 후천적으로 기를 수 있다. 그것도 아주 쉽고 간단한 방법이 있는데, 바로 말을 시작하는 타이밍을 늦추는 것이다. 한 번 늦춤으로써 정제되고, 한 번 늦춤으로써 신중함을 인식시키고, 한 번 신중함으로써 한 번의 실수를 피할 수 있다.

세번째는 분노를 다루는 것이다. 나를 분노하게 하는 일에 대해 즉각적으로 화를 내는 것은 분노의 상대를 확실하게 적으로 돌리는 가장 빠른 방법이다. 누군가 나를 화나게 했을 때 한번 숨을 고르고 상황을 돌아본 후, 다음 국면에서 문제를 다시 생각하는 것은 비겁함이 아니라 용기다.

누군가 인터넷에 나를 비난하는 글을 올렸다고 가정해보자. 내가 화를 참지 못하고 즉각적으로 그를 공격하는 순간, 본의 아니게 그 내용이 기정사실화되고 나아가 내가 공격적인 사람으로 낙인찍히는 결과를 초래할 수도 있다. 이런 실리적인 측면이 아니더라도 마찬가지다. 타인에 대한 공격성을 누그러뜨리면 나에게 가해지는 공격의 발톱도 무뎌지기 마련이다. 그래서 말은 온화하고 부드러우며 대응은 물처럼 돌아갈 줄 알아야 한다.

네번째는 진실성인데, 말의 앞뒤가 일관하고 논지가 바로 서 있으며 실수는 바로 인정하는 것이다.《진서晉書》라는 책에 보면 '수석침류(漱石枕流)'의 고사가 나온다. 진나라 때 손초라는 사람이 노장사상에 빠져, 월든 호숫가의 데이비드 소로우처럼 살아가기로 결심하고는 가장 가까운 친구인 왕제에게 "돌을 베개 삼아 자고, 흐르는 물로 양치질하는 삶을 살고 싶다(침석수류 枕石漱流)."라고 말해야 할 것을 "돌로 양치질하고 물을 베개로 삼겠다(수석침류 漱石枕流)."라고 말하는 실수를 범한다. 이 말을 들은 왕제가 웃으면서 말이 잘못되었음을 지적하자, 손초는 금세 "물을 베개로 삼겠다는 것은 옛날 성인인

허유(許由)처럼 부질없는 말을 들었을 때 귀를 씻으려는 것이고, 돌로 양치질을 한다는 것은 조약돌로 양치질을 하겠다는 뜻이라네."라고 변명한다. 이 일화는 단지 자존심을 지키기 위해 말의 신뢰를 잃은 대표적 사례로 꼽힌다. 요컨대 말이 진실하려면 겸허하게 자신의 실수를 인정하고 겸양의 자세로 말하는 것이 가장 중요하다.

다섯번째는 평가를 자제하는 것인데, 그것이 좋은 것이건 나쁜 것이건 특히 사람에 대한 평가는 극히 주의해야 한다. 얼굴 한 번 봤을 뿐인데 사랑한다고 말하거나, 타인의 단점을 장점보다 먼저 지적하는 것은 상대방의 경계심을 불러일으키고 자신의 경박함을 드러내는 가장 빠른 방법이다. 공적인 일이라면 불가피하겠지만 사적인 영역이라면 사람에 대한 평가를 경솔히 하지 말고, 상대방의 말을 먼저 주의깊게 들어야 한다. 그런 다음 그가 누군가를 쉽게 평가하면 다음부터는 가능한 한 그를 멀리하는 것이 좋다.

여섯번째는 같은 말을 반복하지 않는 것이 중요하다. 같은 논지를 중언부언하거나, 사족을 다는 일은 말의 가치를 떨어뜨리는 지름길이다. 특히 자신의 한마디가 좌중의 웃음이나 공감을 이끌어내면, 사람들은 반사적으로 같은 말을 한 번 더 하게 된다. 이 경우 첫번째 상황에서 예상 밖의 탄성과 호응을 이끌어낸 것은 좌중이 그 말을 예상하지 못했기 때문이다. 그러므로 같은 말이 반복되면 그다음에는 이미 알고 있는 말이 되므로 공감력이 급격히 사라지게 된다. 때론 처음에 느꼈던 감탄마저 사라지게 된다.

이제 기술적인 문제를 생각해보자. 말을 잘하기 위한 가장 좋은 방법은 내가 평소에 많이 생각하는 부분에 대해서만 말하는 것이다. 대화중 모든 것에 대해 의견을 말하기보다 내가 평소 깊이 생각하지 않았던 부분에서는 듣기만 하고 생각이 정리되어 있는 부분에서만 의견을 피력하는 것이다. 그러면 타인은 내가 하는 모든 말에 귀를 기울이게 된다.

예능 프로그램에 나오는 사람들은 대부분 말을 직업으로 하는 이들이다. 그런데 프로그램을 녹화할 때 이들이 하는 말이 모두 방송되는 것은 아니다. 어떤 사람은 녹화중에 몇 마디 하지 않았어도 그가 한 말이 방송에 모두 그대로 나오지만, 어떤 사람은 말을 많이 했어도 본인의 의도와 달리 편집되어 방송에 거의 나오지 않는 경우도 있다. 프로듀서가 편집을 할 때 필요한 말만 한 사람의 영상은 그대로 사용하지만, 말을 많이 한 사람의 영상은 프로그램의 의도에 맞춰 잘라내거나 여기저기 산발적으로 배치하기 때문이다.

오래전에 이경규 씨가 진행하는 프로그램에 초대받은 적이 있는데 그의 태도가 상당히 인상적이었다. 방송에서 그는 늘 웃고 재미있는 말만 하는 것처럼 보였는데 사실 그는 꼭 필요한 순간에만 말을 하고 웃었다. 반면 다른 패널들은 녹화 내내 뭔가 재미있는 말을 해야 한다는 강박에 사로잡혀 수많은 이야기를 늘어놓았다. 결국 방송에서는 이경규 씨의 말만 빛이 났다.

말은 그 사람의 삶을 보여준다

우리 일상에서의 대화도 마찬가지다. 내가 전하고자 하는 것을 그대로 전달하기 위해서는 필요한 말만 하고, 잘 아는 것만 말하는 것이 좋다. 타인의 기억에는 내 말이 모두 녹음되는 것이 아니라, 인상적인 부분만 편집되어 남는다. 그의 기억에 나를 각인시키는 가장 좋은 방법은 자신있는 말을 가려서 하는 것이다. 그렇게 말하기가 물론 쉬운 일은 아니지만, 노력하면 충분히 바뀔 수 있다.

말하기란 간단치 않은 문제여서 한 번의 말실수로 모든 것을 잃어버리는 경우도 생기는데, 그 유명한 보온병사건도 그중 하나다. 말은 한 사람이 살아온 흔적이기 때문에 거친 언행을 일삼아온 사람은 아무리 감추어도 그것이 드러나게 마련이다. 낭중지추(囊中之錐)라고, 송곳은 언젠가 주머니를 뚫고 나오게 되어 있다. 또 말과 행동에는 상당히 밀접한 관계가 있다. 거친 언어가 행동을 그렇게 만들기도 하고 폭력적인 행동이 말을 그렇게 만들기도 한다.

대신 말을 단정하게 하고 언어를 정제하는 습관을 들이면, 늘 나를 경계하는 힘으로 작용하게 된다. 우리는 워낙 말을 많이 하고 살아가는 동물이기 때문에, 말을 잘하고자 노력하는 것은 나를 한시도 느슨하게 놔두지 않고 끊임없이 긴장을 유지하는 것이기도 하다.

아무때나 험한 말을 하고 타인에 대한 비방을 일삼으면 행동과 표정에도 그것이 고스란히 드러나지만, 말을 정제해서 사용하려고 노력하면 나의 의식이 늘 나를 관찰하고 절제된 언어를 내뱉게 된다. 물론 익숙하지 않은 언어습관을 몸에 배게 하려면 처음에는 몹시 어색하고 노력이 필요하다. 하지만 그것이 태도가 되고 일상이 되면 곧 편해진다.

서로 존댓말을 쓰는 부부가 다투는 경우는 흔치 않듯, 언어가 존중의 바탕 위에 있는데 행동이 거칠어지는 경우는 드물다. 언어는 이렇듯 우리의 행동을 규정하는 틀이고 생각을 반영하는 거울이다. 그래서 아름답고 우아하고 적당하고 정확한 말을 골라서 쓰기 위해 노력해야 한다. 그러다 보면 타인에게 내 이미지가 '단정하고 합리적인 사람'으로 남게 된다.

일단 이런 언어습관이 형성되면, 그렇게 비치는 나의 이미지를 유지하기 위해 더더욱 언행에 조심하게 되고, 그 조심은 나의 인내심과 자제력 그리고 발전을 이끌어내게 된다. 하지만 이것이 태도화되지 않으면 언젠가는 다시 원래의 모습이 드러나게 된다. 억지로 가장한 언어에서는 위선의 냄새가 나고 자연스럽지 않아서, 잠시 경계심을 잃는 순간 말실수로 이어지며 그동안의 노력이 물거품이 되고 마는 것이다.

결국 언어는 특정한 순간, 특정한 사람 앞에서만 정돈하는 것이 아니라, 늘 좋은 말을 듣고 좋은 언어를 읽고 바른말을 하는 전방위적 노력의 결과물로 나의 것이 된다. 그래서 청년의 시기에 TV 앞에 앉아 저속한 언어를 들으며 박장대소하기보다 최소한 그만큼의 시간

동안 시를 읽고 아름다운 글을 접하면서 좋은 말을 듣는 노력을 게을리 하지 않아야, 언어환경이 좋아지고 그 바탕 위에서 좋은 언행이 태도로 자리잡게 되는 것이다. 그리고 이렇게 확립된 태도는 나의 미래를 결정하는 중요한 요소로 작용한다.

결국 어떤 사람의 언어는 그 사람의 생각을 드러내는 수단이다. 말만큼 나의 진면목을 드러내는 좋은 방법은 없다. 우리는 많은 말을 하면서 살아간다. 그 말 한 마디 한 마디가 곧 나의 표상이라는 사실을 반드시 기억하자.

진실을 보고 행하는 참지식인이 되자

> 의견을 가지고 있는 모든 시민은 지식인이다.
> 의견을 말하는 모든 시민도 지식인이다.
> 하지만 진짜 지식인은 진실을 보고 말할 수 있는 사람에 국한된다.

한나 아렌트(Hannah Arendt)는 미국의 교양잡지 〈뉴요커 The New Yorker〉의 위탁을 받아 유대인 학살의 주역 아돌프 아이히만(Karl Adolf Eichmann)의 전범재판을 참관한 뒤, 아이히만의 죄는 바로 '악의 평범성(banality)'에서 나왔다고 지적했다.

수십만의 유태인을 가스실에서 학살한 잔혹한 집행인이었던 아이히만은 자신의 행위로 양심의 가책을 느끼지 않았느냐는 재판장의 질문에 "수백만 명의 아이와 남녀를 상당한 열정과 세심한 주의를 기울여 죽음으로 보내는 일을 하지 않았다면 도리어 양심의 가책을 받았을 것이다."라고 대답함으로써 세상을 경악하게 했다. 하지만

아렌트는 살인자의 가증스러운 답변을 두고 그것은 단지 '무지에서 나온 것일 뿐'이라고 차분하게 결론지었다.

그 덕분에 아렌트는 유대인이면서 유대인의 아픔을 외면한 배신자로 낙인찍혀 유대사회에서 매장되는 고통을 겪었지만, 그녀의 이 보고서는 '악마적 행위를 한 사람도 의외로 평범할 수 있다.'라는 그 야말로 평범한 진리를 확립하는 데 크게 기여했다. 그녀는 보고서에서 아이히만은 단지 '말하기의 무능성' '생각의 무능성' '판단의 무능성' 등 세 가지 무능함을 가진 지극히 평범한 사람에 불과하다고 기술한다. 즉 아이히만은 스스로의 특별한 의식 없이 단지 '조국의 명령'이라든가 '게르만의 영광' 같은 지극히 단조로운 용어의 노예가 된 사람이며, 이런 몰이해와 비판 능력의 부재가 결과적으로 거대한 악의 실체였다고 결론내린다. 그리고 "악이란 비판적 사유의 부재다."라고 선언한다.

 그렇다면 지금 대한민국은 어떤가? 우리 사회는 좌파와 우파, 진보와 보수, 친미와 반미, 자주와 외세, 냉전과 평화 등 무수한 관용어들에 둘러싸여 있다. 이런 혼란 속에서 '말하기의 무능성'에 빠진 누군가는 스스로 내뱉은 말이 어떤 의미인지조차 이해하지 못한 채 국가와 국민, 애국, 좌빨과 수꼴이라는 말을 서슴없이 내뱉는다. '생각의 무능성'에 빠진 누군가는, 주류가 내세우는 프레임에 걸려 비판적 분석의 능력을 잃어버렸다. 또 '판단의 무능성'에 빠진 누군가는 조국에 대한 충성이라는 자의적 판단으로 다른 누군가를 적으로 규정하며 모욕하고 공격하기도 한다. 그럼 과연 이들 중에 누가 악이고 누가 선이라는 것일까.

의견을 가진 모든 시민은 지식인이다

 이런 대중의 '평범성(여기서의 평범성은 중용의 평범과는 다른, 오히려 그것을 잃어버린 상태를 말하는 것이다)' 혹은 '진부함'은 누가 일깨워야 할까? 그것은 바로 지식인의 몫이다. 건강한 사회에는 '진부함'을 깨뜨리는 '지적 긴장'이 존재한다. 끊임없이 담론을 공급하고 진실과 거짓 혹은 선과 악에 대해 신선한 지적 질문을 던지면서 대중을 올바른 길로 인도하는 것이 바로 지식인의 역할이요 의무다.

우리나라의 지식인들은 현재 그런 역할을 제대로 하고 있는가? 많은 사람이 고개를 가로젓는다. 오히려 지식인 스스로 '평범성의 굴레'에 갇혀 있다고 여긴다. 그들은 자신이 내건 '기치'에 매몰되어 참된 '가치'를 판단하지 못한 채 주장만 남발하고 있다고 생각한다. 그 결과 대중은 '지식인의 진부한 속성'을 자발적으로 이해하고 그들의 의견을 '진부하지 않고 평범하지 않은' 독해력과 판단력으로 다시 읽고 비판적으로 해석한다.

아렌트에 따르면 비판적 분석능력을 잃어버린 사람은 누구나 거대한 악의 전령이 될 수 있다. 지식인이 진보와 보수, 좌파와 우파 따위의 관용적 사고에 빠져 진실을 외면한다면, 또 자신의 이해에 따른 주장과 어젠더를 대중에게 세뇌시키기 위해 노력한다면, 또 자신이 속한 집단의 입장에 따라 혹은 조직의 논리에 따라 뜻을 굽히거나 붓을 꺾는다면, 또 그렇게 감시자의 역할을 포기하고 이해관계에 무릎을 꿇는다면, 이제 남은 일은 이 나라 대한민국이 제2, 제3의 아이히만들의 포로가 되어 역사의 후퇴를 기다리는 것뿐일지도 모른다.

의견을 갖고 있는 모든 시민은 지식인이다. 의견을 말하는 모든 시민은 지식인이다. 하지만 진짜 지식인은 진실을 보고 말할 수 있는 사람에 국한된다. 따라서 대한민국의 모든 청년은 참지식인이어야 한다.

권력층에 의한 맥락화의 학습과 세뇌

오스트리아 출신의 미국 사회철학자 칼 폴라니(Karl Polanyi)는 일찍이 '맥락화의 함정'에 대해 경고했다. 우리가 살아가는 사회는 복잡해서 한 가지 틀로 이해될 수 없음에도 불구하고 비슷하거나 부분적으로 유사한 것들을 하나로 묶어 그것이 마치 거부할 수 없는 대세인 양 위장해서 대중을 현혹하거나 지배하려 든다는 것이다.

이런 맥락화의 함정은 지금 우리에게도 시사하는 바가 크다. 현재 우리 사회에서 가장 금기시되는 것은 공산당이다. 한국전쟁의 참상이 민족의 DNA 속에 깊이 각인되었기 때문이다. 이런 공산당에 대한 거부감은 역사적으로나 현실적으로 이론의 여지가 없는 당위성을 갖고 있다. 하지만 문제는 '반공'이라는 우산 밑에 슬쩍 끼워넣은 또 다른 우산들이다. 누군가 반공의 우산 아래 '사회주의'라는 우산을 끼워 넣으면, 반공산당과 반사회주의는 분명히 다름에도 불구하고 이 둘은 하나의 맥락으로 연결되어 사회주의자라는 말이 곧 공산당과 같은 나쁜 맥락을 형성한다.

여기서 끝이 아니다. 또 누군가가 이 사회주의의 우산 아래 '시장'이라는 또 다른 우산을 슬쩍 끼워넣으면, 시장경제에 대한 비판과 반론은 곧 사회주의에 찬성하는 것이 되고 그것은 다시 공산주의를 찬양하는 것과 같은 맥락으로 연결된다. 그래서 시장경제의 폐해에 대해 지적하는 것은 반시장적이고 사회주의적이며 결과적으로 빨갱이라는 맥락으로 이어지게 되는 것이다.

다음에는 또 다른 누군가가 시장의 우산 아래 '기업'이라는 우산을 슬쩍 끼워넣으면 맥락화의 부비트랩은 고구마줄기처럼 이어진다. 이 경우 일부 기업의 탈세와 지배구조, 독점과 과점을 지적하는 것은 반기업적 사고가 되고 반기업적 사고는 곧 반시장, 사회주의, 공산당과 같은 맥락을 형성하게 되기 때문이다.

이것은 끝이 없어서 누군가가 그 아래에 '재벌'이라는 우산을 다시 끼워넣으면 이번에는 재벌체제의 문제점을 거론하는 것은 '반재벌 → 반기업 → 반시장 → 사회주의 → 공산당'으로 연결되어 '재벌을 반대하는 것은 공산당'이라는 은밀한 맥락화의 올가미가 덧씌워진다. 그 결과 사람들은 재벌이나 대기업 또는 자본주의의 문제점, 시장경제의 부작용, 신자유주의의 폐해 등을 거론하는 데 본능적으로 두려움을 느끼게 된다. 그리고 '좌파'라는 말이 나쁜 뜻이 아님에도 좌파로 규정되는 것을 두려워하고 그렇게 규정되지 않기 위해서 말을 조심하게 된다. 결국 비판의 목소리는 가라앉고 기득권에 유리한 것들만 옳고 친기업적이며 시장주의적이고 자본주의적이며 반공적인 것으로 찬양되는 것이다.

비판을 두려워하면 미래는 없다

이런 맥락화는 물론 그것으로 이익을 보는 세력에 의해 은밀하게 학습되고 세뇌된다. 그러므로 그것을 간파하기란 쉽지 않고 설령 간파한다고 해도 용기를 내어 말하기는 더 어렵다. 시스템에서 비주류가 되는 것은 늘 두려운 일이기 때문이다. 하지만 심장이 뜨거운 청년이라면 문제는 달라진다. 미래의 주인은 청년이고, 청년에게는 스스로 주인이 되어 살아갈 세계의 문제점을 간파하여 스스로의 손으로 고치고 발전시키고 다듬어야 할 의무가 있다. 기성세대가 물려준 유산을 계승하는 것도 중요하지만, 잘못된 것을 고치고 개선시켜서 발전시키는 것도 청년들의 몫이다. 그러므로 청년들이 맥락화의 함정에 빠져서 비판을 두려워하고 거기에 순응한다면, 그것은 자신들의 미래를 스스로 포기하겠다고 선언하는 것과 같다. 당신이 만약 뜨거운 심장을 가졌다면 이런 맥락의 함정을 과감하게 벗어나라.

프레임, 나를 가두는 감옥

신문을 보면 '프레임'이라는 말을 자주 보게 된다. 여기서 프레임이란 '틀' 혹은 '묶음'이라는 뜻인데, '현상을 바라보는 관점' 정도로 해석할 수 있을 것이다.

우리는 사물이나 현상을 대개 프레임으로 해석하는데, 이것은 곧 현상을 이해하는 특정한 맥락이 사회에 존재한다는 뜻이다. 하지만 이렇게 맥락화된 사고는 사상의 전면적인 발전을 저해하고, 나를 주류의 논리에 종속되도록 만드는 나쁜 습관이다. 즉 프레임은 맥락화

의 다른 이름인 셈이다.

먼저 프레임을 규정하는 과정을 하나의 사례를 통해 살펴보자. 사회에 어떤 현상이 발생했다. 예를 들자면, 한진중공업 노동자들이 고공크레인을 점거하고 파업농성을 벌이고 있다. 이때 이 현상과 관련된 당사자 중에서 큰 힘을 가진 그룹의 해석과 힘이 약한 그룹의 해석이 동시에 나오게 된다. 여기서 큰 힘이 있는 당사자는 해당 기업이고, 힘이 약한 당사자는 파업노동자일 것이다. 이들이 소위 현상에 대한 1차해석자(1° definer)다.

그런데 해당 기업의 해석은 그들에 협력 혹은 부역하는 전문가집단의 입을 통해 나온다. 과격한 노동운동으로 인한 생산피해액 규모, 거래선과의 계약을 지키지 못해 떨어진 국제신인도, 파업 장면이 외신에 보도됨으로써 추락할 국가위상, 극렬노동운동으로 철수할 외국인투자자 등 각종 통계를 바탕으로 논리정연하게 노동운동의 폐해를 주장한다.

반면 파업노동자들은 근로환경과 고용의 문제, 회사측의 잘못된 노사관 등을 지적하겠지만, 이들의 해석은 생존의 절박한 문제를 호소하는 감정적이고 격정적이며 거친 논리에 기반할 수밖에 없다.

이때 언론이 대개 이중 하나를 고르며 논리를 확장시키는 2차해석자(2° definer)의 역할을 한다: 1차해석자인 양쪽 이해당사자들의 주장을 균형있게 다루지 않고, 일단 광고주이자 한국 사회의 주류이며 해석도 논리정연한 기업쪽 주장을 1차해석으로 인용하는 것이다. 이

과정에서 언론은 저절로 강자의 손을 들어주게 되고, 약자가 악으로 규정되는 데 결정적 역할을 하게 된다.

이 경우 대중은 2차해석자인 언론이 보여준 기업의 1차해석에 동화되어, 노동자들의 파업은 국가적 피해를 담보로 자신들만의 이익을 주장하는 이기적인 투쟁이라고 생각하게 된다. 그리고 이후 비슷한 사안들을 같은 시선으로 바라보며 선과 악의 가위로 재단하게 되는 것이다. 이처럼 나의 생각이 상위해석자들의 견해에 포섭되는 과정을 "프레임에 걸려들었다."라고 말한다.

이렇게 대중은 프레임에 걸린 물고기가 되기 쉽고, 한 번 문 프레임의 바늘에서 쉽게 빠져나오지 못한다. 또 한 번 프레임에 걸리면 다른 프레임에도 쉽게 걸려든다. 이념 프레임, 시장 프레임, 주류 프레임, 성차별 프레임 등에 갇히게 되면, 수많은 현상을 제대로 해석하기보다는 프레임이 강요하는 틀로만 세상을 바라보게 된다. 그래서 내가 반대하는 것은 전부 좌빨이거나 꼴통이라고 생각하게 되고, 여자는 무조건 집에서 살림을 해야 하며 장애인을 위한 투자는 비효율적인 낭비일 뿐이라고 주장하게 되는 것이다. 이런 프레임들에 걸리면 차별적이고 배타적인 견해를 갖게 되고, 그것이 확신이 되면 가스통을 들고 거리에 나서게 된다.

그러니 스스로 사안의 본질을 들여다보기 위해서 끊임없이 노력하지 않는 한, 이런 프레임들에 갇혀 상대를 무조건 '틀렸다'고 규정하며 적으로 삼게 된다. 즉 '나'는 없고 그물에 걸려든 가엾은 물고기만 남게 되는 것이다.

　사물은 내가 인식함으로써 존재하는 것인데, 나의 인식이 정교한 프레임에 걸려 오작동한다면 나에게 사물은 혹은 우주는 존재하지 않는 것과 같고, '바람풍'을 '바담풍'이라고 부르는 우를 범하게 된다. 이것이 어떤 현상에 직면해서도 본질을 살펴야 하는 이유다.

신자유주의가 가져온 불행

> 우리에겐 국가가 시장에 대해 균형있는 견제와 조정을 하도록 요구하고, 또 우리 스스로 건강한 사회를 만들기 위해 노력할 권리와 의무가 있다. 우리는 지금 선택해야 한다. 공멸할 것인가, 공존할 것인가?

1990년 영국의 경제학자 존 윌리엄슨(John Williamson)이 주창한 '워싱턴컨센서스(Washington Consensus)'의 내용을 소개하면 다음과 같다.

1. 재정과 규율 — 균형예산과 감세
2. 금융자유화 — 시장균형에 따른 금리 결정, 특정 분야에 유리한 관치금융 폐기
3. 무역자유화 — 보호관세 철폐
4. 자본의 이동, 특히 직접투자에 대한 전면개방

5. 모든 기업의 민영화

6. 규제 철폐, 경쟁을 제한하는 모든 장애물 제거

7. 다국적회사들의 지적재산권 보호

8. 공공지출과 민간, 법인세의 축소

워싱턴컨센서스는 이후 신자유주의를 실현하는 일종의 실천강령으로 채택되었고 '국경없는 세계화'라는 신자유주의적 경제질서가 전세계로 확산되는 데 중요한 기초가 되었다.

신자유주의적 사고의 확산이 가져온 폐해

신자유주의가 대두된 데는 여러 가지 원인이 있지만 결정적인 것은 브레턴우즈체제의 붕괴와 마르크시즘의 후퇴다. 금에 달러가치를 고정하는 브레턴우즈체제가 1960년대 중반 이후 흔들리다가 1971년 완전히 붕괴된 후 자유변동환율제가 확산되면서 인플레이션이 고조되었다. 당시 기업들의 이익은 급감했다. 실제 미국과 유럽 기업들의 이익률을 보면, 1964년 정점을 기록한 후 지속적으로 하락해 1983년 최저치를 기록했다. 이런 기업이익의 감소는 인플레이션을 제외하면 '단위생산량당 단위노동비용의 증가' 때문이다. 이때 미국은 활발한 노조활동과 숙련노동자 부족으로 임금이 상승하고 있었다. 노동자들에게는 복지와 생활이 윤택해지고 중산층이 두

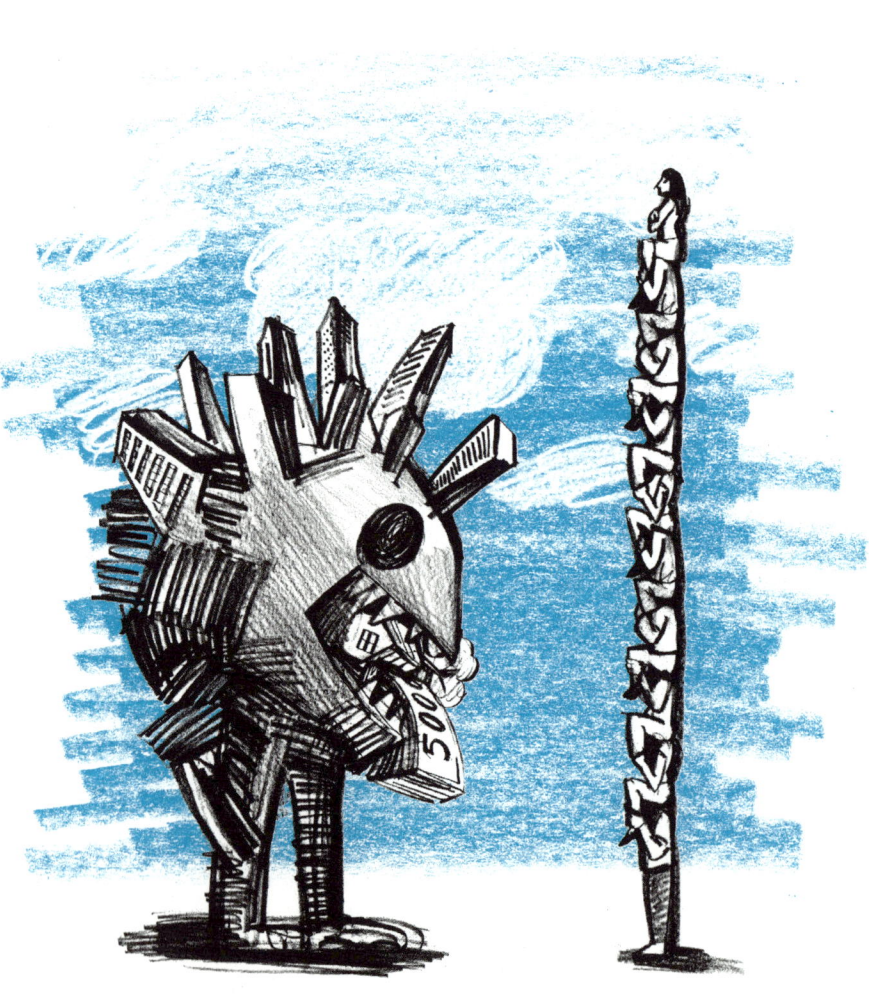

텁게 형성되는 축복의 시기였지만 기업자본의 입장에서는 치명적인 손실을 떠안는 시기였던 셈이다.

이런 환경에서 각국 정부들에 자본주의의 구조적 방해물을 제거하라는 압박이 가해졌고, 1980년대 이후 레이건과 대처 정부에 의해 새로운 보수경제정책이 등장했다. 양국 정부는 항공관제사노조와 철도탄광노조에 대한 압박과 해체를 시작으로 노동운동의 유명무실화를 유도하면서 기업과 산업현장에서 '노동의 유연성 제고'라는 중요한 전환을 이끌어냈다. 이때부터 다시 기업의 이익은 증가하고 개인의 소득은 정체되는 시기가 도래했다.

이어서 양국이 주도한 체제경쟁은 구소련권을 필두로 한 사회주의 진영의 자멸을 이끌어내는 데 성공했고, 이 성공에 도취된 미국의 자유주의자들이 '신자유주의'라는 교범을 완성하게 된 것이다. 프랜시스 후쿠야마(Francis Fukuyama)의 《역사의 종말 *The End of History and the Last Man*》이라는 기념비적 저작이 나온 것도 바로 이 즈음이다(1992년). 이런 결과는 경제에 대한 국가의 개입은 어리석은 일이며, 시장과 기업에 최대한 자율성을 부여하는 것이 '지속 가능한 발전'에 필수적이라는 사고가 성립되는 배경이 되었다. 이때부터 시장은 '신'이 된 것이다.

이런 배경은 국가 대신 주주가 기업의 결정에 영향력을 행사하고 민주적 절차에 따라 경영을 통제하며, 기업의 이익은 주주의 이익을 위해 봉사하는 것이 '정의'라는 사상을 잉태시켰다. 알랭 밍크(Alain

Minc)는 "시장경제 이외에 다른 경제는 존재하지 않는다. 인류가 출현한 이래 그 모든 역사를 통해서 시장은 사회의 자연적 상태다."라고 주장하기까지 했다(1997년).

이후 이런 신자유주의적 사고는 더욱 확산되었고 시장이 모든 것의 최우선 고려사항이 되어 국가와 지역의 경계, 심지어는 문화나 배경 같은 자연스러운 경계까지 무너뜨리게 되었다. 그 대표적인 예가 국경없는 자본의 이동이다. 특히 이 시점에서 발화된 IT혁명은 '예금을 조달해서 산업에 대출하는' 자본의 전통적인 경계를 넘어 자본 자체의 이익을 추구하기 위해 '은행'의 틀을 부수는 데 기여했고, 기업들이 생산현장과 연구개발 또는 마케팅 기지를 분리하는 데도 큰 역할을 했다.

IT혁명은 경영자들이 본사에 앉아 멀리 떨어진 생산현장의 상황을 일목요연하게 검토하고 생산에 필요한 시설과 자원을 전세계에서 주문해 조달할 수 있는 체계를 구축해준 것이다. 예를 들어 GM 자동차 한 대를 만드는 데 미국의 R&D센터와 중국의 사출공장, 독일의 변속기공장이 협업을 한다. 또 한국의 전장품이 인도에서 조립되고 판매는 다시 전세계를 대상으로 이루어진다. 이것은 관세장벽 제거와 같은 제도 변화와 운송기술의 확대, IT혁명으로 인한 물류관리의 혁신과 같은 기술 변화가 동반된 결과다.

이후 기업은 두 갈래의 길을 향해 나아갔다. 유무형의 관세·비관세장벽이 남아 있는 지역에는 현지공장을 설립하고, 장벽이 사라진 지역에서는 비교우위 상품의 자유로운 유출입으로 비용을 최대한 줄이면서 이익을 늘렸다. 또 연구·기획·마케팅 부문만 본사에 남기고, 거의 모든 생산과정을 하청을 통해 해결하는 방식으로 전환했다.

신자유주의의 교리와 IT혁명의 만남은 또 서비스업의 비중을 증가시켰다. 어느 정도 산업화에 성공한 나라는 임금과 판매관리비의 부담 증가로 산업규모를 더 이상 확대할 수 없었지만, IT의 영향으로 산업의 중심이 지식산업화되면서 기업의 구조도 큰 틀에서 변화하기 시작한 것이다. 그 결과 기업의 생산물은 유형의 재화에서 무형의 재화로 이동했다. 이를테면 컴퓨터 소프트웨어의 경우 개발에 따른 원가는 고정되어 있으므로 생산량의 증가에 따라 수익은 압도적으로 증가한다. 무형 재화는 연구개발과정에서 고임금 지식근로자들을 엄청나게 투입해야 하지만, 막상 그 재화가 시장에서 지배력을 획득할 경우 획기적인 수익을 보장하게 된다.

시장만능주의가 청년의 미래를 어둡게 한다

이런 혁신은 기업이익의 증가와 자국 노동자들의 기회 상실로 이어졌고 자본은 열광했다. 자본의 축적 속도는 지나치게 빨라졌고 자본의 규모 역시 점점 커졌다. 기업들은 전통적인 산업에 투자하기보다 자본 자체의 증식을 목적으로 한 금융산업에 관심을 돌리기 시작했다. 금융산업은 원래의 존재이유를 망각하고 자본을 늘리기 위한 도구로 전락했다.

이것이 오늘날 청년의 위기, 넓게는 고용의 위기가 도래한 저간의 사정이다. 하지만 진짜 큰 문제는 여기서 끝이 아니라는 점이다. 우리가 뒤늦게 무차별적으로 받아들인 신자유주의의 강령은 불과 10년 전만 해도 생소했던 '비정규직'이라는 고용방식을 일반화시켰고, 청년들을 남은 일자리를 차지하기 위한 무한경쟁에 내몰았다. 하지만 이 역시 아직은 시작에 불과하다. 지금 중국에서는 한 해에 1,000만 명의 대졸자가 쏟아져 나오는데, 그중 40퍼센트가 실업자다. 그동안 중국이 빨아들인 일자리가 오늘날 우리나라 블루칼라 숙련노동자들의 위기를 초래했다면, 이제 화이트칼라들이 위기에 내몰리기 시작할 것이다. 중국에 대기중인 저임금 대졸자들이 첨단산업의 일자리마저 중국으로 빨아들일 테니 말이다.

기업들이 자신의 이익만 증가하면 그만이라는 신자유주의적 시장만능주의를 견제하지 못하면 우리 청년들의 미래는 앞으로 더욱 어두워질 것이다. 그나마 남아 있던 전문분야, 첨단분야의 일자리마저 중국이 흡수해버릴 게 불을 보듯 뻔하기 때문이다. 한편 이처럼 발등에 불이 떨어진 상황에서 모두가 나만 살아남겠다고 사회문제를 등한시하고 패배주의에 젖어 나의 생존을 위한 스펙경쟁에만 몰두한다면 남은 길은 공멸뿐이다.

그렇다면 해법은 무엇일까? 이 시점에서 다음 세대의 주인인 청년들은 이렇게 질문해야 한다. 기업가정신은 무엇인가? 기업의 사회적 역할은 무엇인가? 시장과 사회는 동행할 수 없는가? 이렇게 부단히 문제를 제기하고 압박하면서 시스템의 개선을 이끌어내는 것이 당장의 스펙 쌓기보다 백 배는 더 중요하다.

> 국가는 균형있는 국민경제의 성장 및 안정과 적정한 소득의 분배를 유지하고, 시장의 지배와 경제력의 남용을 방지하며, 경제주체 간의 조화를 통한 경제의 민주화를 위하여 경제에 관한 규제와 조정을 할 수 있다.
>
> _ 헌법 제119조 2항

 우리 헌법에는 이와 같이 신자유주의적 질서에 반대하고, 경제력 남용과 분배의 왜곡이 일어나지 않도록 적절히 개입해야 한다는 소위 경제민주화 조항이라는 것이 있다. 그러므로 현재 청년 위기의 근간이 된 신자유주의적 무한시장주의를 조절하지 않고 방관만 하는 태도는 헌법정신을 정면으로 부정하는 것과 같다. 우리에게는 대한민국 헌법정신에 입각해서 국가가 시장에 대해 균형있는 견제와 조정을 하도록 요구하고, 또 우리 스스로 건강한 사회를 만들기 위해 노력할 권리와 의무가 있다. 우리는 지금 선택해야 한다. 공멸할 것인가, 공존할 것인가? 우리의 미래는 바로 우리들의 자각과 요구에 달려 있다.

한국사회에 닥쳐올 새로운 질서

> 청년들이 새로운 패러다임을 보는 시각은 과거와 달라야 한다. 미래를 주도할 인재는 기계가 아닌 사람이 만드는 부가가치를 이해하고 새로운 사회변화에 민감하며 다양한 지식을 결합하고 창의적인 상상력을 발휘할 수 있어야 한다.

역사발전의 방향성은 자본과 권력이 결정한다. 자본과 권력의 두 바퀴가 시대의 어젠더를 생산하고 생산수단과 발전의 주축을 형성하는 주류임은 부인할 수 없다. 물론 이 바퀴가 엉뚱한 방향으로 굴러가거나 과속을 하거나 궤도를 이탈하면 민중이 들고일어나 바퀴를 갈아끼우거나 수레를 아예 바꿔버리겠지만, 그래도 수레는 다시 바퀴에 의해 굴러갈 것이다.

1940년대 말까지 한국 사회의 주류권력은 왕조(1900년대 초까지)와 이후 그것을 대행한 조선총독부였다. 이처럼 왕조와 총독부의 권력이 하나의 바퀴를 형성했다면, 다른 하나의 바퀴를 형성한 것은 주로 농경자본이었는데, 이는 5,000년 역사에서 4,900년간 한국 사회 자본의 주류였다.

농경자본이 지배하던 시대

역사를 거슬러 올라가보자. 200년 전 중종 때 경상도 최 부자와 전라도 이 부자가 만석꾼으로서 금은보화를 창고에 재워두었다면 그들은 자신의 재산을 지키기 위해 권력과 결탁했을 것이다. 매년 가을이면 수십 대의 달구지에 재물과 곡식을 싣고 추풍령과 조령을 넘어 한양으로 향했을 것이다. 그들이 광화문 앞 객주에 자리를 잡고 도승지, 이조판서, 포도대장과 이런 대화를 나누는 모습을 상상해보자.

"요즘 좌파들의 득세로 국가가 누란의 위기에 처했는데, 이대로 두고 봐도 좋겠습니까?"

남곤과 심정 등 훈구대신들은 그들의 말을 받아 이렇게 말한다.

"그렇지 않아도 좌파들의 발호로 국가가 풍전등화의 위기에 처해 있다. 그래서 작은 공작을 꾸미는 중인데, 근정전 뜰에 있는 나뭇잎에 꿀로 '주초위왕(走肖爲王)'이라는 글씨를 써놓고 나오는 길이다. 내일 아침이면 조광조가 왕이 되고자 한다는 음모를 씌워 좌파를 척결할 수 있을 것이다."

그 말을 들은 최 부자와 이 부자는 달구지에 싣고 온 재물과 곡식을 그 공작을 위한 자금과 사례로 내려놓고, 자신들의 기득권을 다시 보장받았다는 사실에 기뻐하며 득의양양한 표정으로 고향에 돌아간다.

이런 상상이 단순히 꾸며낸 이야기에 불과할까? 아마 실제로는 이보다 더 복잡하고 다양한 음모와 결탁이 횡행했을 것이다. 물론 이것은 권력과 자본의 관계에서 부정적인 측면만 강조한 것일 수도 있다. 둘의 밀접한 관계는 국가와 사회의 어젠더를 설정하고 방향성을 형성하는 데 긍정적인 측면도 있었을 것이다.

긍정적이든 부정적이든 당대를 끌고가는 것은 어쨌든 자본과 권력, 그리고 그들에 복무하는 지식인들이다. 이들의 결탁과 협력이 극도로 탐욕적이고 대중이 견딜 수 없는 부정적 방향의 모순이 축적되면 대중의 저항에 의해 체제가 뒤집힐 것이다. 하지만 새로 성립된 질서 역시 등장인물만 바뀌었을 뿐 대본과 연출은 달라지지 않는다. 당장 노태우 전 대통령이 김영삼 전 대통령에게 주었다는 수천억 원의 통치자금도, 그 돈이 어디서 나왔고 돈을 준 사람들은 그 대가로 무엇을 받았을지 뻔하지 않은가.

그런 측면에서 자본은 영구적인 힘이다. 권력은 역성혁명이나 민주적인 선거에 의해 교체될 수 있지만, 자본은 새로운 승자의 등장과 패자의 퇴장에 의해 주인공이 바뀔 뿐 그 성격은 달라지지 않는다. 우리나라에서 농경자본의 힘이 거의 5,000년을 유지해온 것도 같은 맥락이다.

자본의 세대 교체, 농경자본의 퇴조와 산업자본의 등장

그런데 이렇게 5,000여 년간 유지된 주류자본의 패러다임이 해방과 5·16군사혁명 전후 20년 사이에 송두리째 바뀌었다. 오랜 세월 주류자본으로서 강고한 틀을 유지해온 농경자본이 한국전쟁을 계기로 퇴조하고 산업자본이 등장했다.

한국전쟁으로 공산당이 한반도를 집어삼키기 직전에 미국을 비롯한 16개국의 자유진영이 개입했고, 그 결과 다행스럽게도 반도의 절반은 지켜졌다. 하지만 승전국의 입장에서 한반도의 남쪽은 남하하려는 공산주의세력에 맞선 자유주의진영의 교두보로 규정되었고, 그 역할을 제대로 수행하기 위해서는 민주주의를 이식할 필요가 있었다. 그래서 참전국들은 남한을 산업화하기로 결정했다. 농경시대는 근본적으로 수탈체제이므로 민주주의를 이식하는 데 적당하지 않았기 때문이다.

전후 미국을 비롯한 선진국의 대규모 원조와 기술공여, 군사혁명 이후 대일청구권자금과 일본 경제단체연합회(게이단렌)의 민간차관 및 정부차관 등 막대한 외국자본이 국내로 쏟아져 들어왔다. 기존의 질서에 익숙해 있던 농경자본은 이런 변화에 둔감한 반면, 일부 직관이 뛰어난 상업자본들은 이로써 산업화 시대가 도래했음을 직감했다. 그리고 외국의 자본과 기술을 공여받아 1세대 산업자본을 형성했다.

이때 대중은 절대적 결핍의 시기를 보내고 있었다. 기아와 질병, 전쟁의 참화를 겪으며 대중은 생존조차 어려운 절대적 결핍상태에 놓여 있었다. 그런데 이런 환경은 1세대 산업자본에 거대한 기회를 제공했다. 공여받은 기술과 원조는 새로운 산업에 뛰어들 수 있는 실탄을 제공했고, 가난에 시달리는 사람들은 낮은 임금에도 최선을 다해 일하는 양질의 노동력을 제공했다. 국가사회의 모든 지원은 수출을 위한 공업화에 초점이 맞춰졌고, 낮은 노동비용과 질 높은 노동력, 수출금융과 정책금융, 차관 등 각종 특혜는 1세대 산업화세력에게 엄청난 힘을 실어주었다.

그 결과 대중의 삶에도 변화가 일어났다. 농경시대에 부를 축적할 수 없었던 대중이 급여생활자가 되면서 조금이나마 부의 축적이 가능해졌고, 그렇게 축적된 작은 부는 절대적 결핍에서 벗어나려는 맹렬한 욕망을 해소하는 도구로 사용되었다. 빵, 옷, 집 등 기본적인 필수재들에 대한 대중의 열망은 그들이 도시로 나가 급여노동자로서 획득한 임금에 의해 충족되기 시작했다. 그리고 이것은 다시 산업자본에 엄청난 기회가 되었다. 적은 비용으로 생산한 제품은 해외에 수출하고, 임금으로 지급한 돈은 맹렬히 타오르는 내수시장의 파이로 다시 돌아온 것이다.

주류자본의 교체는 이렇게 이루어졌다. 5,000년 역사의 중심이었던 농경자본이 산업자본에 밀려나는 데는 불과 20년, 그야말로 찰나적 순간에 무대의 주인공이 교체된 것이다. 1세대 산업자본의 시대는 그후 약 30년간 이어진다.

하지만 1990년대 중반, 1세대 산업자본에 위기가 닥친다. 대중이 절대적 결핍에서 벗어난 것이다. 그들에게 더 이상 절대적 갈망은 존재하지 않았다. 소유하는 것만으로는 더 이상 욕망이 충족되지 않았고 어느새 질과 수준을 따지게 된 것이다. 대중은 소유하지 못했던 것들을 대부분 소유했고 자본은 그런 대중에게 더 이상 상품을 판매할 수 없었다. 시장이 사라져버린 것이다. 산업자본의 위기가 도래한 것이다. 이때가 1세대 산업자본들이 무너진 시기다. 한 시대의 주인공이었던 섬유, 봉제, 식품 등의 산업자본들이 쓰러지고 30년간 이어온 주도권이 순식간에 깃발을 내렸다.

최종승자는 2세대 산업자본이었다. 1990년대 말 삼성, LG, 현대 등 소위 재벌기업들이 나머지 경쟁자들을 완전히 따돌리고 최종승자로 등극했다. 이들은 절대적 결핍의 해소에 주목했다. 원하는 것을 소유하지 못해서 결핍되었던 대중이 이제 그것을 가지고 있다면, 그 가진 것을 버리게 함으로써만 다시 다른 것을 소망하도록 할 수 있다는 상대적 욕망에 주목한 것이다. 이로써 소위 상대적 결핍의 시대가 열렸다. 대중이 상대적 결핍을 느끼도록 하려면, 즉 갖고는 있지만 더 갖고 싶어하게 만들려면 대중의 상대적 욕망을 자극해야 한다. 여기에 초점을 맞춘 자본들이 승자가 되었는데 이를 가리켜 '폐기를 바탕으로 한 성장의 시대'라고 부른다.

이 '폐기를 바탕으로 한 성장의 시대'에는 상대적 욕망을 자극해서 가진 것을 버리게 하는 데 주력했는데, 이때 욕망을 자극하는 수단으로 동원된 것이 테크놀로지, 브랜드, 스토리, 컬처 등이다. 신기술은 대중의 새로운 것에 대한 갈망을 자극했고, 대중은 새로운 제품을 구매하기 위해 끊임없이 가진 것을 폐기했다. 브랜드전략 역시 타인과의 비교를 통해 상대적 욕망을 자극하는 훌륭한 도구로 사용되었다. 소위 명품효과다. 그 위에 스토리를 입히거나 새로운 이야기를 만들어 무언가 특별한 것으로 보이도록 만듦으로써 평범함에 식상한 대중의 호기심을 자극하는 데 성공한 것이다.

공존을 위한 새로운 패러다임의 대두

하지만 이 시기는 그리 오래가지 못했다. 불과 20~30년 만에 한계를 드러냈는데 그 이유는 대강 이렇다.

첫째, 자본의 양극화다. 대중은 노동의 대가로 획득한 임금을 상대적 욕망을 해소하는 데 주로 사용했는데, 이런 유행과 패턴에 대한 추종은 대중의 자본축적을 방해하는 중요한 요소가 되었다. 소금물을 마신 대중은 멈추지 않는 갈증을 해소하기 위해 끊임없이 소비를 거듭했고, 이는 과잉소비와 그것에 바탕한 과잉생산으로 이어졌다. 과잉소비로 인한 대중의 빈곤은 외견상 생활수준의 향상으로 나타났지만, 사실은 골다공증에 걸린 귀부인과 같았다. 과잉소비는 대중으로 하여금 자본을 축적할 수 없게 만든 결정적 독배였다.

반면 과잉생산을 통해 시장을 실제 이상으로 키워온 자본으로 유입되는 부의 규모는 기하급수적으로 늘어났다. 대중의 소비가 증가하면 증가할수록 자본에게는 더 큰 기회가 주어진 것이다. 하지만 20년간의 이런 어리석은 질주는 파괴적인 결과를 낳고 말았다. 멀리는 미국의 서브프라임모기지 사태부터 1990년대 일본의 버블붕괴, 최근 우리나라의 부채율 급증에 이르기까지, 이는 모두 자본과 산업의 유혹에 무너진 대중의 자기파멸적 소비의 결과다. 이로써 대중이 더 이상 현재의 시스템을 유지할 수 없는 명백한 위험요인이 등장한 것이다.

둘째, 지구공동체의 문제다. 필요한 만큼 생산하고 소비하며 그만큼 폐기하는 항상성이 무너지고, 불필요한 것을 만들고 멀쩡한 것을 버리는 과잉생산과 과잉소비의 악순환이 이어진 결과 자원의 고갈과 지구온난화 같은 환경문제에 직면한 것이다. 맹렬한 산업생산의 결과 지구의 온도가 높아져 각 지역은 저마다 이상기후에 시달리고 남극의 빙산은 하루가 다르게 녹고 있다. 또 석유와 희토류는 바닥을 드러내고 원자력발전소는 폭발 위험을 안고 있다. 이런 상태가 계속 진행된다면 우리는 머지않아 공멸할 것이라는 위기감이 엄습하고 있다.

이에 대한 반성은 단순히 자원절약이나 환경보호, 대체에너지 개발 등이 아닌 생산시스템의 전면적 패러다임 변화를 요구하고 있다. 기계생산으로 대표되는 부가가치의 산출 대신 자원을 소모하지 않고 엔트로피를 증가시키지 않는 새로운 부가가치 생산시스템을 필요로 하는 것이다. 이것이 바로 최근 기계 대신 사람이 화두가 된 계기다.

그러니 이 상황에서 청년들이 새로운 패러다임을 보는 시각은 과거와 달라야 한다. 앞으로 닥쳐올 새로운 질서는 무분별한 대량생산 방식이 아니라 친환경적이고 화석연료나 자연자원을 많이 소모하지 않으면서 높은 부가가치를 창출하는 새로운 산업시스템이 중심이 될 것이기 때문이다.

따라서 미래를 주도할 인재는 기계가 아닌 사람이 만드는 부가가치를 이해하고 새로운 사회변화에 민감하며 그에 대해 충분히 고민하고 준비해야 한다. 그러기 위해서는 단순히 많은 지식을 암기한 하드디스크형 인재가 아니라, 다양한 지식을 결합하고 창의적인 상상력을 발휘할 수 있는 CPU형 인재로 스스로를 바꿔나가야 한다. 그것이 바로 지금 청년에게 주어진 과제다.

환경은 새로운 패러다임이며 기회다

> 환경은 단지 생존의 문제가 아니라, 청년들이 조만간 맞닥뜨릴 새로운 패러다임 혹은 기회의 문제다. 청년이 미래를 계획할 때는 바로 이런 패러다임의 변화가 일어나는 지점에 주목해야 한다.

"에너지의 형태가 바뀌거나 한 물체에서 다른 물체로 에너지가 옮겨갈 때, 계 전체의 에너지 총량은 항상 변하지 않는다."라는 '에너지보존법칙'에 따르면 모든 에너지는 보존된다. 따라서 이론상으로는 더운물이 식었을 때도 에너지는 보존되므로 다시 뜨거워질 수 있다. 하지만 실제로는 외부에서 새로운 에너지를 가하지 않는 한 식어버린 물이 다시 뜨거워지는 일은 없다. 에너지는 이렇듯 일방향성, 즉 비가역적 특성을 지닌다.

폐쇄된 특정 시스템(이를테면 지구)은 이런 비가역적 성질 때문에 자연물을 변형시킬 때마다 질서있는 역학적 분자운동에서 무질서한 열운동으로 바뀌면서 시스템의 무질서도가 증가한다. 열역학에서는 이런 상태를 가리켜 "엔트로피가 증가한다."라고 표현한다.

엔트로피 증가에 의한 열역학적 사망

미래학자 제러미 리프킨(Jeremy Rifkin)은 이 '엔트로피 증가의 법칙'에 주목했다. 그는 지구 역시 지금처럼 엔트로피가 증가하는 방향으로 흘러가면 언젠가는 엔트로피가 최대가 되는 지점에 도달할 것이고, 이 경우 지구는 완전한 무질서상태가 되어 모든 에너지 흐름이 사라져버리고 물리·화학·생물학적 과정이 모두 멈출 수밖에 없다고 설파했다. 우리는 이 상태를 가리켜 '열역학적 사망'이라고 표현한다.

물론 이 가정에 엄밀성이 있는 것은 아니다. 외부로부터 태양에너지를 공급받는 지구는 완전한 폐쇄계라 할 수 없기 때문이다. 하지만 지금과 같이 무질서도를 가속시키는 행위, 즉 자연상태의 물질(자원)을 변환해 에너지와 상품을 생산하는 '과잉생산-과잉소비'의 시스템이 지속되면 엔트로피는 그 이상으로 빠르게 증가할 것이고, 결국 지구의 '열역학적 사망'을 초래할 것이라는 추론이 가능해진다.

산업혁명 이후 오늘에 이르기까지 산업문명의 틀은 이런 엔트로피의 저주를 피할 수 없는 숙명을 잉태하고 있었다. 산업생산방식은 자연물을 에너지나 상품으로 전환시켜 부가가치를 창출하지만, 그

것의 비가역적 특성을 감안할 때 증가된 엔트로피를 원래의 자연으로 환원할 수는 없기 때문이다. 즉 인류가 그동안의 산업생산방식을 재고하거나 기존의 시스템을 거꾸로 돌리지 않는 한 언젠가는 자기 파괴적 결과에 맞닥뜨리고 말 것이다.

그런 측면에서 보면 기존의 산업사회는 이제 거의 한계점에 도달했다고 할 수 있다. 당면한 자원고갈 같은 한정된 자원의 문제만이 아니라 그 과정에서 증가한 무질서도의 증가, 즉 지구온난화와 환경오염 문제 등은 바로 이 '엔트로피의 저주'가 코앞에 다가와 있음을 암시하고 있다.

일본의 원전사고 역시 좀더 크게 보면 원전 자체의 안전성 문제보다 모든 가용자원을 이용해 에너지를 획득하려는 인간의 엔트로피에 대한 맹렬한 욕망이 근저에 깔려 있음을 알 수 있다. 더구나 이런 욕망의 그늘에는 약육강식의 논리까지 감춰져 있다. 도쿄와 대도시의 전력소비를 감당하기 위해 평온한 어촌마을에 원전이 대거 건설되고, 그 결과 재앙은 그 에너지소비의 주체가 아닌 원전 주변 주민들에게 닥친 것이다.

이제 더 이상 선택 옵션은 없어 보인다. '항상성(생명을 유지, 존속시키려는 자정작용)'을 유지하려는 인류의 생존본능 측면에서 보면 기존의 시스템은 이쯤에서 멈출 수밖에 없다. 그것이 순리이기 때문이다. 이 문제는 말하는 방식의 차이가 있을 뿐 모두가 공감하고 있기 때문에 해결을 위해 노력을 기울이는 것은 너무나 당연한 일이다.

그럼 그 노력의 전제는 무엇일까? 바로 우리가 부가가치를 얻는 방식을 바꾸는 것이다. 화석자원을 최소한으로 사용하고, 자원고갈 문제로부터 비교적 자유로우며 지구온난화 같은 환경문제를 피할 수 있는 분야로 이전해야 한다. 환경은 단지 생존의 문제가 아니라 청년들이 조만간 맞닥뜨릴 새로운 패러다임 혹은 기회의 문제다.

기계 중심에서 사람 중심으로의 변화

그렇다면 그런 분야는 무엇일까? 그것은 바로 엔트로피의 저주를 벗어날 수 없는 기계생산 분야가 아니라 레저·엔터테인먼트·코스메틱·교육·헬스케어·바이오·청정에너지 같은 사람 중심의 시스템이다. 이 분야들은 기계가 아닌 사람을 통해서 부가가치를 얻는다. 과거에는 기계의 효율이 중요했다면 이제는 사람과 사람의 스파크가 바로 부가가치가 되는 시대가 도래하고 있다.

당장 SNS를 봐도 금세 알 수 있다. 단지 사람이, 그것도 오프라인이 아닌 플랫폼에서 가상으로 만난 사람들이 엄청난 가치를 만들어낸다. 그 수가 늘면 늘수록 가치는 증대되고, 거기서 다시 소셜커머스·소셜에듀·소셜게임·소셜도네이션까지 새로운 분야들이 파생되면서 가공할 부가가치를 생산하고 있다.

생명 분야도 마찬가지다. 인간은 진시황 이래 불노불사의 꿈을 꾸어왔다. 다만 그것이 실현가능성이 없다고 여겨 접고 있었을 뿐이다. 하지만 어느새 그 가능성이 가까이 왔다고 여겨지고 있다. 만약 생명 분야에서 작은 가능성의 실마리를 보여주기만 한다면 지구상의 모든 자본이 투하되어 엄청난 질주가 일어날 것이다. 마른풀을 뜯고 있던 누(gnu) 떼의 일부가 강 건너에서 불어오는 신선한 풀의 냄새를 맡고 달리기 시작하면 수천수만 마리가 그들의 엉덩이만 바라보며 대질주를 시작하듯, 이런 분야에는 폭발적인 잠재력이 숨어 있다. 청년이 미래를 계획할 때는 바로 이렇게 패러다임의 변화가 일어나는 지점을 주목해야 한다.

이제 시작이다. 기계를 중심으로 돌아가던 세상은 사람의 재능과 불꽃, 그 창의성이 빛을 발하는 시대로 접어들고 있다. 그 질주는 오늘 아니면 내일 시작되거나 이미 시작되었을 수도 있다.

행복이 개인의 문제가 아닌 이유

더 가짐으로써 행복하려는 믿음은 정상에 바위를 밀어 올리려는 시시포스의 신화에 불과하다. 일정 수준 이상에서는 그 대상이 개인이 아닌 사회를 향함으로써 욕망을 선량하게 관리해야 한다. 행복은 개인의 문제만은 아니다. 왜냐하면 사회와의 관계 속에서 찾아지기 때문이다.

'행복'이라는 말을 사전에서 찾아보면 '생활에서 충분한 만족과 기쁨을 느끼어 흐뭇함 또는 그러한 상태'라고 정의되어 있다. 그래도 모호하기는 마찬가지다. 충분한 만족과 기쁨의 한계는 개인에 따라 달라지기 때문이다.

행복에 대한 몇 가지 오해와 진실

인간의 역사를 돌아보면 항상 불행했던 것으로 보인다. 동서양을 막론하고 과거의 문헌들은 대부분 말기적 현상을 걱정하고, 대중의 고난을 비참하게 묘사했다. 이런 사료들은 인간의 불행은 곧 재정문제, 즉 절대적 빈곤에서 기인한다고 여겼다. 그래서 빈곤이 해소된 상태, 즉 풍요로움이 곧 행복이라고 믿었다. 하지만 그것은 답이 되지 못했다. 세상에서 가장 풍요한 나라인 미국이 가장 불행한 나라라는 것은 잘 알려진 사실이다.

제러미 벤담(Jeremy Bentham)을 비롯한 계몽주의 철학자들은 인간의 자아실현이 행복의 근원이라고 생각했다. 이들은 인간이 스스로 완성되는 단계(가치있는 일을 함으로써 희열을 느끼는 단계)를 중시했고, 사회의 기능에 주목했다.

인간의 행복에 영향을 미치는 요소는 다양해 보인다. 우선 건강·학문·지위·놀이·일·재산·가족·나이 같은 개인적인 요소도 있고, 사회·국가·체제와 같은 집단적인 요인도 있다. 하지만 심리학자들의 연구에 의하면, 인간은 상대적인 것들에 의해서는 행복해지지 않는다고 한다. 예를 들어 '부'가 많으면 많을수록 행복할 것 같지만, 실상은 그렇지 않다. 부가 행복에 영향을 미치는 것은 단지 빈곤을 벗어나거나 미래에 대한 기대가 존재할 때뿐, 현재 가지고 있는 부는 행복의 요소가 되지 못한다고 한다. 부가 가져다 준 만족은 '지루함'으로 연결되고 지루함은 금세 부가 가져다준 행복을 희석시켜버린다.

즉 행복과 불행의 가늠자는 지루함인 것이다. 내가 행복하려면 그것을 손에 넣어도 지루하지 않은, 그것을 가지고 있음으로써 그 빛이 사라지지 않는 대상을 추구해야 하는 것이다.

물론 건강은 상대적인 것이 아니라 절대적인 가치이므로 행복에 큰 영향을 미친다. 그런데 건강이 주는 행복은 행복 자체가 아니라, 불행하지 않다는 데서 기인한다. 그러고 보면 행복은 불행의 끝에서 시작되는 셈이다.

행복해지는 방법으로 자기완성을 말하지만, 그것도 역시 공허하다. 인간은 어떤 행위를 통해 '플로(flow)', 즉 몰입과 환희의 순간을 경험할 수 있지만, 그것은 곧 소멸된다. 에베레스트보다 더 높은 산을 계속 오를 수는 없기 때문이다.

일이 주는 행복은 발산의 통로에 관계한다. 사람은 누구나 자신의 '창의적 잠재력'의 소용돌이를 일으키기를 원한다. 그래서 일이 규격화되고 창의성을 발산할 기회가 봉쇄되면 불행해진다. 그런데 우리가 처리하는 일들은 대부분 반복적이고 규격화되어 있다. 은행원은 하루종일 돈을 만지고, 외과의사는 같은 수술을 반복하며, 생산라인의 노동자는 매일 같은 작업을 되풀이한다. 비교적 행복도가 높은 직업이 광고기획자, 예술가 등인 이유가 여기에 있다. 예술가들은 비록 가난하더라도 행복도가 높다. 물론 생계에 어려움을 겪거나 창작의 고통에 몸부림치는 경우 불행하다고 느낄 수도 있지만, 그것은 일이 아닌 다른 요인에 의한 것이다.

이런 맥락에서, 최근 행복에 영향을 미치는 요인을 '태도'에서 찾는 경우가 많다. 소위 긍정심리학이다. 미래에 대한 기대와 개선에 대한 희망이 행복의 원천이므로, 어떤 상황에서도 긍정적인 태도를 취할 수 있는 개인의 자세가 행복의 원리라는 것이다. 이런 긍정적인 자세는 '지루함'을 배격하고자 하는 개인의 문제만이 아니라 사회와의 관계 속에서 찾아진다. 인간은 사회에 속하고 개인의 모든 활동은 사회와 관련되어 있으므로, 사회가 건강하고 선량한 구조를 가지고 있어야 그 안에서 살아가는 개인의 태도도 긍정적일 수 있다.

결국 사회를 개선하려는 노력은 내가 행복하고자 하는 것이고, 건강한 사회를 만들기 위해 애를 쓰는 것은 나뿐 아니라 타인의 행복을 위해 봉사하는 행위이기도 하다. 따라서 행복의 문제는 결국 개인을 벗어나 사회로 확장되는 데에 달려 있는 셈이다.

행복과 복지의 상관관계

1인당 국민소득 2만 달러 시대에 불행하다는 소리가 여기저기서 터져나오고 있다. 기상이 드높아야 할 청년학생이 절망하고, 그들의 부모가 웃음을 잃어가고 있는 것이다. 거시지표는 숨가쁘게 상승하고 있는데 대체 왜 그럴까? 일찍이 경제학자 케인스(John Maynard Keynes)와 새뮤얼슨(Paul Anthony Samuelson)이 이 질문에 대한 답을 던진 바 있다.

먼저 새뮤얼슨은 '행복'을 '가진 것/욕망'으로 규정했다. 가진 것을 늘리거나 욕망을 줄이는 것이 행복의 척도라는 의미다. 지극히 통찰적인 결론이다. 실제 인류의 행복찾기는 이 공식에 따라 움직였다. 경제학자 앵거스 매디슨(Angus Maddison)의 연구결과에 따르면, 예수 탄생 시점에서 18세기 초입에 이르기까지 1,700년간 인류의 생산성 증가는 고작 30퍼센트 남짓이었다고 한다. 봉건영주와 농노, 혹은 지주와 소작인의 관계가 생산성 향상 동기를 제공하지 못한 것이다.

더 많은 생산이 자신의 것이 될 가능성이 없을 때(이윤 획득의 동기가 없을 때) 인간은 혁신을 추구하지 않았고, 생산성 증가는 더딜 수밖에 없었던 것이다. 이 시기 인간은 가진 것을 늘리고 싶어도 수단이 없었다. 기술의 발전에는 한계가 있었고, 자연이 생산성의 절대적 요인이었기 때문이다. 결국 인간이 가진 것을 늘림으로써 행복해지려는 시도는 애당초 불가능했던 셈이다.

따라서 이 시기의 사상과 철학은 욕망을 줄이는 방향으로 나아갈 수밖에 없었다. 가진 것을 늘릴 수 없다면 차라리 분모인 욕망을 줄임으로써 행복을 얻고자 했던 것이다. '축의 시대'를 관통했던 인의, 무위자연, 무소유 등이 그런 사상이었고, 금욕적인 세속종교의 발달도 일정 부분 그런 한계에 기반했을 것이다.

하지만 18세기 전후 상황이 역전되었다. 부르주아혁명과 자본주의의 성립은 이윤 획득의 동기를 제공했고, 그 결과 폭발적인 생산성 혁신이 일어난 것이다. 이때부터 행복의 추구는 '욕망 통제'에서

'가진 것을 늘리는' 쪽으로 방향을 틀었다. 가진 것을 늘리면 더 행복해질 수 있다는 생각이 확신으로 굳어지기 시작한 것이다. 오늘날 산업사회의 발전, 특히 미국식 자유시장주의가 권능을 획득해간 과정이다.

새뮤얼슨이 제시한 행복의 공식이 맞다면, 가진 것을 대폭 늘린 지금 우리는 그만큼 더 행복해야 한다. 하지만 아무도 행복하다는 말을 쉽게 하지 못한다. 사회적 우울증은 과거와 비교도 안 될 정도로 늘어났고, 세계에서 가장 행복한 나라는 히말라야 언덕의 작은 나라 부탄이라고 한다. 욕망을 줄이려는 시도가 '인간은 욕망하는 동물'이라는 근본적인 한계에 부닥쳤다면, 가진 것을 늘렸음에도 여전히 행복하지 못한 모순은 어떤 한계 때문일까?

일찍이 이 문제를 간파한 케인스는 "가진 것을 늘리려면 가지려는 욕망이 그보다 더 크게 자라야 한다."고 답했다. 즉 더 가짐으로써 행복해진다는 믿음은 마치 산꼭대기로 바위를 밀어올려야 했던 시시포스의 형벌과 같은 것이다.

해법은 결국 절충, 즉 욕망의 대상을 전환하는 데 있을 것이다. 더 가지려고 노력하되, 일정 수준 이상에서는 그 대상이 개인이 아닌 사회를 향함으로써 욕망을 선량하게 관리하는 것이다. 이것이 바로 케인스가 〈내 후대의 경제적 가능성 Economic Possibilities for Our Grandchildren〉이라는 통찰력 깊은 에세이를 통해 전달하고자 한 메시지다.

소유하고자 하는 욕망이 개인의 경제적 성취와 소수집단의 부만을 대상으로 삼을 때 욕망은 날카롭고 사악하며 통제 불가능해지지만, 그 대상이 사회 전체로 넓어지면 욕망은 부드럽고 선량해진다.

결국 이런 욕망의 상대적 통제와 전환만이 행복의 방정식을 완성하는 유일한 해법이 될 것이다. 그리고 개인과 사회가 행복을 얻을 수 있는 아름다운 수식이 완성된다면 지금 우리가 대립중인 '복지'와 '성장'이라는 당대의 명제를 두고 어떤 사회구조를 완성해나가야 하는지 그 답은 이미 정해져 있는 셈이다.

3장

나를 감동시키는 자기혁명

자기 삶의 혁명가가 돼라

스스로 혁명가가 될 때 비로소 나는 나의 주인이 될 수 있다. 혁명성은 자신이 가지고 있는 것에 대해, 스스로 인식하는 것들에 대해, 자신이 사물을 바라보는 시각에 대해 새로움을 경험하는 것이다. 서슴없이 경계를 허물고 기존의 것을 타파하는 행동이 나를 혁명가로 만든다.

습관은 제2의 천성으로 제1의 천성을 파괴한다.

_ 파스칼(Blaise Pascal)

'세 살 버릇 여든까지 간다'는 속담은 단순한 습관이나 버릇이 아니라 사물을 대하는 태도에 관한 이야기다. 실제 모든 일에서 가장 중요한 것은 그 일을 대하는 자세 혹은 태도다. 우리는 대개 성과의 차이가 능력 차이 때문에 발생한다고 생각한다. 하지만 사실은 태도의 차이, 즉 집중력의 차이 때문이다. 또한 자신이 하는 일에 몰입하는 모습을 보면 그가 어떤 사람인지 짐작할 수 있다. 그러므로 좋은 태도는 일생을 통해 교정해 나가야 할 중요한 과제다.

어떤 태도를 지녔느냐에 따라 삶이 달라진다

강연에서 만난 청년들에게 가끔 꿈을 물어본다. 어떤 이는 국제기구에서 활동하는 외교관, 어떤 이는 기업의 CEO, 또 어떤 이는 벤처 사업가를 꿈꾼다. 자신의 꿈을 말하는 청년들의 표정은 더없이 밝고 행복해 보인다. 현실은 이상을 지향하고 오늘은 내일을 꿈꾸기에 꿈을 이야기하는 순간은 누구에게나 가장 행복한 시간이다. 하지만 그 꿈을 이룰 자신이 있느냐고 물으면 금세 표정이 어두워지면서 대답을 망설인다. 아마도 꿈과 현실의 거리가 너무 멀게 느껴지기 때문이리라.

그런데 많은 사람이 꿈과 현실의 거리를 느끼는 순간, 자신의 문제가 아닌 외부의 문제를 먼저 떠올린다. 자신이 꿈을 이룰 수 없는 가장 큰 걸림돌이 자신의 노력 부족이 아니라 사회구조적 문제와 환경, 여건 등이라고 생각하는 것이다. 하지만 외적인 요인은 나 스스로 최선을 다한 다음에야 거론할 수 있는 문제다. 내가 할 수 있는 부분에서조차 최선을 다하지 않은 상태에서 외적인 요인을 거론하면서 최선을 다해도 소용없다고 말하는 것은 자기변명에 지나지 않는다.

인간은 불완전한 존재다. '해야 한다'는 이유로 '할 수 있다'면 좌절이라는 단어가 등장하지는 않았을 것이다. 삶은 시행착오의 기록이다. 필자 역시 나 자신과 무수한 약속을 했지만 그 가운데 실제로 처음에 계획했던 것 이상으로 실행한 적은 거의 없다. 그나마 반이라도 실천했다면 대개 만족했다. 꿈을 이루는 방법은 오로지 실천뿐이다. 그걸 모르는 사람은 없다. 하지만 인간이 신이 아닌 이상, 꿈은 항상 멀리 있고 실천은 당장의 문제다. 아무리 많은 꿈을 꾸고 결심을 해도 시간이 지날수록 꿈은 줄어들고 실망은 커지며 자기연민만 쌓이는 경우가 대부분이다.

우리가 실천의 한계를 극복하기 위해 가장 먼저 해야 할 일은 태도의 변화다. 태도는 영어로는 애티튜드(attitude)라고 번역하지만 심리학 용어로서 애티튜드는 '태도'라는 우리말과는 살짝 뉘앙스가 다르다. 정신과 전문의 김진세 박사는 저서 《애티튜드》에서 "애티튜드는 라틴어 앱투스(aptus)에서 기원한 것으로 '준비' 혹은 '적응'이라는 의미로 쓰이는 말이며, 어원적 의미로 따지면 무언가를 행할 준비가 된 상태쯤을 지칭하는 말"이라고 설명한다.

어쨌건 애티튜드 혹은 태도는 전생애에 걸쳐 나의 삶을 좌우하는 가장 핵심적인 요소다. 이는 타인의 관점에서 나를 평가할 때 '하나를 보면 열을 안다'는 속담이, 또 나의 관점에서 나를 볼 때는 '세 살 버릇 여든까지 간다'는 속담이 떠오르는 말이기도 하다. 다르게 표현하자면 나의 태도는 남이 나를 평가하는 기준이자 내가 성공에 이르는 데 가장 중요한 요소라고 할 수 있겠다.

말이 아닌 실천을 통한 증명이 중요하다

다른 시각에서 보면 애티튜드는 언행일치 혹은 수다의 문제다. 실제 우리들 대부분은 자주 수다를 떨며 살아가는 수다쟁이들인데, 이때의 수다는 다른 사람들과 쉴새없이 침을 튀겨가며 떠들어대는 시끄러운 수다가 아니라 자신에 대한 수다다. 이런 수다는 기본적으로 위선 혹은 거짓, 때로는 합리화를 동반한다. 행동이 아닌 말로 표현되는 것이 많으면 많을수록 그것을 실천하기 힘들어지고, 그래서 자신의 말을 변호하기 위해 수많은 합리화의 과정이 필요해지는 것이다.

우리는 아주 어릴 때부터 수다를 배운다. 예를 들어 아이가 아이라서 저지르는 어떤 잘못된 행동을 하면 대부분의 부모는 금기와 금지를 앞세워 무조건 원칙을 지키라고 강요한다. 하지만 아이는 아이이기 때문에 당연히 그것을 모두 지키지 못한다. 이때 아이는 그 순간을 모면하고 부모의 마음에 들기 위해 '이제부터', '다음부터'를 남발하며 거짓약속을 한다. 그리고 결국 그 약속을 지키지 못하면 스스로 변명과 합리화를 하게 된다.

학교에서도 마찬가지다. 초등학교 1학년 혹은 유치원에서 글자만 깨우치면 가장 먼저 내주는 과제가 '계획표 그리기'다. 아이들은 동그란 원에 시계를 그리고 '7시 기상, 8시 세수, 9시 등교, 2시 하교, 4시 학원, 6시 TV보기, 7시 식사, 8시 독서, 9시 숙제, 10시 취침'을 정성들여 적어넣는다. 선생님은 아이들의 계획표마다 '참 잘했어요' 도장을 찍어주지만 아이가 계획표대로 실천했는지에 대해서는 관심이 없다. 어차피 지키지 않을 거라는 걸 알고 있기 때문이다. 과제를 내준 선생님도, 지켜보는 부모도 스스로 실천하지 못했던 것 아닌가.

이런 어리석은 행동(말만 앞서는 수다)은 평생 반복된다. 사람은 지키지 못할 약속과 다짐, 목표를 내세워 스스로를 위로하면서 자신과 끊임없이 수다를 떨지만, 이 모든 과정은 하나의 거대한 위선에 불과하다. 지금 이 글을 쓰고 있는 필자 역시 탈고 약속을 수십 번 어겼고, 그때마다 그럴 수밖에 없었던 이유에 대해 스스로 변명하며 수다를 떨었다.

중요한 것은 결국 말이 아닌 실천이다. 어떤 계획과 목표도 실천의 뒷받침이 없다면 무의미한 수다에 불과하다. 이때 수다의 함정에서 벗어나 실천에 이르는 탈출구가 바로 애티튜드다.

예를 들어보자. 당신은 타인을 위해 헌신하는 봉사자의 삶이 가장 가치있다고 여기고 가치관을 '봉사지향적인 삶'으로 규정했다. 그리고 그에 따른 목표를 'UN에서 일하는 국제관계 전문가 되기'로 정했다. 이때 당신은 계속 수다를 떤다. 그것을 선택하도록 자신을 설득하는 과정부터 목표를 정할 때까지 수다는 계속된다. 하지만 막상 실천의 단계에 이르면 당신의 수다는 공허해진다. 당신은 목표를 이루기 위해 먼저 세 곳의 외국어학원에 등록하고, 반기문 UN사무총

장의 자서전을 구입하고, 해외연수와 봉사기관의 자원봉사 자리를 알아보기 시작할 것이다. 하지만 시간이 지날수록 결심은 점점 흐려지고 수다는 점점 늘어간다.

그렇다면 당신이 정말로 UN에서 일하는 국제관계 전문가가 되기 위해 가장 먼저 해야 할 일은 무엇일까? 그것은 학원에 등록하고 교재를 준비하는 것이 아니라 당장 내일 아침부터 10분 일찍 일어나는 것이다. 목표를 이루기 위한 첫번째 발걸음은 무언가 부정적인 것을 긍정적인 것으로 바꾸는 것이다. 지금 손에 쥐고 있는 나태함의 달콤함을 버리지 않은 채 긍정적인 것을 손에 넣기란 불가능하다. 목표에 도달하기 위한 첫걸음은 지금 내가 반복하고 있는 나쁜 습관 하나를 버리는 것이다.

만약 당신이 사법고시에 합격해 법관이 되겠다는 목표를 세웠다면 책상머리에 법의 여신상을 오려붙이고 법전과 교재를 사러 나가는 것보다 더 중요한 것이 있다. 평소 해야겠다고 생각만 했을 뿐 실행에 옮기지 못하고 있던 것을 실천하는 것이다. 예를 들어 담배를 끊어야겠다고 생각은 하면서도 막상 끊지는 못하고 있다면 당신의 애티튜드는 아직 다른 더 큰 것을 실행할 준비가 되어 있지 않은 것이다. 당장 필요한 것도 하지 못하는 태도가 습관이 되어 있는데 더 많은 시간을 들이고 자신을 전부 던져야 하는 더 큰 결심을 어떻게 실천하겠는가. 보나마나 실패할 게 뻔하다.

나쁜 습관을 버리는 데서부터 시작하자

주변을 돌아보면 우리의 이성을 마비시키고 정신과 육체와 시간을 갉아먹는 것들이 널려 있다. 이런 것들을 버리지 못한다는 것은, 인생이라는 먼 길을 가야 하는 나그네가 어깨에 모래주머니를 주렁주렁 매달고 가는 것과 같다. 먼 길을 떠날 사람에게 필요한 애티튜드는 최대한 단출한 짐을 차리는 것이다.

필자는 2000년 1월 1일 술, 담배, 골프 등을 동시에 끊기로 결심했다. 서기 2000년이라는 뉴 밀레니엄을 맞아 자신에게 무엇인가를 선물하고 싶었기 때문이다. 물론 쉽지 않았다. 술과 골프는 비교적 쉽게 끊었지만, 담배는 그 후에도 몇 년간은 흡연자와 비흡연자의 경계를 오락가락했다. 그 이유는 술과 골프는 버리자마자 여유시간이라는 확실한 보상이 주어진 반면, 담배는 미래 재앙에 대한 예방책일 뿐 당장의 보상이 없었기 때문이다. 하지만 그 후 나에게 놀라운 변화가 일어났다. 평소 취미로 읽어왔던 경제 관련 서적들을 좀 더 맑은 집중력으로 공부할 수 있게 되었고, 여유시간에 틈틈이 《시골의사의 아름다운 동행》이라는 에세이를 두 권이나 출간할 수 있었으며, 주말에 아이들과 함께하는 귀중한 시간을 얻게 된 것이다. 세상이 달라진 경험이었다. 그렇게 10년이 지나고 2010년이 되자 10년 전처럼 나에게 새로운 선물을 주고 싶어졌다. 10년 전에 힘들게 얻은 긍정적 애티튜드의 힘으로 자신감이 생긴 것이다. 이번 선물은 다이어트였는데, 공개하기 부끄럽게도 당시 몸무게가 100킬로그램을 넘나들고 있었기 때문이다. 어쨌든 일단 결심이 서자 석 달 만에 20킬로그램을 감량했고 이 글을 쓰는 지금까지 요요현상 없이 몸무게를 유지하고 있다. 그러니 일단 이번에도 자신에게 선물주기가 성공한 셈이다. 그 결과 아침 라디오 진행 등 다른 일정을 소화하면서도 6월부터 100일간 진행한 '청춘콘서트'를 무리없이 진행할 수 있는 지구력이 생겨났다. 그렇게 전국 3만 명의 청년을 만나고 그들과 호흡하며 보냈던 내 인생에서 가장 행복했던 시간을 얻게 된 것이다.

그 후부터 청년들이 필자에게 고민을 상담하면 제일 먼저 자신의 장점과 단점 10가지씩을 적어보라고 주문한다. 그러면 대개 장점은 서너 가지밖에 적지 못하지만 단점은 10가지를 다 채운다. 뜻밖에도 우리는 자신의 장점보다 단점을 더 잘 알고 있는 것이다. 그 결과를 앞에 놓고 당분간 장점을 채우려 하지 말고 항목에 적힌 단점 중에서 가장 버리기 쉬운 것을 버리려는 노력을 해보라고 조언한다. 그렇게 몇 달이 지나서 다시 만나 자신의 장단점을 다시 적어보라고 하면 놀랍게도 줄어든 단점의 숫자만큼 장점이 늘어나서 그 수가 비슷해진다. 단점을 줄인 자신감이 장점을 선명하게 드러나도록 만든 것이다. 물론 이 단계가 완성은 아니다. 결심이 강한 초기단계에서는 이런 변화가 쉽게 일어나지만 자칫하면 금세 원위치가 되기 쉽다. 이는 습관의 힘이 강하기 때문이다. 하지만 이 시기만 잘 극복하면 그 후로는 자신이 극복해온 성과에 애착이 생기며 태도가 달라진다. 그렇게 새롭게 얻어진 태도가 새로운 습관으로 대치되는 것이다.

이렇게 자신의 나쁜 습관을 바꿀 작은 행동의 변화조차 시도하지 못하면서 인생의 꿈을 말하고 그것을 이룰 최선의 준비가 되어 있다고 주장하는 것은 공허한 수다에 불과하다. 그러니 긍정적 애티튜드를 만드는 출발은 내일부터 무엇인가를 하겠다가 아니라 내일부터 무엇인가를 하지 않겠다가 먼저인 셈이다. 즉 나의 목표를 이루는 데 필요한 애티튜드는 버리는 것에서 출발해야 한다. 그러다 보면 차차 걸음이 빨라지며 그 과정에서 새로운 애티튜드가 형성되어 있는 나를 발견하게 된다. 그것이 바로 긍정적 애티튜드다.

자기 자신의 주인으로 사는 법

체 게바라(Che Guevara)는 다음과 같이 말했다.

> 이곳은 전세계에서 가장 뜨거운 격전지다. 나는 우리가 콩고에서 제국주의자들에게 일격을 가할 수 있다고 생각한다. 물레방아를 향해 질주하는 돈키호테처럼 나는 녹슬지 않는 창을 가슴에 지닌 채 자유를 얻는 그날까지 앞으로만 앞으로만 달려갈 것이다.

필자가 올해 내내 마음에 담고 있는 화두는 '혁명'이다. 혁명은 무언가를 전복하려는 불온한 기미가 보이는 단어다. 그래서 우리는 혁명이라는 말을 직접 쓰지 않고 '혁명적'이라고 에둘러 표현한다. 필자가 혁명이라는 단어를 화두로 들게 된 것은 2010년 말 법륜 스님을 만난 이후다. 스님은 생활불교를 주창하며 대중 속으로 들어온 성직자다. '법정'이라는 이름이 우리가 잃어버린 본질적인 가치에 대한 성찰을 떠올리게 한다면, '법륜'이라는 이름은 어느새 실천과 삶이라는 영역을 표상하는 이미지로 자리잡아가고 있다.

필자는 불자가 아니지만 올해 초에 법륜 스님을 만나 고민하고 있는 몇 가지 문제에 대해 질문을 드렸다. 그때 돌아온 것은 답이 아니라 "당신은 자기 자신의 주인인가?" 하는 반문이었다. 순간 말문을 잃고 말았다. 허를 찔린 것이다.

우리는 자신이 만든 틀에 스스로를 가둔다. 성취한 사람도, 그렇지 못한 사람도 자신이 규정한 틀 안에서 살아간다. 사람은 어떤 틀 안에 있는 것을 안정적이라고 느끼기 때문이다. 국가나 사회도 마찬가지다. 모두 스스로 만든 틀 속에 자신을 가두고 그 틀을 유지하느라 애를 쓴다. 물론 사람에 따라 그 틀이 클 수도, 작을 수도 있지만 크든 작든 경계는 있기 마련이고 그 경계는 결국 그의 사유와 행동을 제약하게 된다.

이때 중요한 것이 혁명성이다. 혁명성은 안주하려는 인간의 속성과 달리 자신이 가지고 있는 것에 대해 스스로 인식하는 것들에 대

해 자신이 사물을 바라보는 시각에 대해 새로움을 경험하는 것이다. 서슴없이 자신의 경계를 허물고 새로운 것, 새로운 사람, 새로운 가치를 받아들이는 것이다. 이렇게 기존의 것을 타파하는 행동이 바로 혁명성이며, 그것을 행한 결과가 바로 혁명이다.

혁명의 두번째 대상은 한계다. 경계가 안주하려는 자신의 틀이라면 한계는 확장성을 제약하는 심리적 감옥이다. 우리는 스스로 자신의 한계를 잘 알고 있다. 하지만 이것은 무의식의 장난이다. 심하게 말하면 내 스스로 나의 한계를 잘 알고 있다는 말은 반듯한 자기성찰의 결과물이 아니라 무의식에 농락당한 에고의 비명소리에 불과하다. 우리는 막연히 자신의 한계가 콘크리트와 같이 단단한 성벽인 것처럼 생각하지만, 누구에게든 처음부터 한계가 있었던 것은 아니다. 걸어가다가 주저앉는 자리가 바로 한계인 것이다. 그러므로 나의 한계는 내가 걸어가다가 쓰러지는 바로 그 자리인 셈이다. 한데 우리는 그 걸어가야 할 길에 대한 두려움으로 섣불리 갈 수 있는 거리를 가늠해버린다.

필자가 수영을 배울 때 이야기다. 대개 한 달 정도 '음~파'를 반복하며 발차기를 배우고 나면 두 달째부터는 제법 수영을 할 수 있게 된다. 이때 처음부터 두 바퀴를 돌겠다는 목표를 세우고 스트로크를 하면 거의 예외 없이 한 바퀴 반 정도에서 숨이 차 포기하게 된다. 하지만 반대로 어제 한 바퀴 반을 돌았으니 오늘은 그보다는 더 돌겠다고 생각하면 반드시 두 바퀴를 채우게 된다. 한계를 규정하면 더 나아가지 못하고 멈추지만, 한계를 넘어선다고 생각하면 심리적 한계는 그보다 더 늘어나기 때문이다.

삶의 본질이 바로 그와 같다. 혁명가의 삶은 늘 진취적이고 의욕이 넘치지만 안주하는 사람의 삶은 늘 회의적이다. 그래서 우리는 늘 혁명가로 살아야 하고 이런 혁명가의 삶만이 자기가 주인인 삶인 것이다.

경계를 넘어서야 진보가 온다

> 깨달음을 얻기 위해서는 초월이 필요하다. 초월은 경계를 넘는다는 뜻이고 경계를 넘는다는 것은 상식을 초월하고 보편성을 깨뜨린다는 뜻이다. 주의해야 할 것은 사회를 향한 의존을 극복하고 홀로 서려는 자아는 초월이지만, 사회를 부정하고 건강한 사회에 도전하는 것은 독선이라는 점이다.

변화는 우리가 누군가를 또는 무엇인가를 기다린다고 해서 찾아오는 게 아니다. 우리 자신이 우리가 기다리던 사람이고 우리가 바로 우리가 추구하는 변화다.

_ 버락 오바마(Barack Obama)

개인이 사회의 평범한 일원으로 살아가려면 사회시스템이 부여한 보편적 규범을 따르면 되지만, 사회의 문제를 포착하고 그것을 개선하는 데 영향을 미치기 위해서는 보편성이 아닌 특수성을 가져야만 한다. 여기서 특수성이란 보편성을 넘어서는 초월성을 의미한다.

'초월(超越)'이라는 말은 담(경계)을 넘는다는 뜻인데, 상식을 뛰어넘어 보편성을 깨뜨린다는 의미를 담고 있다. 그래서 초월성은 아무나 쉽게 얻을 수 없고 개인의 초월성은 사회에서 쉽게 수용되지 않는다. 사람은 본능적으로 무리를 이루려는 군집심리가 있고, 행동뿐 아니라 사상이나 생각마저 평균에서 벗어나지 않으려는 경향이 있기 때문이다.

보편성을 깨는 것이 진보의 시작이다

모두가 평균에 서면 진보는 없다. 예술에서 새로운 사조는 누군가가 당대의 경향을 깨고 나옴으로써 탄생하고, 과학은 기존의 원리를 부정하고 새로운 법칙을 찾으려는 도전의 결과로 발전한다. 그런 측면에서 보편성을 부인하고 특수성을 갖는 것은 혁명가의 그것과 같은 초월성을 드러내는 행위다. 《엔트로피 Entropy》의 저자 제러미 리프킨은 이에 대해 다음과 같이 말한다.

> 사회학자들은 지난 20만 년간의 인류문명 발전이 그동안 이 땅에 살아온 모든 인류의 노력의 결과라고 말한다. 이것은 모든 인류에 경의를 표하는 우아한 시각이지만 진실은 아니다. 지금까지 문명과 문화의 발달은 0.1퍼센트의 창의적 인간이 다른 사람은 생각하지 못하는 것을 생각하고, 다른 사람은 꿈꾸지 않는 것을 꿈꾸며, 모두

가 보지 못하는 어두운 곳에 깃발을 꽂고 이곳이 젖과 꿀이 흐르는 새로운 땅이라고 외치면, 0.9퍼센트의 안목있는 인간만이 그것을 알아보고 그들과 협력하고 후원하며 새로운 문명을 건설한 결과다. 나머지 99퍼센트는 이 1퍼센트가 모든 것의 기초를 닦고, 새로운 계단을 놓고 난 다음에야 비로소 그 위에 올라와 세상 참 많이 달라졌다는 감탄사를 연발하며 또다시 그곳에 안주한다.

이것은 보편성과 초월성에 대한 가장 정확한 지적이다. 사람은 태생적으로 모든 것에 권태를 느낀다. 오랫동안 한자리에 머물면 따분해하고, 같은 종류의 음악을 들으면 금세 지루해하며, 매일 같은 사람을 만나면 식상해한다. 이것은 인간의 약점이 아니라 강점이다. 이런 권태를 이기기 위해 변화를 시도하기 때문이다.

하지만 우리는 대부분 권태를 느끼면서도 직접 변화를 이끌 용기를 내지는 않는다. 들판에서 살던 원시시대에 무리 속에서 보호받으며 무리와 함께하는 것이 가장 안전하다는 인식이 인간의 DNA 속에 깊이 각인되어 있기 때문이다. 그래서 홀로 살길을 찾아나서기보다는 무난한 죽음을 선택하는 것이다.

이것이 보편성으로 작동해서 인간사회를 규정하는 원리는 늘 다수의 뜻, 즉 평균의 힘에 의지하게 된다. 왜냐하면 그것이 실패에 대한 책임을 모면할 수 있는 가장 무난한 선택이기 때문이다. 하지만 혁명가는 다르다. 그들은 태생적으로 초월성을 갖고 있다. 모두가 척박한 땅에서 굶주리고 살아갈 때, 이대로 앉아서 죽느니 가다가 죽더라도 차라리 저 바다 건너 다른 땅을 찾아나서겠다며 여정을 시작하는 것이다. 이렇게 태생적으로 초월성이 잠재되어 있는 사람들이 예술가가 되고 과학자가 되며 시대를 이끄는 정치가나 창의적인 사업가가 된다. 그들에게 도전은 영혼이고 안주는 정신의 죽음이다.

초월성은 특별한 사람에게만 주어지는 신의 선물이 아니다. 앞서 말했듯 인간은 보편성과 함께 초월성이라는 두 가지 속성을 동시에 부여받은 존재다. 다만 사회화가 진행될수록 초월성은 퇴색하기 때문에 나이가 들수록 줄어들 뿐이다.

그런데 어린 시절의 초월성은 위험하다. 아이들은 할아버지의 수염을 잡아당기며 끊임없이 경계를 넘나들지만 이성이 통제하지 않는 초월성은 열매를 맺을 수 없다. 그런 이유로 인생에서 초월성이 가장 빛나는 것은 청년기다. 이성의 통제하에 발휘되는 청년의 초월성은 건강한 도전이다. 최근 실리콘밸리에서 불꽃처럼 일어나는 젊은 청년사업가들의 빛나는 성취는 바로 이런 초월성이 발휘된 결과다.

그러나 소극적인 사람들은 나를 초월하기 위한 수단으로 머리를 깎고 산사에 들어가거나 니체(Friedrich Wilhelm Nietzsche)처럼 스스로를 고립시켜 자신의 세계에 빠져든다. 사회의 일원으로 평범하게 살아가는 이들도 삶에 진지한 사람이라면 언젠가 한번쯤 이런 정신적 초월에 대한 갈망을 느끼게 된다. 삶에서 도전하고 나아가고 지치는 과정이 반복되면, 나중에는 가시적인 것이 아닌 피안의 영역에 대한 열망이 생기기 때문이다. 철학이나 종교, 명상에 심취하기도 하고 때로는 자연주의자가 되어 현실을 등지기도 한다. 그러나 이는 패배주의에 물든 무력한 초월이다.

사회와의 긴장과 협력을 유지한 초월

중요한 것은 이런 초월적 갈망들을 우회하거나 회피하는 대신 갈망이 있다는 것은 자신이 변화를 열망하고 있음을 의미한다는 걸 정확하게 포착하는 것이다. 즉, 초월에 대한 갈망이 생긴다는 것은 자기 자신에게서 변화를 이끌어내야 할 중요한 단계에 돌입했다는 의미다. 이때 중요한 것이 사회구조다. 청년들의 창조적 도전은 그들이 도전에 나섰다가 실패하더라도 사회가 그 의미를 평가하고 재도전의 기회를 주는 패자부활 시스템을 제공함으로써 활발해진다. 그리고 청년의 도전은 자신의 재능을 찾으려는 힘찬 여정을 축복하는 사회의 격려와 성원 아래 피어난다.

사람은 애벌레가 허물을 벗고 나비가 되듯 자기변화의 과정을 수차례 겪으면서 성숙한다. 그러나 사회적 존재라는 특성상 그 과정에서 일정 부분 내가 속한 사회와의 긴장을 피할 수 없다. 하지만 만약 나의 초월성이 그것마저 완전히 넘어서기를 바란다면, 내가 속한 사회적 한계를 넘어 사회와 창조적인 관계를 수립해야 한다. 그러지 못하면 사회적 파탄자, 반사회적 인간형으로 분류될 수도 있다. 같은 혁명가였지만 빈 라덴(Osama Bin Laden)과 체 게바라에 대한 평가가 다른 것은 바로 이 차이 때문이다.

어쨌든 초월은 구체적인 현상이나 일차적인 감각이 아닌 대단히 추상적인 개념이다. 이성을 교란하는 구체성을 넘어서는 추상성을 갖되, 그것의 본질에 이르는 과정이라고 할 수 있다. 다만 이 초월이 내가 속한 사회의 미래가치와 같은 방향이라면 영웅이 되겠지만, 사회의 긍정적인 발전방향과 어긋나면 정신병자 취급을 받게 될 수도 있다. 물론 우리가 모두 모네나 체 게바라, 스티브 잡스(Steve Paul Jobs)가 될 수는 없고 또 그럴 필요도 없다. 인간은 사회와 긴장과 협력을 유지하면서 'of the world'가 아닌 'in the world'를 자각하며, 그 안에서 창의성을 개발하고 창조적 행위자로서의 자신을 만들어가야 하는(변화해야 하는) 숙명적 존재일 뿐이다. 그러므로 두드러진 성과 자체에 집착할 필요는 없다.

그런 이유로 초월을 대상화해서 집착하게 되면 위험에 빠지기 쉽다. 예를 들어 사회의 보편적 질서를 반대하거나 건전한 사회적 약속들을 부정하는 것은 초월이 아닌 이단이다. 초월의 일차적인 대상은 자기 자신이지 사회가 아니다. 사회(타인)에 대한 나의 의존을 극복하고 홀로 서려는 자아는 초월이지만, 무조건적으로 사회를 부정하고 도전하는 것은 독선이다. 다만 이때 중요한 것은 내가 사회를 초월하는 것은 사회에 대한 나의 의존성을 버리는 것이지 사회에 참여하는 나를 초월하는 것은 아니라는 점이다.

내면의 불길을 가다듬는 시간, 청춘

청춘은 '발산'이 아니라 '응축'이다. 청춘의 가슴에는 활활 타는 불길이 있지만,
그것이 뜨겁다고 함부로 토해내며 이리저리 방황하는 것은 의미없는 소진에 불과하다.
뜨거운 불길을 쉽게 토하지 말고 뱃속 깊이 삼켜라.

열정이 끓어오르지 않으면 가르치지 않고, 표현하려고 더듬거리지 않으면 말을 거들어주지 않는다. 하나를 가르치는데 세 개를 깨우치려 하지 않으면 더는 가르치지 않는다.

_《논어論語》술이(述而)편

청년의 시기는 가치관에 입각해서 실존적 결단을 내려야 하는 중요한 때이므로 먼저 뜻을 세우는 일이 중요하다. '입지(立志)'는 향후 자신의 길에 대한 선언이자, 그것을 위해 어떻게 노력할 것인가에 대한 자기개혁의 출발이다. 바른 언어로 뚜렷하게 나의 길을 선언하

는 순간, 비로소 내가 실존적인 인간으로 자리잡게 되는 것이다.

열정은 인생이라는 여정의 동반자다

그 길은 지식을 익히고 지혜를 쌓으며 실천하는 길이며 그 길을 가기 위해서는 열정이 함께해야 한다. 하지만 청년기는 이렇게 뜻을 향해 나가려는 의지보다 유혹하는 것들에 대한 욕망이 더 큰 시기다. 사실 이것은 평생을 괴롭히는 문제이기도 하다. 분명히 바른 길이 있고 가야 할 곳이 있다는 것을 알지만 매번 유혹을 떨치기가 어렵다. 하지만《논어》는 스스로 이기려는 열정이 없는 자는 가르칠 필요조차 없다는 가혹한 선언으로 답을 대신한다.

《논어》뿐 아니다. 새뮤얼 스마일스(Samuel Smiles)의《자조론自助論》에 등장하는 '하늘은 스스로 돕는 자를 돕는다(Heaven helps those who help themselves)'는 속담 역시 같은 맥락이다. 동서고금을 막론하고 열정은 모든 것의 근원인 셈이다. 열정은 막히면 뚫고 막으면 돌파하는 기백이다. 내 안에 들끓는 열정은 나를 개혁시키고 내 안의 혁명성을 일깨운다. 인생이라는 긴 여정에서 때로는 부비트랩에 맞닥뜨리고 때로는 들판에서 맹수를 만나겠지만 내가 세운 뜻이 그 길이라면 처음 뜻을 세울 때의 열정을 잃지 않고 나아가야 그 길의 주인이 될 수 있다.

하지만 지금 우리 사회는 집단우울증에 걸려 열정이 사라졌다. 청춘이 좌절하고 기성세대가 체념하고 있는 사이 충동이 사라진 열정의 자리를 차지해버렸다. 충동은 열정과는 반대의 장벽이다. 청년의 열정은 종종 충동과 오인되기 쉽고 그 둘의 중간에 있는 애매한 말이 정열이다. 정열은 대상이 무차별적이고 심지어는 자기파괴적 행동마저 정열로 포장된다. 열정이 대상을 뚜렷이 하며 바른 길을 가기 위한 열망이라면 정열은 감정적이고 도취적이다. 특히 청년기는 바람직한 역량을 강화하려는 의지보다 감각적인 것들을 향한 욕망이 더 강한 시기이므로 열정과 정열 그리고 충동을 구별하기란 쉬운 일이 아니다.

이때 필요한 것이 바로 침묵과 사색, 교양과 문화다. 이런 것들은 대개 호흡을 가다듬는 역할을 한다. 청년기에는 무의식에 자리잡은 충동적 욕망이 자아의 어리석은 선택을 계속 유도하는데 이때 의식을 집중해서 무의식을 누르고 자아를 곧추세우게 하는 것이 바로 사색과 교양이다. 사색을 통해 정열을 쏟아부을 대상을 가리고 그것이 열정이 되어 나의 발전을 위해 헌신하도록 할 때, 나는 비로소 끓어오르는 사람이 되고 전방위적 발전을 향해 나아가는 살아 있는 사람이 될 수 있는 것이다.

내면의 불길을 가다듬는 인고의 시간이 청춘이다

일전에 모 대학에서 '청춘'을 주제로 강연을 했다. 청년들에게 위로와 격려를 하는 자리였는데, 진행자인 개그맨 박지선 씨가 마지막에 "청춘이란 무엇인가?"라는 질문을 던졌다. 그 순간 청춘을 주제로 강연을 하면서, 정작 청춘의 정의에 대해서는 미리 생각해보지 않았다는 사실을 깨달았다. 그때 즉흥적으로 답한 내용의 요지는 대강 이렇다.

청춘은 '발산'이 아니라 '응축'의 시기다. 실패를 용인하는 문화가 필요하다는 말은 좌충우돌에 대해 책임질 필요까지 없다는 뜻이 아니다. 청춘의 가슴에는 활활 타는 불길이 있지만, 그것이 뜨겁다고 함부로 토해내며 이리저리 방황하는 것은 의미없는 소진에 불과하다. 뜨거운 불길을 쉽게 토하지 말고 뱃속 깊이 삼켜라. 그리고 다듬고 응축해라. 그 불길이 뜨거운 구슬이 되어 가슴속에 여의주를 품게 될 때, 어느 한순간 벼락처럼 쪼개며 천둥처럼 울리는 것이 청춘이다. '실패를 두려워하지 말라'는 이때 쓰는 말이다.

준비된 자에게만 기회가 온다. 그런데 기회는 일정 부분 행운과 함께한다. 때문에 준비된 도전이 행운을 만나지 못했을 때 그 실패는 가치있고 다음에 다른 기회를 기다릴 수 있다. 그것이 바로 절치부심이다. 하지만 좌충우돌에는 기회도 행운도 없으며 방종에 대한 가혹한 대가만 기다리고 있을 뿐이다.

이렇듯 청춘은 무작정 발산하고 소비하는 시기가 아니다. 뜨거운 열정으로 내면의 불길을 가다듬는 인고의 시간이 바로 청춘이다.

앞쪽에서 다룬 이야기와 중첩되는 면이 있지만, 필자가 청년기를 지나면서 가장 아쉽게 여겼던 부분들이 여과없이 나온 말이다. 모든 사람에게 청년의 시기는 아쉬움이고 또 그리움이다. 하지만 돌아보면 인생의 어느 시기에서도 청년기의 뜨거움을 다시 가질 수는 없다. 시간이 갈수록 도전은 점점 힘들어진다.

특히 한국사회에서 한번 실패는 치명적이기 때문에 늘 제자리를 맴돌게 된다. 필자는 그나마 운이 좋았다. 필자가 의대를 가게 된 과정도 그랬다. 많은 사람들이 생각하듯 당시만 해도 의과대학이라는 곳이 지금처럼 인재를 빨아들이는 블랙홀이 아니었다. 당시 가장 인기 있는 학과는 물리학과와 전자공학과 등이었고 의과대학 역시 그 중 하나였을 뿐, 지금처럼 전국의 성적우수자들이 모두 몰려드는 문화는 상상도 할 수 없었다. 필자 역시 마찬가지였다. 당시 학력고사를 치른 후 진로에 대한 고민을 시작했는데 필자가 정작 원하던 전공은 법학이나 문학이었다. 돌아보면 중고등학교 시절의 독서경험이 원천이 된 듯하지만, 그 당시에만 해도 법학을 전공하고 싶다는 열망이 꽤 강렬했었다.

하지만 필자는 가정형편상 취업이 무난한 이과를 선택했고, 학력고사도 이과계열로 치른 상태여서 법학과를 지원하려면 시험점수에서 10퍼센트 정도를 손해 보는 수밖에 없었다. 원서를 쓰기 전날 아버지와 대화를 했다. 마당 댓돌에 나란히 앉아 내 의사를 말씀드리자 아버지께서 하신 말씀은 "네가 원하면 해라. 하지만 아버지가 살면서 가져온 고민 하나만 들어봐라. 나는 명령에 따라 움직이는 말단 경찰공무원이다. 그런데 그 명령은 내 생각이나 뜻과는 아무 상관없다. 네 또래의 아이들이 민주화를 외치며 시위를 하면 나는 자식 같은 그 애들을 뒤쫓아서 잡아와야 한다. 그건 경찰관뿐 아니라 판사건 검사건, 누구건 이 시대에 공직을 맡고 있는 모든 사람들의 고민일 거다. 그 고민을 안고 살아갈 자신이 있으면 네 뜻대로 해라."라는 것이었다. 필자는 담배연기를 길게 내뿜으며 평생 담고 살아온 고충을 들려주시는 아버지를 보며 그날로 아버지와 친구가 되었다.

그후 필자는 의대를 선택했다. 하지만 마음속에 잠복해 있던 인문학에 대한 열망은 쉽게 꺼지지 않았고, 대학생활 내내 인문학에 경도되어 소설을 쓰고 연극을 하는 괴상한 의대생이 되었다. 그러다 만난 게 경제학이라는 학문이었고 그것은 필자에게 신세계였다. 추론과 상상력, 통찰력 가득한 학문이되 고등수학과 통계학 등 이공계적 요소가 어울린 소위 융합학문이었던 탓이다. 거기에 매료된 필자는 청년기의 상당기간을 경제학에 할애했고, 그 결과 의사로서 경제를 이야기하는 특이한 존재가 될 수 있었던 것이다.

물론 필자는 경제학 전공자에 비해 학문적 깊이가 없다. 하지만 다른 사람과 '차이'가 아닌 '다름'을 만들게 된 셈이다. 차이로 치면 깊이나 실력에서 필자는 전공자에 비하면 하룻강아지에 불과하니 큰 차이가 난다. 하지만 전공자들의 이력과는 많이 다르기 때문에 나만의 다름을 만들게 된 것이다. 물론 이런 결과는 필자가 의도한 것도 아니고 예상한 것도 아니다. 다만 시간이 지나 다양한 경험과 다른 시각을 지닌 사람들에 대한 수요가 일어나면서 필자 같은 장삼이사도 어느 순간 조그만 쓰임새가 만들어진 셈이다.

돌아보니 그랬다. 청춘은 특권이다. 실패는 경험이 되고 기회는 늘 손에 닿는 거리에 있다. 하지만 바로 그렇기 때문에 청년의 도전은 미숙하기 쉽다. '실패를 두려워하지 말라'는 말은 어떤 좌충우돌도 용인된다는 말이 아니다. 치열하게 뜻을 세우고 뜨거운 열정으로 내달리다가 자신의 노력이 자신을 감동시키는 순간, 일거에 함성을 지르며 벼락처럼 쪼개는 것이 청년의 도전이다. 행운의 여신은 바로 그런 도전에만 깃드는 까다로운 수호신이다.

철학을 통해 사유의 경계를 넓혀라

> 내일의 철학은 오늘의 철학과 다르다.
> 철학은 순식간에 선각자의 사유가 뒤집어지거나 분열하고 다시 합체되기도 한다.
> 인간의 사유란 경계가 없기 때문이다.

　필자는 연간 약 300회 이상 강연을 다닌다. 매일 한두 번꼴로 강연이 있는 셈이다. 이에 대해 누구는 부럽다고 하고 누구는 힘들겠다고 한다. 부럽다는 사람들은 강연료가 만만치 않을 것이라는 계산이, 힘들겠다는 사람들은 물리적인 고생이 많겠다는 걱정이 앞서는 것이다.

　하지만 그런 이유라면 부러울 것도 없고 힘들 것도 없다. 먼저 필자가 하는 강연의 절반 이상은 기업이 아닌 대학생이나 중고등학생들 대상이어서 수익 면에서는 일단 영양가가 없다. 힘들다는 부분 역시 마찬가지다. 누군가를 대상으로 강연을 하는 행위가 수직적으로 가르치는 것이라면 노동도 그런 중노동이 없다. 강연 한 번에 그야말로 온몸의 힘이 쭉 빠진다. 하지만 수평적으로 청중의 눈을 마주 보고 내 이야기를 들려주는 것이라면 그것은 오히려 위로와 격려가 된다. 특히 가능성이 충만한 어린 학생들의 눈을 마주하는 것이라면 노동이 아니라 휴식이다. 스펀지처럼 무엇이든 받아들일 준비가 되어 있는 어린 학생들에게 나의 경험과 생각을 들려줄 수 있다는 것은 너무나 멋지고 행복한 일이기 때문이다.

강연중에 가끔 상상을 한다. 지금 이 자리에 앉아 내 이야기를 듣는 청년들이 미래의 어느 시점에 이 나라를 이끄는 이가 되고, 늙어 노쇠한 내 몸을 돌봐줄 의사나 간호사가 되고, 또 내가 살아가는 집을 고쳐줄 기술자가 되어서 어느 날 우리가 만났을 때 내 강연을 기억해주는 행복한 그림이 펼쳐진다. 그럴 때면 저절로 흥분되고 때론 감격스럽기까지 하다. 그래서 청년들에게 이야기를 들려주는 일은 할수록 힘이 나고 즐거운 일이다.

철학은 사유의 방법을 알게 해준다

학생들을 대상으로 한 강연에서는 대개 독서나 글쓰기, '어떻게 살 것인가' 같은 자기계발, 필자의 책을 소재로 한 사랑이나 생명 등을 주제로 이야기를 한다. 학생들에게 '세계경제와 한국경제의 미래' 같은 주제로 이야기하기는 어렵기 때문이다. 학생들은 늘 호기심 어린 눈으로 이야기를 들어준다. 특히 강연이 끝나고 이어지는 질의응답시간에는 누군가 용기를 내서 먼저 손을 들고 질문을 하기 시작하면 그 다음부터는 아예 봇물이 터진다. 그게 청년들이다.

질문들은 정말 기발하다. 좋은 강연보다 좋은 질문의 힘이 크다는 말이 새삼 떠오른다. 그래서 질문에 답변을 하다 보면 원래의 강연 주제는 잊혀지고 자유로운 토론을 하게 되는 경우가 많다. 그만큼 요즘 학생들은 활기차고 적극적이다. 한동안 질의응답식 대화가 이

어지고 마무리가 될 즈음 내가 하는 말은 늘 좋은 책을 많이 읽으라는 것이다. 단, 많이 읽되 잘 읽으라고 말한다.

책은 내가 가지고 있는 지식 중에서 부실한 부분을 지우고 새로운 지식을 입력하는 메모리반도체 같은 것이다. 새로운 지식이 들어오면 기존의 지식 중에서 진부한 것이 지워지고 그 위에 새로운 지식이 덧입혀지는 것이다. 좋은 책을 읽고 새로운 사유를 만나 지식을 얻게 되면 기존의 지식체계가 수정되고 덧칠된다. 그렇게 독서를 통해 내가 가진 지식체계를 계속 수정해나가는 것이다. 그런 측면에서 책읽기는 나를 연마하는 것이다. 때문에 좋은 책이 아닌 나쁜 책(정의하기 어렵기는 하지만)은 이미 갖추어진 나의 지성에 오물을 덧씌우는 결과를 낳기도 한다.

또 하나 학생들에게 강연할 때 꼭 빠뜨리지 않는 이야기가 '철학의 중요성'이다. 철학을 공부해야 하는 이유는 많지만 청소년기에 철학이 필요한 첫번째 이유는 '사고' 아니 '사유'의 방법을 알게 해주기 때문이다.

정보사회가 되면서 지식은 점점 세분화되고 깊어졌다. 그래서인지 요즘은 남에게 배우는 공부는 넘쳐나지만 스스로 익히는 공부가 사라졌다. 그 결과 '통섭(統攝)'의 필요성이 대두되고 있다. 한여름 나무를 뒤덮고 있는 보이지 않는 수백 개의 가지가 하나의 둥치로 합쳐진다는 사실을 아는 것, 각각의 현상을 합쳐서 이해하는 방법을 익히는 것이 바로 통섭의 사유다.

하지만 통섭이라는 것이 말만으로 되는 것이 아니다. 우리가 자기 자리에서 한 발 물러나 그 자리를 객관적으로 바라보는 것을 '객관적 사유'라고 할 때 그것이 잘 이루어진 것을 가리켜 비로소 통섭이라 부를 수 있다. 그런 면에서 통섭, 직관, 통찰을 기르는 가장 좋은 학습이 바로 철학을 공부하는 것이다.

인문학의 존재 이유

필자가 좋아하는 철학자 강신주 선생은 우리가 접하는 모든 학문의 근본은 수학과 철학이라고 말한다. 수학은 과학적 구조를 가진 학문의 기초가 되는데 이를테면 과학기술이나 건축설계, 기계공학 심지어 계량경제학 같은 분야들이다. 이렇게 수학적 지식이 바탕이 된 학문들은 탑을 쌓아올리는 특징이 있다. 거인의 어깨 위에 올라서는 것이다. 이러한 지식은 정교해야 하고 한 치의 오차도 있어서는 안 되며 그것이 검증되면 원리가 되고 부정되면 폐기되며 다른 누군가의 업적 위에 새로운 업적이 쌓이는 것이다. 그 결과 시간이 지날수록 탑은 점점 높아지는데, 그것이 소위 과학문명의 발달이다.

반면 철학이 바탕이 되는 학문의 특징은 수평적이고 산발적이다. 문학, 사학, 철학 같은 인문학들이 그러하다. 이런 학문들의 특징은 드넓은 들판에 넓게 펼쳐지는 것이다. 데카르트 철학의 바탕 위에 칸트를 쌓아올리고 그 위에 다시 헤겔과 라캉(Jaques Lacan)을 올리는 것이 아니다. 철학적 사유는 각각의 사유 그 자체다. 강신주 선생의 말을 빌리면 데카르트의 철학이 있고 칸트의 철학이 있으며 소쉬르(Ferdinand De Saussure)와 비트겐슈타인(Ludwig Josef Johann Wittgenstein)의 철학이 개별적으로 존재한다. 미적분을 모르면 로케트를 발사할 수 없지만, 데카르트를 몰라도 데리다(Jacques Derrida)를 논할 수 있다. 철학적 사유의 특징은 자못 독립적이며 수평적이며 자유롭다. 인문학은 이런 철학적 특징을 바탕으로 한다.

그것이 인문학의 존재이유다. 과학기술 시대에 '높이 더 높이'를 외치며 첨탑만을 쌓아올리고 인문학이라는 땅을 다지지 않는다면 정작 그 탑을 어디에 놓아야 할지, 어떻게 사용해야 할지를 끝없이 고민할 수밖에 없다. 즉, 과학기술이 하드디스크라면 인문학은 운영체제에 해당하는 셈이다. 이것이 우리가 인문학의 중요성을 강조해야 하는 당위고, 과학에서 수학을 인문에서 철학을 중시하는 이유다.

하지만 오늘날 우리는 과학기술의 경쟁에 내몰려 통찰과 안목은 소멸되고 첨탑쌓기에만 몰두하여 이성을 잃고 방황하게 되었다. 그 결과 이것이 천문대인지 망루인지 송신탑인지, 또 이 탑을 여기에 세우는 것이 맞는지 틀리는지조차 잊어버리고 헤매게 된 것이다. 과학 우위의 시대에 철학 부재의 사회가 낳은 비극이다.

이런 점에서 최근 인문학에 대한 관심이 대두되는 것은 반가운 일이다. 하지만 우리가 인문학을 논하는 동안 한 가지 간과한 것이 있다. 물리학을 하기 위해서는 수학이 필요하듯 인문학을 하기 위해서는 먼저 철학을 접해야 한다는 사실을 빠뜨린 것이다. 이른 아침 식사를 거른 최고경영자들이 인문학특강을 듣기 위해 호텔 조찬에 몰려드는 모습은 외견상 아름다운 풍경일지는 몰라도 본질은 빠져 있다. 철학적 사유를 도외시하고 인문학을 이야기하는 것은 인수분해를 하지 못하면서 혜성의 궤적을 추적하려는 것만큼이나 부자연스럽다.

결과가 아닌 과정의 중요성을 이해하는 게 철학이다

철학은 문자 그대로 사유의 학문이다. 자연과학 실험실이 약품과 기구들을 이용해 결과를 낸다면, 인간의 머릿속에 존재하는 사유의 실험실은 그가 사용하기에 따라 우주를 창조하기도 하고 세상을 가로지르는 도구가 되기도 한다. 철학은 그런 사유의 실험실이다. 하지만 철학은 자연과학처럼 결과를 두고 평할 수 없다. '절대적 진리'라는 것 자체가 존재하지 않기 때문이다. 그것은 무형이고 실체가 없다.

자연의 질서를 이해하지 못한 인간이 저 너머에 가상의 존재자를 탐구하던 '형이상학'에서, 자연에서 과학을 발견하고 그 바탕을 중시하던 '유물론'까지, 철학은 때로는 구부러지고 때로는 지워지고 때로는 전복된다. 하지만 그렇게 다다른 물길의 끝이 어딘가가 중요한 것이 아니라 그곳에 이른 과정을 중시하는 것이 철학이다. 철학은 결과를 말하지 않는다. 또 내일의 철학은 오늘의 철학과 다르다. 과학은 앞선 연구자의 업적 위에 새로운 연구자가 벽돌을 쌓아나가는 것이지만, 철학은 순식간에 선각자의 사유가 뒤집어지거나 분열하고 다시 합체되기도 한다. 인간의 사유란 경계가 없기 때문이다.

문제는 이렇게 철학자의 사유가 누적될수록 철학에 접근하는 길은 점점 멀어진다는 것이다. 그리스 철학자 탈레스(Thales)에서 들뢰즈(Gilles Deleuze)에 이르기까지 철학의 길은 아득하기만 하다. 철학은 여정의 학문이다. 철학에 입문하는 것은 그 여정을 공부하는 것이다. 그런데 그 여정은 쉽게 발을 들이기가 어렵다. 학교에서 데카르트, 칸트의 이름을 가르치지만 그것들은 사실 아무런 소용이 없다. 물길의 이치를 알지 못한 채 강의 이름만 외운다고 바위가 자갈이 되고 자갈이 모래가 되는 이치를 알 리가 없는 것이다.

이때 철학사가 중요한 역할을 한다. 철학 자체가 사유라면, 철학사는 '사유의 흐름'을 보여준다. 만약 철학사를 건너뛰고 철학을 공부한다면 비약된 의식처럼 허술하고 기괴한 모형이 된다. 철학사는 당대의 사람들이 왜 그런 생각을 했는지를 알게 해준다. 왜 철학의 주제가 변주되었는지, 그리고 지금의 철학은 왜 등장했는지를 알게 해준다. 시대별로 연대기를 구성하면서 하나의 흐름으로 물길을 보여주는 부감도의 역할을 하는 것이다. 이렇게 철학사를 통해 흐름을 파악한 다음에는 좀더 세분화해서 알고 싶은 철학자를 골라 하나하나 산을 오르면 된다.

냉정과 열정 사이에서 균형잡기

청년은 끊임없이 반해야 한다. 세상에 반하고 문학에 반하고 친구에 반하고 이성에 반하고 자연에 반하고 꿈에 반해야 한다. 그렇게 반함을 혹은 뜨거움을 충분히 발산하고 만끽함으로써 나를 억압하는 규제나 금기로부터 오는 곤혹스러움을 해소할 수 있는 것이다.

사람이 누군가를 사랑하는 방식은 두 가지가 있다. 하나는 가슴으로 사랑하는 것이고, 다른 하나는 머리로 사랑하는 것이다. 굳이 표현하자면 '열정'과 '이성'의 차이라고 할 수 있다.

가슴으로 하는 사랑과 머리로 하는 사랑

가슴으로 사랑하는 방식을 우리는 흔히 '반했다'고 말하는데, 여기에는 이유가 없다. "왜 그녀(그)를 사랑하는 거야?"라고 물어도 대답을 하지 못한다. 반하는 데는 원래 이유가 없기 때문이다.

사람은 이성뿐 아니라 사물에 대해서도 반하는 감정을 느끼는데, 이런 감정은 사실 영원하지 않고 곧바로 '싫증'으로 이어진다. 반한 다는 것은 근본적으로 싫증을 예비하기 때문이다. 사람에 대해서도 마찬가지다. 첫눈에 반한 감정과 수년을 이어온 우정이나 사랑의 반응은 다를 수밖에 없다.

깊은 우정과 사랑은 오랜 시간이 필요하고, 그런 만큼 쉽게 변하지도 않는다. 미야자키 하야오(宮崎駿)의 스튜디오 지브리에서 만든 애니메이션 〈바다가 들린다〉를 보면, 전학 온 여학생에게 첫눈에 반한 남학생과 그 남학생에게 첫눈에 반해 깊은 우정을 맺어온 친구가 등장한다. 그리고 영화의 마지막에는 그 전학 온 여학생과 남학생의 친구가 맺어진다. 얼핏 보면 비극적이고 상투적인 이야기로 보이지만, 이 작품이 많은 사람에게 깊은 여운을 남기고 사랑받는 것은 '반하는 것'과 '사랑하는 것'의 차이를 조화롭게 보여주었기 때문인 것 같다.

> 거리는 내 주의에 아우성치고 있었다. 귀청도 째어질 듯이.
> 상복을 입고, 장중한 고통에 싸여, 날씬하고 후리후리한
> 한 여인이 지나갔다. 화사로운 한쪽 손 뻗쳐,
> 꽃무늬로 가를 두른 치맛자락을 치켜 흔들고,
>
> 사뿐사뿐, 의젓하게, 조상(彫像) 같은 다리를 보이면서.

나는 마셨다. 실성한 사람 모양 몸을 뒤틀며,
태풍 머금은 납빛 하늘, 그녀 눈 속에,
마음 호리는 다정스러움과 목숨 빼앗는 즐거움을.
번갯불 한 줄기 반짝…… 그런 뒤에는 어둠!
― 그 눈길이 순식간에 나를 되살리고 사라져버린 미인이여,
영원 속에서밖엔 그대를 다시 보지 못할 것인가?

여기서 멀리 떨어진 저승에서밖에는! 너무 늦었다! 영영 못 만나리!
그대 사라진 곳 내가 모르고, 내가 가는 곳을 그대 모르니,
오, 나는 그대를 사랑했을 터인데! 오, 그런 줄 알고 있었을 그대여!

'악마주의' 시인이라 불리는 보들레르(Charles-Pierre Baudelaire)의 시 〈지나간 여인에게 A une passante〉다. 한번만 읽어도 어떤 감정을 담은 시인지 쉽게 느껴지는데, '번갯불 한 줄기 반짝…… 그런 뒤에는 어둠!' 이 구절에 모든 것이 함축되어 있다.

한때 유럽에서는 이런 찰나에 느껴지는 감정들에 충실한 문화가 존재했는데, 이 시기를 가리켜 후세 사람들은 '퇴폐적' 또는 '세기말적'이라고 표현했다. 머리가 없었기 때문이다. 인간이 동물과 다른 점은 바로 머리로 생각한다는 것이다. 동물들은 호르몬의 분비에 따라 움직인다. 그래서 짝짓기가 끝나면 암·수가 서로 친밀감을 표현하는 것을 보기가 쉽지 않다. 조류 중에 간혹 그런 동물이 있다지만,

그 역시 종족을 보전하거나 새끼를 키우기 위한 일종의 본능에 불과하다.

하지만 사람은 가슴으로 느끼고 머리로 생각하기 때문에 어떤 문제에서 머리가 가슴과 충돌하면 혼란에 빠지고 고통이 뒤따른다. 특히 청소년기에는 더더욱 그렇다. 이유는 무엇일까? 왜 인간은 청소년기에 우울하고 화가 나고 반항을 하고 터무니없는 공상을 하고, 또 때로는 원대한 꿈을 꾸는 걸까?

규율을 통해 사회를 배우다

우리가 태어나는 순간에는 이성은 전혀 존재하지 않는다. 아기는 욕망에 따라 움직인다. 즉, 인간은 태어날 때는 아무것도 모르지만 차차 눈을 뜨고 귀가 열리면서 엄마가 말하는 "지지"나 "안 돼" 같은 '금지'를 먼저 배우게 되는데 그것은 아이가 위험을 모르기 때문이다. 아이는 호기심 가득한 욕망으로 불에 다가가거나 칼을 만지려고 하므로 금지를 먼저 가르치게 되는 것이다. 이것이 교육의 출발이다. 유아그림책 중 《안 돼, 데이빗! *No, David!*》이 베스트셀러가 된 이유다. 이 시기의 교육은 대개 원초적인 위험을 자각하고 몸에 습관으로 배도록 구성되어 있다. 물론 어린 시절의 금지가 지나치면 억압과 죄의식으로 발전해 일생 동안 괴롭히는 콤플렉스가 되기도 한다.

아기가 자라 약 8세가 되면 정규교육을 받는다. '학교'라는 울타리에 들어가 작은 '사회'를 배우는 것이다. 친구라는 수평적 개념, 스승과 제자라는 수직적 개념, 공동체훈련, 윤리와 정의에 대한 인식 등 사회생활을 해나가는 데 필요한 제도들을 습득하는 과정이다. 이전까지는 가정이라는 좁은 영역에서 무한의 배려를 받다가 비로소 좀더 큰 사회를 경험하게 되는 것이다. 하지만 이것은 각종 전문과목을 배우기 위한 기초교육에 불과하다. 사회적 의미에서 볼 때 이때의 학교교육은 공동체훈련이다.

여기서도 물론 우선되는 것은 금지다. 무엇을 '하라'보다 무엇을 해서는 '안 된다'는 규율이 더 강력하게 교육된다. 지각을 하면 안 된다, 공부시간에 졸지 마라, 선생님께 버릇없이 굴면 큰일난다, 나쁜 친구를 사귀면 안 된다, 친구들과 싸우지 마라, 담배를 피면 큰일난다…….

그런데 요즘 우리 사회는 긍정적이고 적극적인 진취성을 기른다는 이유로 이런 금지교육을 의도적으로 멀리하기도 하고, 또 학교가 단지 상위학교로 진학하기 위한 학원으로 전락해버리면서 이런 사회적 규율을 제대로 가르치지 못하고 있다. 금지교육은 지나치면 독이 되지만 교육에서 반드시 필요한 과정이다. 학교에서 금지교육을 통해 몸에 밴 사회적 규율들이 졸업 후 '사회'라는 더 큰 광장으로 나아갈 때 '공존'의 지혜를 알려주기 때문이다.

하지만 금지는 억압으로 받아들여지기 쉽다. 그래서 청소년들이 답답함을 호소하는 것이다. 물론 좀더 세련된 교육방식으로 금지를 가르칠 필요도 있겠지만 사실 어떤 제도에서도 금지는 금지이기 때문에 힘들고 답답한 면이 있을 수밖에 없다.

다음에 기다리는 것은 사회다. '사회'라고 불리는 성인의 세계에 진입하면 이런 금지가 사라질까? 자유롭게 내 마음대로 하며 살 수 있을까? 물론 그렇지 않다. '자율'이라는 이름의 더 무거운 금지가 주어지기 때문이다. 당장 우리 가족만 해도 그렇다. 아버지는 아버지대로, 어머니는 어머니대로 가족을 부양하고 건사하기 위해 자신이 누리고 싶은 자유를 포기하고, 자신을 유혹하는 온갖 달콤한 것들을 외면해야 한다.

이렇듯 인간이 사회를 구성하고 살아가는 이상 금지와 제약은 응당 겪어야 할 일상사다.

뜨거운 '반함'은 청춘의 특권이다

여기서 본론으로 다시 돌아와보자. 청년기에 만난 이성은 호기심의 대상이다. 단순한 호기심에서 시작해 교류와 소통을 통해서 상대를 알고 이해해간다. 그 과정에서 사랑과 우정을 배우는 것이다. 때문에 반한 감정이건 사랑의 감정이건 그것은 모두 나에게 소중한 경험일 뿐, 종착역은 아니다. 지나온 길이 없으면 목적지에 도달할 수 없듯, 청년의 사랑 역시 그 자체가 목적지는 아닌 것이다.

청년기는 깜깜한 동굴에서 출발해 앞을 가로막고 있는 문을 하나씩 열어젖히면서 점점 더 넓은 광장으로 나아가는 시기다. 하나의 문을 열 때마다 더 큰 광장이 나오고 마지막 문을 열어젖히는 순간 '세상' 혹은 '사회'라는 마지막 광장에 서게 된다. 그런데 사실 그 문은 애써 열지 않아도 때가 되면 저절로 열린다. 어떤 청년들은 애써 어깨를 부딪쳐가며 세상의 문을 열고, 또 어떤 청년들은 저절로 열린 문을 지나 세상으로 나온다. 그들이 만나는 세상은 같지만 스스로 문을 열기 위해 애쓴 청년의 어깨에는 굳은살이 배겨 있다. 그는 어지간한 시련에는 끄떡도 하지 않는 힘을 갖게 된 것이다.

그러니 청년의 사랑은 그것이 결실을 맺건 실패로 끝나건 문을 통과하기 위한 하나의 도전일 수 있다. 청년은 아직 좁은 광장에 서 있다. 지금 서 있는 광장은 고작 작은 쉼터에 불과할지도 모른다. 앞으로 나아갈 때마다 광장은 더 넓어지고 더 많은 사람을 만나게 된다. 다음 광장에서 더 나은 사람과 기회를 만날 수도 있다. 그것은 마치 작은 동네 슈퍼에 다니다가 대형마트나 백화점에 갔을 때 선택의 폭이 넓어지고 더 나은 선택을 할 가능성이 커지는 것과 같은 이치다.

그래서 청년의 만남은 사랑이라기보다 반함이라고 여겨야 한다. 청년은 끊임없이 반해야 한다. 세상에 반하고 문학에 반하고 친구에 반하고 이성에 반하고 자연에 반하고 꿈에 반해야 한다. 그렇게 '반함' 혹은 '뜨거움'을 충분히 발산하고 만끽함으로써 나를 억압하는 규제나 금지로부터 오는 곤혹스러움을 해소할 수 있다.

다만 한 가지 잊지 말아야 할 것이 있다. 뜨거움은 청년의 자유이자 권리이므로 스스로를 활활 태울 만큼 충분히 뜨거워도 된다. 하지만 가끔은 그만큼 머리로 생각하는 시간을 가져야 함을 기억해야 한다. 문이 하나씩 열릴 때마다 다음 광장에서 기다리는 스핑크스는 점점 까다로운 문제를 낼 것이다. 그 문제들을 모두 풀고 마지막 광장에 도달했을 때 자신의 꿈이 담긴 보물상자의 열쇠를 얻기 위해서는 '머리로 생각하는 습관'을 길러야 한다. 우리는 이것을 가리켜 '조화'라고 부른다. 또 머리로 설명할 수 있으면서 그것을 위해 스스로를 활활 태울 수 있는 자신감을 가리켜 '호연지기'라고 한다.

청년은 줄기세포와 같은 존재다. 사회의 머리가 될지 다리가 될지 아직은 아무도 모른다. 무한한 가능성을 가지고 있다는 뜻이다. 지금의 청년들 중에서 장차 나라를 이끌고 갈 리더도 나오고, 세상을 바꿀 혁명가도 나올 것이다. 그러나 청년이 스스로의 꿈을 펼치기 위해서는 뜨거운 열정과 그 열정을 길들일 수 있는 이성적 태도를 같이 키워나가야 한다. 그래야만 꿈을 이루고 세상의 주인이 될 수 있다.

자신의 잠재력을 찾는 법

누구나 1만 시간을 노력한다고 전문가가 되는 것은 아니다.
반대로 아무리 뛰어난 재능을 갖고 있다 해도 노력이 따르지 않는다면
그 역시 전문가가 될 수 없다. 노력과 재능의 문제에서 핵심은 스스로가 재능을 파악하는 것이다.

중국의 고사 '마부위침(磨斧爲針)'과 '우공이산(愚公移山)', 서양의 속담 '고통 없이는 얻는 것도 없다(No pains, no gains)' 등은 모두 노력의 중요성을 강조하고 있다.

이중 '우공이산'은 상당히 우화적이다. 《열자列子》 탕문(湯問)편에 등장하는 이 이야기는 둘레가 700리나 되는 태항산(太行山)과 왕옥산(王屋山) 사이에 살던 우공(愚公)이라는 90세 노인이 두 산에 가로막혀 매번 돌아가야 하는 불편을 해소하기 위해 자식들과 상의해서 산을 옮기기로 작정하고 그것을 결행에 옮기는 이야기다. 우공이 퍼낸 흙을 인근 바다까지 수레로 옮기는 데만 1년이 걸릴 엄청난 일을

시작하자 이를 본 친구가 웃으며 말렸다. 그러자 우공은 "나는 늙었지만 나에게는 자식과 손자가 있다. 그 손자는 다시 자식을 낳을 것이고 그 자식이 다시 자식을 낳으면 자손은 한없이 늘어나겠지만, 산은 더 불어나는 법이 없지 않은가?"라고 대답했다.

이 이야기는 노력을 강조하긴 하지만 노력의 본질을 단순한 인내나 우직의 수준에서 말하고 있다는 점에서 아쉬움이 적지 않다.

재능의 파악이 노력보다 우선한다

여기서 한 발 나아간 것이 다니엘 레비틴(Daniel Levitin) 박사의 '만 시간의 법칙'인데, 이것은 말콤 글래드웰(Malcolm Gladwell)의 책 《아웃라이어 Outliers》에 소개되면서 인구에 회자되기 시작했다. 레비틴 박사는 베를린 뮤직아카데미의 학생들을 대상으로 실험을 해서 8,000시간을 연습한 학생과 1만 시간을 연습한 학생의 실력차가 크더라는 연구결과를 BBC 과학매거진을 통해 발표했다. 핵심은 최소 1만 시간은 연습을 해야 뇌가 거기에 적응하고 한계를 넘어서게 된다는 것이었다.

'만 시간의 법칙'은 앞에서 언급한 고사들과는 좀 다른 의미를 가지고 있다. 앞의 고사들이 무언가를 이루는 '과정'에만 주목했다면 이 법칙은 '성과'에 주목한다. 우공이산은 무언가를 이루고자 할 때 그것을 이루느냐 못 이루느냐의 결과가 중요한 것이 아니라 노력 그 자체가 중요하다는 뜻을 담고 있다. 물론 그 과정에서 목표를 이룬다면 더할 나위 없이 좋겠지만 최선을 다했다는 것만으로도 충분히 경의를 표할 수 있다는 입장인 셈이다.

하지만 만 시간의 법칙은 목표를 이루기 위해서는 그만큼의 시간을 할애해야 한다는 뜻이다. 같은 말인 듯하지만 뉘앙스는 다르다. 전자는 우직한 노력을, 후자는 물리(이치)가 트이는 지점을 이야기하고 있기 때문이다.

예를 들어보자. 모 방송사에서 방영하는 〈생활의 달인〉이라는 프로그램을 보면 그야말로 입이 벌어진다. 어떤 사람은 두 손으로 들기도 힘든 타이어를 트럭 위로 던져올려 정확히 제 위치에 쌓는가 하면, 또 어떤 사람은 봉투를 접는 속도가 거의 초음속이다. 이 사람들은 일단 오랜 시간 이 작업에 종사했다는 공통점이 있다. 실제 많은 사람이 10년 이상 같은 일을 해왔다. 만 시간의 법칙이 떠오르는 순간이다.

그런데 그 옆에서 일하는 동료에게 같은 일을 해보라고 하면, 거의 대부분 비슷한 능력을 보이지 못한다. 그 일을 해온 경력이 달인과 비슷하거나 심지어 달인보다 더 오랫동안 작업을 해온 사람도 그런 경우가 많다. 물론 경력이 짧은 사람보다는 월등하지만 소위 달인의 경지에는 이르지 못한 것이다.

그렇다면 달인은 어떻게 일반적인 능력의 한계를 벗어나 다른 사람이 따라오지 못할 만큼 탁월한 능력을 갖게 되었을까? 그것은 바로 재능의 차이에서 비롯된다.

다시 우공이산을 생각해보자. 산을 옮기는 일종의 수양 과정에는 우직한 노력과 끈기가 필요하지만 실제 산을 옮기는 일은 유용성이 없다. 이렇게 당장 실제적인 이익이 없더라도 우직하게 그 일을 하는 자세는 '끈기'의 중요성을 강조해주기는 하지만 다분히 형이상학적이다.

이에 비해 〈생활의 달인〉은 자신이 재능을 가지고 있고 잘할 수 있는 분야에서 꽃봉오리가 터지는 순간에 이르기 위해서는 '재능+노력'이라는 함수가 작용해야 한다는 점을 알기 쉽게 드러내준다. 공부건 일이건 인간이 하는 일에는 모두 꽃봉오리가 터지는 순간이 있다. 다만 거기에 도달하려면 재능과 노력이 결합되어야만 한다. 1만 시간을 노력한다고 누구나 전문가가 될 수 있는 것이 아니고, 반대로 아무리 뛰어난 재능을 가지고 있다 하더라도 노력하지 않는다면 그 역시 전문가가 될 수 없다.

그렇다면 여기서 주요 논점은 노력보다는 오히려 재능이다. 노력은 실천력의 문제여서 자신의 결심에 따라 누구나 할 수 있는 일이다. 하지만 재능은 복잡한 문제다. 자신이 어떤 재능을 가지고 있는지 알기란 쉽지 않다. 심지어 평생토록 자신이 어떤 분야에 재능이 있는지 모르고 사는 사람도 많다.

필자는 멘토링을 받으러 오는 청년들에게 제일 먼저 "당신이 잘할 수 있는 것은 무엇입니까?"라고 묻는다. 반 정도는 우물쭈물 답을 하지 못하고 답을 한 사람의 반은 현재 자신이 익힌 기능을 이야기하고 나머지 반은 자신의 취미나 특기를 말한다. 이처럼 자신의 잠재적 재능을 파악하고 그에 대해 주의깊게 생각해본 사람은 그다지 많지 않다. 안타까운 일이다. 노력할 준비가 되어 있다 하더라도 무엇을 위해 노력할지를 모른다면 그야말로 산을 옮기겠다는 우직한 각오만 되뇌게 될 테니 말이다. 결국 노력과 재능의 문제에서 핵심은 스스로의 재능을 파악하는 것이 우직한 노력보다 우선한다는 것이다.

자신의 잠재력을 스스로 찾아라

청년의 시기에는 누구나 재능 또는 잠재력의 문제를 고민한다. 하지만 끝내 자신의 재능을 발견하지 못하거나 어렴풋이 찾아내더라도 실패에 대한 두려움이 커서 도전을 망설이는 경우가 많다. 이는 자신이 이미 너무 많은 거리를 걸어와버렸다고 생각하기 때문이다. 어린 시절부터 모두 똑같이 주어진 과정에 따라 공부를 해왔고 치열한 스펙경쟁을 벌여왔는데, 나만 뒤늦게 그것을 포기하고 새로운 것을 배우려면 너무 많은 기회비용을 치러야 할 것 같아 선뜻 용기를 내지 못하는 것이다.

설령 대학에 진학할 때 스스로 전공을 선택할 기회가 있었더라도, 자신의 재능보다는 미래의 대가나 전망을 보고 선택했거나 학창시절 성적에 따라 결정한 경우가 다반사다. 그래서 자신의 잠재력을 최대로 발휘할 수 있는 일을 탐색하고 배워볼 기회가 거의 없었던 것이다.

이런 상황에서 사회에 나와 직장인이 되었다면 문제는 더 심각하다. 자신의 선택은 이미 끝나버렸고 수레는 달리기 시작했다고 느끼기 때문이다. 실제 우리는 대부분 이렇게 살아가고 있다. 이것이 바로 우리 교육의 가장 큰 문제점이다.

사람은 설령 그것이 쉽게 드러나지 않는다고 해도 누구나 특정 분야에 잠재력을 지니고 있으므로 효율성과 행복의 측면에서 우리는 당연히 잠재력이 가장 뛰어난 부분에 집중해야 한다. 하지만 우리 사회와 교육은 공부에 재능이 있는 사람만이 자신의 잠재력을 발휘할 수 있는 시스템이다.

사람들은 제각각 손재주, 말재주, 그리는 재주, 쓰는 재주, 공부하는 재주를 가지고 있지만 우리 사회는 공부하는 재주를 가진 사람만 성실근면하고 우수한 자원이라고 말한다. 때문에 다른 분야에 빛나는 재주를 가진 사람들까지 모두 공부라는 재능의 줄에 서서 자신의 재주를 사장시키고 있다. 이는 사회적으로도 엄청난 낭비다. 이런 사회는 공부에 재능이 있는 사람을 제외하고는 모두 실패의 구렁텅이로 몰고 가는 자기파괴적 사회다. 세상은 이미 대량생산의 시대를 지나 각자가 가진 다양한 창의성이 씨줄과 날줄로 엮이면서 새로운 가치를 만들어내고 있다. 이런 시대에 우리는 치명적인 약점을 갖고 있는 셈이다.

우리 사회에서 개인이 공부(스펙)가 아닌 다른 부분에 도전하는 것은 어려운 선택일 수밖에 없다. 용기를 내 도전하기로 결심한다고 해도 우선 자신의 재능과 잠재력을 찾아내기가 쉽지 않다. 실제 우리가 자신의 잠재력을 찾고자 할 때, 자신이 스스로 특정 분야에 재능이 있음을 깨달을 수도 있고 부모나 선생님 혹은 멘토에게 객관적인 조언을 구해 알게 될 수도 있다. 하지만 성인이 다른 사람의 조언을 통해 자신의 재능을 파악하겠다는 생각은 버리는 것이 좋다.

　사람은 각자 다른 우주다. 또 누구나 자신의 눈으로 타인을 바라본다. 따라서 한 사람이 다른 사람의 잠재력을 정말 객관적으로 판단하고 가늠하기란 기본적으로 쉽지 않은 일이다. 물론 이경규 씨는 방송인 강호동의 가능성을 알아보았고, 김연아와 박태환 선수의 부모는 어린 자녀의 재능을 발견했다. 또 다른 사람의 잠재력을 발견하고 다듬어서 꽃봉오리가 터지게 도와준 뛰어난 스승이나 멘토도 있다. 하지만 그것은 대개 우연한 경우거나 스스로 성숙하지 못한

어린 시절에만 가능한 일이다.

　청년의 경우 자신의 잠재력은 자신이 판단하는 것이 옳다. 그러나 이때 자기를 바라보는 인식능력의 부족이 걸림돌로 작용하는데 그것은 우리가 받아온 교육이나 경험의 폭이 너무 좁은 탓이다. 스스로 재능을 발견하기 위해서는 다양한 체험을 하고 그 결과 자신이 능력을 발휘할 수 있는 분야를 알아채는 과정이 필요한데, 현대사회의 복잡하고 분업화된 시스템 속에서 다양한 체험을 하기란 쉬운 일이 아니다. 우리의 일상은 주어진 과제를 해결하기에도 벅차기 때문이다.

잠재력은 체험을 통해 발견된다

　현실이 이렇다 해도 자신의 잠재력을 발견하는 길은 다양한 체험뿐이다. 체험을 통해 성과를 가늠해봄으로써만 자신의 잠재력을 발

견할 수 있다. 피카소 옆에 스케치북이 없었거나 모차르트에게 피아노가 없었다면 지극히 평범하게 삶을 마감했을지도 모른다. 기회를 찾지 않고 기회를 잡을 수는 없는 법이다.

하지만 모든 일을 체험하기란 현실적으로 불가능하다. 이때 중요한 것이 바로 간접체험이다. 광범위한 독서를 통해 다양한 분야를 간접적으로 체험해볼 수 있고, 문화예술을 접함으로써 자신의 영감을 테스트해볼 수도 있으며, 새로운 곳에 여행을 다니고 봉사활동에 참여해서 다양한 사람들과 사귀고 어울리는 재능이 있는지 가늠해볼 수도 있다.

자신의 잠재력을 발견하기 위해 가장 필요한 준비는 호기심이다. 호기심이 없는 사람과의 대화는 편안하지만 한 발도 더 나아가지 못한다. 눈빛만 봐도 마음이 통하는 친구와는 하루종일 대화를 해도 단 한 줄의 영감도 얻을 수 없다. 친구를 만나도 나와 의견이 다르고 같이 있으면 긴장감이 생기는 친구와 만나야 대화하고 토론하면서 창조적 긴장을 유지할 수 있다.

또 늘 즐기던 분야의 책만 읽는다면 그것은 익숙한 놀이지 호기심이 아니다. 간접체험의 여정에 아무런 도움도 되지 않는다. 늘 다니던 곳만 여행한다면 그것은 산책이지 호기심이 아니다. 처음 가본 곳에서 만나는 낯선 환경, 어디를 가야 할지 모르는 당황스러운 상황, 다른 문화와 충돌하고 극복해나가는 경험만이 나에게 새로운 자극을 선물한다.

이렇듯 우리는 호기심을 바탕으로 한 새로운 경험을 통해 체험의 범위를 넓히고, 그렇게 넓어진 체험의 범주 안에서 내 안에 잠재해 있던 영감과 열의 그리고 재능을 발견하게 된다. 우선은 나에게 많은 것을 마주하고 대면할 기회를 주어야 한다. 그 과정에서 우연히 영감의 실마리를 발견하게 되면, 그것이 바로 나의 잠재력을 찾는 순간이다.

이런 노력은 평생을 통해 전개되어야 한다. 설령 나의 재능을 발휘할 기회가 이미 지나갔다 하더라도 그렇다. 예를 들어 내가 그림에 소질이 있다는 사실을 30대 중반에야 발견했다면, 돌아갈 길을 찾을 것이 아니라 나의 그림에 대한 자질을 현재 내가 일하는 분야에 접목할 수 있는 길을 찾아 응용력을 발휘함으로써 지금 나의 길에서 부족한 것을 보충해야 한다. 그것이 바로 융합이다. 또 그렇게 발견한 잠재력이 너무 커서 인생을 걸 만하다고 느껴진다면, 비록 늦었더라도 과감하게 방향을 틀어 도전해볼 수도 있을 것이다. 인생은 바로 자기 자신에 대한 도발이고 혁명이다.

자신을 감동시켜야 진정한 노력이다

간절한 것을 쉽게 가지려 하지 마라. 갈망이 크고 간절한 것일수록 어렵게 얻어야 한다. 간절한 것을 얻고자 기다리고 인내하는 과정에서 내가 성숙한다. 축복은 갈망하던 그것을 얻었다는 사실이 아니라 그 과정에서 정련되고 다듬어진 나 자신을 발견하는 것이다.

최선을 다했다는 말을 함부로 쓰지 마라. 최선이란 자기의 노력이 스스로를 감동시킬 수 있을 때 비로소 쓸 수 있는 말이다.

_ 조정래

일전에 조정래 선생님을 뵈었을 때 필자에게 해주신 말씀이다. 그러고 보면 우리는 노력 혹은 최선이라는 말을 참 자주 쓴다. 하지만 노력에는 경계나 한계가 없다. 사막을 여행하던 사람이 쓰러지는 순간까지 걸었다고 해서 그것을 노력이라고 하지 않는다. 그것은 단지 생존을 위한 투쟁이었을 뿐이다. 천재가 놀라운 발명을 했다고 해서 그것을 노력이라고 하지도 않는다. 대신 재능이라고 할 뿐이다.

스스로를 감동시키는 게 노력이다

그럼 노력의 정의는 무엇일까? 조정래 선생님에 따르면, 어떤 일을 할 때 스스로 감동할 수 있는 단계에 이르렀을 때 비로소 노력이라고 할 수 있다. 노작가의 삶을 대하는 진정성에 경의를 표하지 않을 수 없다.

실제 조정래 선생님은 10년이 넘는 시간 동안 《태백산맥》을 썼다. 하루 원고지 수십 매를 매일매일 적어나간 것이다. 실제 그 일을 해 보지 않은 사람은 그것이 얼마나 어려운 일인지 감을 잡기가 어렵다. 그것은 뼈가 깎이고 살이 터지는 고통이다. 심지어 지금 이 순간 원래 머릿속에 담긴 것을 단순하게 문자로 정리하는 작업을 하고 있는 필자도 탈고가 끝나는 대로 한달쯤 산속에 들어갔다 나오고 싶을 정도로 스트레스가 심한데, 문학을 하는 그분은 아마도 매일매일 아이를 낳는 고통을 겪었을 것이다. 조정래 선생님은 그 과정을 '황홀한 글감옥'이라는 비유로 표현했다. 글을 쓰는 과정을 감옥으로, 창작의 기쁨을 황홀함으로 표현한 셈이다. 10년 이상 자신을 좁은 집필실에 가두고 스스로 감옥에 갇혔다고 생각하며 이루어낸 성과가 《태백산맥》인 것이다. 그래서 그분이 내린 최선에 대한 정의는 우리의 가슴을 울리는 천둥소리가 되는 것이다.

한편 서양작가 헤밍웨이(Ernest Hemingway)는 노력에 대해 이렇게 말했다.

> 사람이 모든 길을 다 갈 수는 없다. 성공은 단지 한 분야에서만 얻을 수 있으며, 우리가 선택한 직업은 일생을 통해 오직 한 개의 인생 목표가 되어야 한다. 그 외의 다른 것들은 모두 이것에 종속되어야만 하는 것이다. 나는 일(직업)을 적당하게 생각하는 것을 싫어한다. 자신의 일은 반드시 최선을 다해야 한다. 만약 내가 선택한 길이 옳다면(그렇게 선택된 것이라면) 대담하게 행해야 한다. 사람이 이상을 가지고 살아간다는 것은 그 자체로서 성공적인 삶이다. 어떤 사람을 강하게 만드는 요인은 그 사람이 하는 일이 아니라 그 일을 하고자 하는 노력이다.

헤밍웨이는 이렇게 노력이란 한 분야를 찾아 앞만 보고 나아가는 것이라고 보았다. 노력의 본질적인 부분을 중시한 셈이다. '목적을 이루기 위해 몸과 마음을 다하여 애를 씀'이라는 사전적 의미에도 충실한 견해다.

그 역시 무모한 노력을 강조하지 않았다. 헤밍웨이는 '자신의 능력을 잘 간파하고, 스스로 그것을 선택했다면'이라는 전제 아래 좌고우면하지 말고 앞만 보며 나가라는 메시지를 던지고 있다. 즉, 자기가 목표한 분야에서 꾸준히 노력하면 언젠가는 물리가 트이고 새로운 인식이 발달하며 그 인식을 새로운 방법으로 실현해가면서 스스로 변화하는 삶을 살게 된다는 것이다. 앞서 말한 광고인 박웅현 씨가 밥 먹을 때는 아무것도 생각하지 않고 밥만 먹는 '개처럼 살자'를 자신의 좌우명으로 삼고 있다고 말한 것도 같은 맥락이다.

이렇듯 노력은 성취와 변화를 위한 필수과정이지만 필연적으로 고통을 수반한다. 노력, 즉 '애씀'이라는 말 자체에는 이미 고통이 전제되어 있다. 노력을 하기 위해서는 다른 즐거운 것들을 포기해야만 하기 때문이다. 그 점에서 보면 "그 외의 다른 것들은 모두 이것에 종속되어야만 하는 것이다."라는 헤밍웨이의 말에 핵심이 숨어 있다.

인간은 기본적으로 쾌락과 안락을 추구한다. 서 있기보다는 앉고 싶어하고, 앉아 있기보다는 눕고 싶어한다. 마시고 노래하는 것 역시 마찬가지다. 하지만 그런 안락과 쾌락을 포기하지 않고서는 인간이 인간다울 수 없다. 그런데 이런 생각은 가끔 회의에 빠질 수 있다. 쾌락주의자들의 주장에 따르면 우리는 어차피 모든 것을 누리기 위해 존재하는데, 우리가 누림을 포기하고 오로지 노력만 한다면 그 인생은 또 다른 측면에서 가치가 없지 않을까?

그 의문에 답하기 위해서는 노력의 의미를 다시 새겨보아야 한다. 세상의 모든 노력은 힘들다. 힘들지 않다면 그것은 노력이 아니다. 하지만 노력은 꿈에 다가가는 과정이기도 하다.

고통에 맞서는 도전은 성장의 과정이다

목표를 가지고 노력하며 살아나가는 것에는 변수가 많다. 내가 'of the world'로서 살아가건 'in the world'로서 살아가건 혹은 'for the world'의 영웅적인 삶으로 살아가건 나는 세상속에서 사는 것이기 때문이다.

아래의 글을 읽어보자.

> 하늘이 어떤 이에게 장차 큰일을 맡기려 할 때는 반드시 먼저 그 마음을 수고롭게 하고 그 근육과 뼈를 지치게 하며 육체를 굶주리게 하고 생활을 곤궁하게 해서 행하는 일이 뜻대로 되지 않도록 가로막는데, 이것은 그의 마음을 움직여 그 성질을 단련시키며 예전에는 도저히 할 수 없었던 일을 더 잘하도록 하기 위함이다. 사람은 언제나 잘못을 저지른 뒤에야 바로잡을 수 있고, 곤란을 당하고 뜻대로 잘 되지 않은 다음에야 분발하고 상황을 알게 되며, 잘못된 신호가 나타난 뒤에야 비로소 깨닫게 된다. 내부적으로 법도 있는 집안은 제대로 보필하는 선비가 없고, 외부적으로 적이나 외환이 없는 나라는 언제나 망하게 된다. 우리는 그 다음에야 우환이 사는 길이고, 안락이 죽는 길임을 알게 되는 것이다.
>
> _《맹자孟子》

사람은 죽을 줄 알면서도 신념을 지키기 위해 끝까지 맞서거나 가치를 위해 목숨을 걸 수 있는 유일한 존재다.

그럼에도 우리는 가끔 이것이 인간의 특징을 규정하는 속성이라는 사실을 잊는다. 맹자는 이에 대해 "신발을 발에 꼭 맞춰 만들지는 못할지라도 그것이 삼태기가 아니라는 것은 알 수 있듯이, 사람이 갖고 있는 불굴의 의지, 고난을 극복하고 나아가려는 에너지도 크기만 다를 뿐 누구나 갖고 있는 사람의 특징"이라고 설명한다.

우리가 자기완성을 위한 도전에 직면한다는 것은 내가 나아가기 위해 스스로 노력하고 있다는 뜻이고, 그것이 고통스럽고 힘들다는 것은 나 스스로 장애물을 넘어서려는 의지를 가지고 있음을 증거한다. 그러므로 우리가 그런 도전과 응전의 과정에서 비로소 성숙하고 발전할 수 있음을 지적하고 있는 것이다.

이 말에 따르면 만약 내가 고민 때문에 고통스럽다면 그 고통은 그것을 넘어서려는 의지의 발현이고 내가 발전을 도모하고 있다는 증거인 셈이다. 역으로 내가 안락하고 고민이 없고 아무런 걸림 없이 편안하다는 것은 이미 내리막이 시작되었거나 혹은 안주하고 있음을 알려주는 신호인 셈이다. 또 시련에 봉착하는 것은 무엇인가 문제가 생겼거나 장벽이 나타났음을 알려주는 파수꾼이다. 하지만 어리석은 사람은 작은 시련이 닥쳤을 때, 그것이 개선과 극복의 대상이라는 사실을 간과해 더 큰 시련에 맞닥뜨리기도 한다.

같은 맥락에서 하인리히법칙(Heinrich's Law)은 많은 점을 시사한다. 트래블러스보험사에서 리스크관리 업무를 맡고 있던 하인리히는 보험사에 보상요청된 산업재해들을 분석해본 결과 일정한 통계적 법칙이 존재함을 밝혔다. 그에 따르면 산업재해로 인한 중상자가 1명 나오기 전에 이미 같은 사유로 29명의 경상자가 발생했고, 또 그 전에 같은 사유로 상해를 입을 뻔했던 잠재적 부상자가 300명 있었다고 한다. 즉, 큰 사고는 우연의 결과로 갑작스럽게 발생하는 것이 아니라 그 전에 이미 그 사고를 경고하는 사소한 사고들이 반복적으로 발생한다는 것이다. 따라서 사소한 문제가 발생했을 때 주의를 기울여 원인을 파악하고 고치면 더 큰 사고를 막을 수 있지만, 작은 사고를 가볍게 여겨 무시하면 나중에 대형참사로 이어진다는 의미다.

  이것은 이후 산업현장뿐 아니라 경제나 사회 일반 혹은 개인의 문제에도 적용되는 중요한 지침이 되었다. 체르노빌이나 후쿠시마 원자력발전소의 사고도 마찬가지다. 그 전에 이미 근무자의 태만으로 냉각수가 흘러나오거나 방사성

폐기물이 일반 쓰레기에 섞여 외부로 유출되는 등 안전불감증과 도덕적 해이가 만연해 있었다고 한다.

이렇듯 우리는 내 주변에서 일어나는 작은 징후들을 짜증스러운 일로 치부하거나 단순히 불운의 연속이라고 생각하고 넘겨버리는 실수를 자주 범한다. 하지만 그것은 나 스스로 개선의 기회를 박차버리는 것과 같다.

실제 사회경제적으로도 이런 일은 자주 반복된다. 최근 우리 사회에서 일어나고 있는 사건들을 보자. 용산화재참사나 쌍용자동차 해고노동자의 연이은 자살, 그리고 한진중공업사태나 명동 마리의 세입자와 용역의 충돌 등은 그동안 강력하게 억압되어온 소수자의 권리 문제가 이미 사회적으로 감당하기 어려운 임계점에 도달했음을 알려주는 신호일 수 있다. 우리가 이런 신호들을 단순히 개별적 분규로만 인식하고 외면한다면 그것은 머지않아 더 큰 문제를 불러올 수도 있다.

개인의 문제도 마찬가지다. 건강에 작은 이상신호가 반복되면 큰

병이 들 조짐이고, 주변에서 불안정한 일들이 연속적으로 발생한다면 큰 위기가 닥칠 징후이며, 친구나 동료들과 자주 대립하게 되면 앞으로 신뢰문제에 큰 위기가 발생할 수 있다는 경고다.

따라서 우리는 늘 자신에게 닥친 작은 시련을 외면하거나 무시하지 말고 반드시 바로잡아 나가야 한다. 사냥꾼은 참새를 잡을 때조차도 최선을 다하듯이, 우리 역시 작은 문제건 큰 문제건 신중하게 원인을 분석하고 하나하나 해결해 나가야만 기회라는 결과가 찾아온다. 어떤 위기가 닥쳤을 때 무조건 그 순간을 모면하려 들지 말고 오히려 나에게 그와 관련된 나쁜 습관은 없는지 점검하고 개선하면서 주변환경을 우호적으로 돌려놓는 계기로 삼아야 한다. 적은 외부에 있다고 믿지만 진짜 큰 적은 내부의 적이다.

자기주도적 선택의 힘

> 선택의 기로에서 어느 쪽이 더 나은 선택인지 확신하기란 쉽지 않다. 하지만 그런 선택의 상황을 자신이 스스로 만들어낸 경우라면 결과가 어떻든 최소한 후회는 남지 않을 것이다.

만약 어리석은 사람이 자신의 어리석음을 깨닫는다면

그가 곧 슬기로운 사람이다.

그러나 어리석은 사람이 스스로 슬기롭다고 생각한다면

그것이야말로 진짜 어리석은 것이다.

_《법구경法句經》

청년 예술가는 있지만 청년 경륜가는 드물다. 청년기에 탁월한 재능을 꽃피우며 예술적 혹은 학문적 업적을 이루는 경우는 종종 있지만 세상을 보는 경륜, 즉 올바른 선택의 안목을 갖기란 쉽지 않다.

젊은이가 큰 성공을 거둔 후 끝까지 잘 갈무리하지 못하거나 잘못된 선택으로 크게 실패하는 경우가 많은 것도 바로 이 때문이다.

선택과 딜레마

그렇다면 우리가 잘못된 선택이 아닌 올바른 선택을 하기 위해서는 어떻게 해야 할까? 그것은 바로 현재의 상황에 안주하지 않고 스스로 늘 새로운 상황을 만들어가는 것, 즉 상황의 노예가 되지 않는 것(independence on situation)이다.

우리의 삶은 선택의 연속이다. 특히 청년기의 선택은 더욱 중요하다. 로켓의 궤도가 1도만 어긋나도 달과 화성만큼의 오차가 생기듯, 청년기의 잘못된 선택은 인생에 큰 오류를 낳는다. 그래서 선택은 늘 딜레마다. 세상의 모든 선택에는 딜레마적 요소가 있고, 그 딜레마는 우리가 피할 수 없는 숙명이다.

선택의 딜레마를 조금이라도 완화할 수 있는 유일한 방법은 선택을 강요받지 않고 스스로 선택할 수 있는 상황을 만들어가는 것이다. 즉, 나를 둘러싼 환경이 나에게 선택을 강요하도록 놔두지 말고, 스스로 상황을 만들어가면서 좋은 선택을 할 수 있는 경우의 수를 다양하게 늘리는 것이 중요하다.

의과대학 시절 필자에게 경제학은 그저 호기심의 대상이었다. 경제학과 친구의 《경제학원론》을 재미삼아 읽으면서 느꼈던 흥미가 시간이 지나면서 큰 호기심을 불러일으켰고 그 관심은 졸업 후에도 계속 이어졌다. 그러던 어느 날 내가 비록 경제에 대한 정규교육을 받지는 않았지만 복잡한 경제학 용어들을 비교적 쉽게 이해하고 또 다른 사람에게 설명하는 데 작은 재능이 있음을 발견하게 되었다.

이때부터 깊은 고민에 빠졌다. 그동안 정규교육을 받고 경력을 쌓아온 의사로서의 삶과 비록 본격적으로 배우지는 않았지만 재능을 발휘할 수 있는 경제분야 전문가로서의 삶 사이에서 선택을 해야 하는 상황이 된 것이다. 이때 필자가 처했던 선택의 상황은 스스로 만든 것이지만, 만약 필자가 의사로서 한계를 느껴 불가피하게 전업을 해야 할 상황에서 다른 선택을 고려하는 것이었다면 그것은 주어진 상황이 된다.

즉, 의학의 길에서 경제를 공부한 것은 나 스스로의 선택이었고, 그로 인해 만나게 된 또 다른 선택의 순간 역시 나 스스로 만들어낸 상황이었다. 그렇기 때문에 이 두 선택 중에 어느 것이 최선이었는지는 모르겠지만, 필자가 그냥 의사로서의 길을 갔더라도 최소한 후회가 되지는 않았을 것이다.

준비와 실천

선택을 했다면 이제부터는 준비와 실천의 문제다. 지금까지는 경제학이 호기심의 대상이었지만 일단 선택한 이상 많은 시간을 할애해서 스스로 인정할 수 있는 수준으로 올라가야 했다. 이때부터는 우공이산식 노력이 필요하다. 낮에는 진료실에서 진료를 하고 밤이나 휴일에만 글을 써 발표하는 것은 취미생활에 불과하다고 생각했다. 그 이상의 성과를 내기 위해서는 무언가를 희생해야 하고 몰입을 하기 위한 준비가 필요했다. 이때 필자의 선택은 달콤한 것들을 버리는 것이었다. 그 선택은 술·담배·골프처럼 시간을 허비하던 것들을 끊고 그렇게 아낀 시간에 체계적으로 경제공부를 하는 실천으로 연결되었다.

그렇게 시간이 지나자 또 다른 선택의 순간이 찾아왔다. 방송국의 경제 관련 프로그램 진행 의뢰, 신문사의 기고 요청, 강연 스케줄이 밀려들기 시작했다. 이제 두 가지 중 하나를 반드시 선택해야 할 상황이 된 것이다. 하지만 이 역시 나 스스로 만든 상황이었기 때문에, 어떤 선택을 하든 혹시 나중에 후회하게 되지 않을까 걱정할 필요는 없었다. 다만 어느 쪽이 인생에서 나를 좀더 쓸모있는 사람으로 만드는 길인가 하는 가치관에 따르기만 하면 되었다.

필자는 무엇 하나 내세울 것 없이 살아온 평범한 사람이고 앞으로도 그럴 것이다. 하지만 내 인생의 선택들은 어쨌든 나 스스로 만들어낸 문항 가운데 선택한 것이지, 다른 사람이 출제한 문제를 푼 것은 아니었기 때문에 후회가 크지 않을 수 있었다.

선택의 기로에서 어느 쪽이 더 나은 선택일지 확신하기란 쉽지 않다. 하지만 그런 상황을 자신이 스스로 만들어낸 경우라면 결과가 어떻든 최소한 후회는 남지 않을 것이다. 반면 선택을 강요받는 상황이라면 어떤 선택을 해도 후회가 남게 된다.

상황에 이끌려 하는 선택은 위험하다

우리의 선택은 대부분 그리스신화에 등장하는 '프로크루스테스의 침대(Procrustean bed)'가 되기 쉽다. 나그네를 집에 데려와서 키가 침대보다 짧으면 다리를 잡아 늘리고 길면 잘랐다는 이 끔찍한 이야기는, 인생의 중요한 선택이 상황에 의해 강요될 경우 우리가 처할 수 있는 난관을 상징한다.

그래서 청년들에게 선택에 대한 질문을 받으면, 무언가 새로운 길을 탐색할 때 무조건 현재를 포기하고 다른 길을 선택할 것이 아니라, 먼저 지금 하는 일에 대한 자신의 노력 부족을 감추기 위해 내가 이 일에 재능이 없거나 재미가 없다고 생각하는 것은 아닌지 생각해 보라고 말한다. 그리고 만약 그럼에도 불구하고 지금의 일이 아닌 다른 일에 도전하겠다는 판단이 선다고 해도 지금 당장 현재를 버리고 그 일에 뛰어들 것이 아니라 현재를 바탕으로 새로운 일을 위한 준비를 충실히 한 다음 선택의 상황에 서라고 조언한다.

계주선수가 바통을 주고받을 때, 달리고 있는 선수는 마지막 스퍼트를 하고 전달받을 선수는 미리 달리기 시작해야 한다. 둘의 속도가 절정에 이른 순간 바통이 전해져야 이길 수 있다. 만약 전해주는 선수가 마지막에 주춤하거나 받는 선수가 제자리에 서서 바통을 받으면 경기를 망치게 된다. 계단을 오르기 위해서는 지금 단을 딛고 서야 다음 단으로 오를 수 있고, 그 다음 단에 안착해야 또 다음 단을 오를 수 있다. 직업이나 전공을 바꾸고 싶을 때나 자신의 재능을 꽃피우기 위해 모험을 시작할 때, 무조건 현재를 포기하고 다른 일에 뛰어드는 것은 내 인생을 걸고 도박을 벌이는 것과 같다. 다른 곳에 뛰어들고 싶다면 그 일을 지금 일보다 더 잘할 수 있을 만큼 준비가 되어 있을 때, 그때가 비로소 선택의 순간인 것이다.

'시간이 없다'는 말은 위선이다. 시간은 늘 충분하다. 단지 우리가 무언가를 포기하지 않기 때문에 새로운 것에 도전할 시간이 없는 것이다. 무언가 새로운 도전을 꿈꾼다면 잠을 희생하든 놀이를 포기하든 달콤하지만 의미없는 일들을 포기하고 새로운 시간을 만들어서 충분히 준비해야 한다. 그래야만 상황을 만들어가면서 후회없는 선택을 할 수 있다. 그리고 만약 선택했다면 산을 옮기는 우공의 태도로 그 일에 몰두하는 것이 진정한 도전이다.

자본의 탐욕이 만든 기회의 상실

지금 우리 시대는 험난한 시대다. 희망의 세대인 청년이 절망하고 사회는 분열되어 증오의 언어들이 난무한다. 원인은 여러 가지고 원인의 원인 역시 복잡하지만 본질은 탐욕 때문이다.

예를 들어 기회의 문제는 자본의 탐욕이다. 누군가 공장을 여러 개 지어 돈을 많이 벌게 되면 그것에 감사하기보다는 새로운 탐욕에 사로잡힌다. 공장을 지키는 일을 남에게 맡기지 않고 내가 경비회사를 하나 차려 그 돈까지 벌고 싶고, 노동자들의 점심값으로 식당에 돈을 주느니 내가 식당을 차려 그 돈도 벌고 싶고, 광고를 맡기느니 그것도 직접 하고 싶고, 나중에는 공장에서 쓰는 문방구도 직접 조달해서 더 많은 돈을 벌고 싶은 탐욕에 빠져드는 것이다.

이렇게 자본이 탐욕에 빠지면 경비일을 하던 사람, 광고를 만들던 사람, 식당을 운영하던 사람, 문방구를 팔던 사람들이 일자리를 잃거나 거기에 취직해서 살아가야 하는 상황이 된다. 사람들이 각자의 꿈을 갖고 도전해볼 기회가 사라지고 모두들 그 앞에 줄을 서서 처분만 기다리는 신세로 전락하는 셈이다.

이렇게 되면 창의성과 열정이 사라진다. 자기사업을 꿈꾸는 경우 열정과 재능만 있으면 도전할 수 있지만 줄을 서서 생존하려면 전혀 다른 것, 이를테면 토익점수와 각종 증명서를 준비해야 한다. 창업자로서의 재능이 아닌, 조직의 일원으로서 무난한 태도를 기르기 위해 자신의 끼를 모두 죽여야 하는 것이다.

우리나라에서 사라진 것이 바로 이런 생태계다. 가장 창의성이 필요한 분야라는 광고분야만 해도 국내 4대그룹은 물론이고, 포스코와 같은 기업까지 계열사를 하나씩 두고 자체적으로 광고를 만들고 있다. 그러니 세계적 광고인을 꿈꾸는 재기 넘치는 청년들이 창의적인 작품으로 PT 한번 해볼 기회조차 갖지 못한 채 광고회사에 입사해서 결재자의 취향에 맞는 광고를 조립·생산하는 노동자가 되고 만다. 게다가 이들은 조직에서 살아남기 위해서 괴짜정신을 버리고 정치력과 조직논리를 갖추기에 급급해야 한다.

우리 사회 전 분야에 이런 고름덩어리들이 자리잡아 청년의 기회를 박탈하고 활력성을 떨어뜨리고 있다. 특히 기업들의 이런 문어발식 확장이 소수 대주주 일가의 부를 늘리고 상속세와 증여세를 면탈하는 도구로 활용되면서 자본의 탐욕은 제동은커녕 점점 강화되는 조짐을 보이고 있다.

이런 상황을 가리켜 에코시스템이 망가졌다고 말한다. 자연생태계가 개발욕구에 밀려 파괴되듯 기회의 가치사슬이 무너진 것이다. 그럼에도 '시장'이라는 이름의 괴물은 그것을 정당화하고, 기업은 이익을 내는 것이 목적이라고 당당하게 말한다. 하지만 기업이 추구해야 할 진정한 목적은 스스로 속한 생태계를 건강하게 유지하고 사회에 기회를 제공함으로써 스스로 사회의 중심이 되는 것이다. 그래야 기업가가 존경받고 자본주의가 발전하게 된다.

청년은 자신이 진정으로 바라는 삶이 이미 많은 사람이 줄지어 가고 있는 길의 끝에 서서 그들과의 경쟁에 몰두하는 것인지, 아니면 새로운 길을 개척하고 그 길 위에서 자유롭게 자신의 뜻을 펼치는 사회의 중심으로 살아갈 것인지 고민해야 한다. 남이 가는 길을 따라가면 종속되지만 남이 가지 않은 길은 험난하다. 당신은 어느 길을 선택할 것인가? 그 답은 당신의 안목이 아니라 그 안목을 바탕으로 자신만의 선택을 할 수 있는 준비를 얼마나 충실히 해왔는가에 달려 있다.

지금 이순간에 집중하라

우리의 인생은 '지금'의 가치를 간과하고 있다. 우리는 늘 과거에 사로잡혀 있거나 미래에 대한 망상으로 가득하다. 지금이라는 것은 찰나이며 섬광처럼 사라지는 존재다. 하지만 사라진 섬광의 다음에는 새로운 섬광이 등장한다. 그래서 우린 언제나 '지금 이 순간'을 살고 있는 것이다.

연극 속의 이야기는 무대 위에서 모두 해결될 수 있어야 관객의 공감을 불러일으킬 수 있다. 현대 연극·영화나 전위예술에서는 관객 스스로가 각자 결말을 유추하게 하는 미완결 구조의 이야기들이 자주 등장하지만 몰입의 관점에서 본다면 그것은 최악의 선택이다. 공감의 측면에서 맥락의 인과관계는 중요한 요소이기 때문이다.

고대 연극에서는 이런 공감부재의 장면이 자주 연출되었다고 한다. 당시 유행했던 장르인 '일리아스, 오뒷세이아'와 같은 거대한 서사를 무대 위에서 한 번에 소화한다는 것은 애당초 불가능한 일이었기 때문이다. 이 문제에 대한 해결사로 등장한 것은 'Deus ex

Machina(기계장치의 신)'인데 무대의 막이 오르고 다음 이야기로 넘어갈 때, 중간에 건너뛴 부분에서 그가 등장한다. 이때 등장한 'Deus ex Machina'가 마치 무성영화의 변사처럼 건너뛴 이야기들, 풀리지 않은 의문들, 출생의 비밀들을 일거에 설명하고 다시 무대 뒤로 사라지면 그제서야 관객들이 다음 이야기를 이해하고 다시 연극에 몰입할 수 있게 되는 것이다.

가장 극적인 인생은 바로 우리 자신이다

인생은 서사시라고도 하고 한편의 연극이라고도 한다. 하지만 이 연극에는 '기계장치의 신'이 없다. 우리의 삶은 그 자체가 구절양장의 곡절이 있는 대하소설이며 삶을 살아온 방식은 각자 다양한 모습을 하고 있다. 세속적인 측면에서 보면 극적인 인생과 평범한 인생이 달리 있는 것처럼 보이지만, 가만히 들여다보면 가장 극적인 인생은 바로 우리 자신이다. 수많은 우연과 우연이 만나 필연이 되고, 온갖 우여곡절을 겪어가며 존재하는 것이 바로 지금의 나이기 때문이다. 그러니 우리는 다른 사람의 파란만장한 삶에 경탄할 일이 아니라, 지금 내 인생의 서사에 주목해야 한다.

그런데 삶이란 서사를 써내려가는 과정은 힘들고 고통스러우며, 때론 권태롭다. 그래서 우리는 가끔 내 삶의 'Deus ex Machina'를 기다린다. 두 시간으로 제한된 연극무대에서 등장해야 할 해결사가 인생이라는 서사가 진행되는 과정에서 자꾸 불려나오는 것이다. 하지만 인생에서 기계장치의 신은 없다. 내 삶에서 자신에게 설명되지 않는 부분도 없고 설명되지 않는 다음도 없는 것이다.

삶도 연극처럼 다양한 구조를 가지고 있다. 비극도 있고 희극도 있다. 처음부터 몰입하는 이야기도 있고 마지막에 뜨거운 눈물을 쏟아내는 감동도 있다. 처음에는 희극이지만 비극적 결말로 마무리하는 경우도 있고 그 반대의 경우도 있다. 하지만 인생이 연극과 다른 점은 작가도 연출도 배우도 관객도 모두 나 자신이라는 점이다. 내 삶의 관객은 바로 나인 셈이다. 따라서 나의 이야기는 남이 아닌 내게 설명되어야 하고 내게 공감되어야 한다. 주연인 내가 플롯의 개연성을 무시하고 편법으로 건너뛰거나 막연한 행운을 기대하면 관객인 나의 호응을 얻을 수 없다. 나는 철저한 주관이자 완전한 객관이다.

지금 이순간 바로 여기, 내 삶이 있다

지금 나의 이야기는 그 이전의 이야기에서 당위성을 얻는다. 우리는 이점을 가끔 잊는다. 지금까지의 내가 바로 내일의 나다. 어제와 오늘의 결과가 바로 내일인 것이다. 그렇다면 내가 내일을 이야기하고 미래를 꿈꾼다면 당장 달라져야 할 것은 바로 오늘이다. 어제는 이미 지나간 역사이고 내일은 미래이며 그 사이의 간극을 메우는 것은 Deus ex Machina가 아닌 'carpe diem(바로 이순간)'인 것이다.

영화 〈죽은 시인의 사회〉의 키팅 선생이 외친 '카르페 디엠(carpe diem)'은 지금을 즐기라는 의미가 아니다. 그것은 바로 '지금 이 순간'이 바로 당신의 미래요, 꿈이라는 의미다. 그런 점에서 우리의 인생은 '지금'의 가치를 너무 간과하고 있다. 우리는 늘 과거에 사로잡혀 있거나 미래에 대한 망상으로 가득 차 있다. 하지만 진짜 중요한 것은 늘 지금이다. 지금은 순식간에 과거가 된다. 지금 이 글을 읽는 독자들도 이 책장을 덮는 순간 바로 과거다. 지금이라는 것은 찰나이며 섬광처럼 사라지는 존재다. 하지만 사라진 섬광의 다음에는 새로운 섬광이 등장한다. 그 섬광과 섬광이 이어지면 어둠을 밝히는 빛이 되고 그 빛의 밝기는 지금 이순간의 섬광과 다음 섬광의 밝기에 달려있다.

그래서 늘 지금 이순간이다.

4장

자기혁명을 위한 배움과 성장

자기만의 색깔로 도전하기

> 버트런드 러셀은 사람을 세 부류의 인간으로 구분했다. 그러나 청년의 도전은 세 부류의 인간형 어디에도 포함되지 않는 네번째 부류, 즉 자신만의 색깔을 가진 도전이어야 한다. 목표 자체를 지워버리지도 않고 자신의 모습을 위장하지 않으며 과대망상하지도 않는 도전이 바로 그것이다.

버트런드 러셀(Bertrand Russell)은 인간을 원죄형, 자아도취형, 과대망상형 인간으로 구분했다. 그동안 많은 심리학자와 교육학자가 마치 혈액형으로 성격을 구분하듯 신뢰성 없는 분류들을 만들어왔지만, 러셀의 이런 구분은 단순하면서도 직관적이어서 고개를 끄떡이게 한다. 다만 러셀이 살았던 당시와 지금의 세상은 다르기 때문에 그 분류법을 그대로 받아들일 수는 없으니, 논지를 현대적으로 재해석하면 다음과 같이 말할 수 있을 것 같다.

세 가지 인간형 _원죄형 인간

먼저 원죄형 인간은 나름의 교육과 도덕률을 알고 있는 우리 보통 사람들의 전형이다. 이들은 어른은 공경해야 하고 질서는 지켜야 하며 다른 사람에게 피해를 입혀서는 안 되고 우정과 사랑은 목숨처럼 지켜야 하는 가치라고 생각한다.

하지만 원죄형 인간은 태생적으로 나약해서 작은 유혹에도 쉽게 금기를 넘어선다. 예를 들어 어떤 가장이 직장일로 접대를 하다가 부적절한 행동을 했다고 가정하자. 아마 국회의사당 앞 안마시술소에서 발견된 수천 장 영수증의 주인공이 그들일 것이다. 그 다음 날 그들은 죄의식에 사로잡힌다. 그것을 해소하는 데 1초가 걸렸건 며칠이 걸렸건, 심지어 자신이 의식하지 못했다 하더라도 그 죄의식은 무의식의 호수에 던져진 납조각처럼 심연에 가라앉게 된다.

그리고 다음 날 자신과 경쟁관계에 있는 동료의 어려움을 무의식적으로 외면했다면 그 미안한 감정 혹은 죄의식이 또다시 납조각으로 가라앉는다. 그 다음 날에는 지하철에서 노인에게 소리 지르는 젊은이를 제지하지 못하고 외면해버린 죄의식이 또 가라앉는다. 그렇게 계속 쌓이면 무의식의 호수는 수위가 넘치기 시작하고 작은 파동이 일며 울렁거린다.

이런 상황에서 퇴근했는데, 아내가 가계부 걱정을 늘어놓으면 버럭 소리를 지르게 된다. 하지만 잠시 후 아내에게 미안한 생각이 들면 죄의식은 절정에 이르고 결국 밖으로 나가 술잔을 기울이며 그것을 잊어버리려고 애쓴다. 하지만 다음 날 이런 악순환은 다시 반복된다.

이런 원죄의식의 대상은 윤리나 도덕률만이 아니다. 결심과 의지에 대해서도 마찬가지다. 거짓말에 대한 원죄의식이 그 원인이다. 종교가 율법으로 거짓말을 금하듯, 사회 역시 안정성을 위해 거짓말을 죄악시하지만 그것은 그만큼 강렬한 유혹이기도 하다. 타인을 기망하는 나쁜 거짓말뿐 아니라 자신과의 약속 혹은 방어기제에 거짓말은 중요한 도피처다. 심리학에서 '신포도 우화'가 중요 방어기제의 하나로 인정되듯, 방어기제란 근본적으로 거짓 혹은 자신에 대한 위선에 해당하기 때문이다. 즉 자신이 결심한 것을 이루지 못한 것에 대한 자책이나 자신을 통제·관리하지 못하는 것에 대한 실망도 원죄의 일부인 것이다.

예를 들어 한 학생이 내일부터 열심히 공부를 하기로 결심했다고 가정하자. 다음 날 친구들의 유혹을 이겨낸 자신의 의지에 도취된 그는 기분이 한껏 고양된 채 책상에 앉았다. 그런데 잠시 후 습관화되지 못한 태도 때문에 거실에 나왔더니 좋아하는 축구경기가 중계되고 있다. 이때 '잠시만, 조금만 더, 전반전까지만, 이 경기만'으로 이어지는 방만함은 결국 그날의 실패를 불러온다. 잠자리에 드는 순간 약속을 지키지 못한 실망에 좌절한 그의 무의식의 호수에 작은 돌멩이가 한 개 떨어진다.

그 다음 날은 수업시간에 졸고, 또 다음 날은 친구들과의 치맥 한 잔에 무너지면서 돌멩이가 계속 가라앉는다. 그렇게 호수의 바닥에 돌멩이가 수북하게 깔리면 드디어 포기라는 극단적인 선택을 하면서 목표 자체를 지워버리게 되는 것이다.

이런 원죄형 인간은 니체가 그렇게나 경멸했던 '나약하지만 심성이 착한' 우리들의 보편적인 모습을 상징한다. 하지만 우리는 살면서 보통 큰 죄나 잘못을 저지르지 않았고 적극적인 범죄나 탈법도 하지 않았기 때문에, 전체적인 내 삶을 도덕적 기준에서 볼 때 일탈은 몰라도 이탈은 아니라고 믿는다. 하지만 그렇게 이탈하지 않았다고 믿는 나는 같은 일탈을 행하는 타인을 이탈로 규정하며 쉽게 돌을 던진다. 자신에게는 느슨한 기준이 타인에게는 강퍅하게 적용되는 것이다. 연예인에 대한 신상 털기, 키보드워리어들이 타인에게 행하는 끔찍하고 가혹하고 잔인한 공세도 스스로는 이탈로 여기지 않기 때문에 행하는 것이다. 하지만 만약 타인이 자신에게 같은 행동을 하면 이탈로 규정하며 극렬하게 반응할 것이다.

이런 의식은 정치사회적으로도 수동과 외면 혹은 방관으로 일관하면서 적당히 눈감고 적당히 외면하게 만든다. 가끔 분노하고 가끔 결심하고 또 가끔 자각하기도 하지만 그것 역시 습관의 변화로 이어져 태도화하기보다는 삶의 호수에 던져진 작은 파장으로 치부하게 된다. 아마 소시민이라고 불리는 우리의 모습이 이럴 것이다.

세 가지 인간형 _자아도취형 인간

두번째, 자아도취형 인간은 약간 비겁한 출세주의자들의 전형적인 모습으로 타인에게 칭송받고 선망받는 것에 관심이 많다. 이들의 모든 행동은 타인의 시선에 초점이 맞춰져 있고, 자신의 자유의지나 갈망보다는 타인에게 비쳐지는 자신의 모습에 관심을 둔다. 그래서 이들은 늘 행복해 보이지만 사실은 불행하다. 경쟁심에 사로잡혀 있고 상대적 우월감을 느끼지 못하는 상황을 견디지 못하며 쉽게 드러나지 않는 내면보다는 겉으로 나타나는 외면에만 신경을 쓴다. 옷과 가방은 명품으로 치장되어야 하고, 약점은 철저히 감추면서 자기를 위장하는 데 급급하다.

자신에 대한 자긍심은 어디서도 찾아볼 수 없다. 자존심은 타인과 비교해서 우월감을 느끼려는 감정이고 자긍심은 자신의 내면적 충족감을 느끼는 것인데, 이들에게 존재하는 것은 자존심뿐이다. 이들은 다양한 페르소나를 가지고 있어서 때에 따라서 겸손이나 선량함으로 위장하기도 한다. 즉 유아적인 자아도취는 외향적 꾸밈이지만, 치밀한 자아도취는 상대에게 인식될 자신의 인상을 고려하는 것이다.

물론 부정적인 면만 있는 것은 아니다. 이렇게 타인에게 받아들여지는 자신의 모습에 도취되는 특징이 허장성세로만 나타나면 평판이나 사회적 기회를 잃어버릴 위험이 크지만, 반대로 긍정적 자아도

취, 즉 타인에게 받아들여질 모습을 지혜롭게 인식하고 그것에 맞추어 자신을 다룰 수 있다면 그것은 사회적 선일 수 있다. 하지만 어떤 경우든 실존적으로는 불행하고 우울증에 빠지기 쉬우며 어느 순간 자신의 성취가 허무한 것으로 인식되어 절망의 한가운데 떨어지기 쉬운 유형이다.

세 가지 인간형 _ 과대망상형 인간

세번째, 과대망상형 인간은 상당히 곤란한 존재다. 그는 자신이 완전하거나 스스로 꾸미지 않아도 약점이 없다고 생각한다. 이런 사람들은 자신과 견해가 다른 사람은 어리석다고 여긴다. 이런 유형의 리더들은 흔히 역사가 자신을 평가할 거라는 터무니없는 장담을 늘어놓곤 한다.

겉으로는 적극적이고 자신감에 넘치며 역동적인 모습으로 비치고, 책임이 주어지지 않았을 경우에는 자신의 과제를 과감하게 처리하는 실천력도 강하다. 하지만 그 결과 성취를 이루거나 작은 힘이라도 리더십을 행사할 수 있는 위치에 오르면 서서히 부작용을 드러내기 시작한다. 그래서 이런 과대망상형 인간은 극단적으로는 히틀러와 무솔리니 같은 독재자나 종교지도자가 되기도 하는데, 사람들은 이런 유형의 성격에 대해 쉽게 지도력을 인정하는 경우가 많다.

하지만 이런 유형의 가장 큰 문제는 마지막에 큰 실패를 겪기 쉽다는 것이다. 완고하고 유연하지 못하며 다른 사람의 의견이나 비판을 받아들이지 못하므로, 절벽을 향해 거침없이 달리는 마차처럼 인생을 벼랑으로 몰고 가기 쉬운 유형이다.

자기만의 색깔로 도전하는 네번째 인간형이 되자

사실 인생에서 성공이란 이전에 99번을 성공했어도 현재 실패했으면 실패고, 과거에 99번을 실패했어도 현재 성공했으면 성공이다. 청년은 미래의 성공을 위해 현재 99번의 실패를 두려워하지 않지만, 필자와 같은 기성세대는 도전의 기회가 적다고 여기므로 한 번의 실패가 두려워 도전을 시작하지 못하고 잔뜩 움츠러들어 있다. 그런데 만약 청년이 한 번의 실패가 두려워 움츠린다면 그는 청년이 아니고, 반대로 기성세대가 실패를 두려워하지 않고 새로운 여정을 시작한다면 그는 아직 청년인 것이다. 다만 기성세대의 도전은 과대망상이 아닌 합리적인 도전이어야 하고, 청년의 도전은 위의 세 유형 어디에도 포함되지 않는 네번째, 즉 자신만의 색깔을 가진 도전이어야 한다.

앞서 세 가지가 아닌 네번째 유형은 주인의식을 가진 사람이다. 우리는 가을바람에 날리는 낙엽처럼 살아간다. 주변의 시선, 주변의 기대, 주변과의 비교 등 늘 외부를 의식하며 자신의 승패를 규정한다. 하지만 승패를 가리는 심판관은 내부에 있다. 설령 우리가 강하

게 불어닥친 태풍에 흔들리고 휘더라도 바닥에 뿌리 내린 갈대가 되어야지, 봄바람에 휘날리는 낙엽이 되어서는 안 된다. 내 가치관을 정립하고 거기에 맞는 삶을 살아가며, 사람과 사회에 관대한 삶을 살아가는 것이다. 그러니 of the world로 살지 않되 for the world도 꿈꿀 필요가 없다. 건강한 시민으로서 나의 삶을 견고하게 유지하는 in the world로 살아가는 것이다. 다만 그 과정 속에서 world가 당신의 삶을 인정하고 당신의 지혜를 구하고 손을 내밀면, 그때 for the world로서의 역할을 고민하면 되는 것이다. 이 길 외에는 우리의 삶이 러셀의 세 가지 분류로부터 벗어날 도리가 없고, 이렇게 함으로써만 당신의 '다름'을 만들 수 있고, 제4의 삶의 유형으로 분류될 수 있다.

경쟁심을 자기발전의 토대로 만들어라

나의 성취나 성공이 오로지 타인과의 경쟁 속에서만 획득된다면 인생은 불행할 수밖에 없다. 그러니 타인에 대한 질투심을 선망으로 바꾸는 노력을 하자. 나보다 나은 사람을 만나는 것에 가슴 떨려본 사람은 그것이 나를 발전시키는 데 얼마나 큰 힘이 되는지 안다.

경쟁은 인간의 본성이고, 우리가 가늠하는 모든 성공과 실패는 절대적이 아닌 상대적인 것이다. 이런 상대성은 인간이 다른 동물과 달리 자연을 지배할 수 있게 된 주요 원인이지만, 대신 인간이 행복할 수 없는 이유이기도 하다.

경쟁심 부추기는 사회

그런데 인간이 원래 상대적 욕망에 충실한 존재라는 가정은 어쩌면 편견일 수 있다. 아이들을 관찰해보면 그들은 절대적 욕망에 충실하다. 예를 들어 유치원에서(요즘은 조숙한 탓에 조금 다를 수도 있겠지만) 아이들이 같이 어울려 노는 것을 보면 과자나 장난감 같은 유형의 것이 아닌 무형의 것들에 대해서는 무관심하다. 그런데 이 아이들이 성장해서 초등학교에 가면 어느 아파트에 사는지, 아버지가 무슨 일을 하는지에 따라 우월감을 느끼고, 때로는 무리를 이뤄 상대적 우열을 가리기도 한다. 즉 사람의 상대적 욕망은 타고나는 것이 아니라 사회가 사회의 발전을 위해 경쟁심을 부추김으로써 학습된 결과일 뿐이다.

그런데 이런 경쟁심은 인간의 무의식에 뿌리를 내리고 평생 감정을 지배한다. 그 결과 사람은 위를 보고 결핍을 느낄 뿐, 아래를 보고 만족을 느끼지 못한다. 평생을 무한경쟁 속에서 허우적거리는 것이다. 경쟁의 결과 생산성과 효율성이 증가하고 발전과 진보가 이루어지는 측면도 있기 때문에, 적당한 상한선만 존재한다면 경쟁심이 사회적인 측면에서 무조건 나쁜 것만은 아니다. 하지만 우리의 경쟁심은 한계가 없고 욕망은 무한한 것이 문제다.

개인적으로 경쟁심은 실존에 치명적인 영향을 미친다. 나의 성취나 성공이 오로지 타인과의 경쟁 속에서만 획득되므로 인생에서 행복감을 느낄 수가 없기 때문이다. 버트런드 러셀은 이에 대해 예리하게 지적했다. 예를 들어 재벌가의 여인들이 운영하는 미술관은 그들의 위세를 빛내기 위해 고가의 미술품을 소장하여 그것의 가액만으로도 압도적인 위용을 자랑하지만, 정작 작품은 그들이 고른 것이 아니라 큐레이터의 안목으로 수집된 것이다. 그들은 미술품을 고르고 즐기고 예술가의 영감을 만남으로써 가슴 떨리는 경험을 하는 것이 아니라, 소위 미술상의 안목에 의존해 돈이 될 수 있는 작품, 나중에 명작이라 불릴 가능성이 있는 미술품의 수집광이 되어 있을 뿐이다. 그러니 그들은 덕수궁 미술관에서 열린 '미국 현대미술전'에서 평생 한 번 만날 수 있는 작품 앞에 서서 보고 싶었던 작품을 만난 기쁨에 가슴이 두근거리는 경험을 해보았을 리 없다.

굳이 재벌가가 아니라도 마찬가지다. 어떤 이는 교양을 쌓기 위해 책을 읽을 때조차 경쟁심을 발동한다. 북컬렉터가 되어 다른 사람에게 자신의 교양을 자랑하거나 블로그에 서평을 올려서 누군가에게 읽히려는 경쟁심에 사로잡히는 것이다. 그렇게 되면 진짜 독서를 통해 자신의 소양을 키우고 삶에 그 지혜를 반영하는 가슴 떨리는 체험을 할 수 없다.

질투를 선망으로 바꾸면 새로운 기회가 열린다

이런 사람들은 타인의 장점을 선망하기보다는 타인의 성과를 질투한다. 질투와 선망은 천지차이임에도 그 차이를 모르는 것이다. 사실 이런 경쟁심을 버리기는 몹시 어렵지만, 질투가 아닌 선망으로 전환하면 새로운 세상이 열린다. 즉, 나보다 나은 사람을 만나는 것에 가슴이 떨려야 한다. 사람은 대부분 자신만의 장점을 가지고 있다. 그래서 어떤 면에서는 내가 낫지만, 다른 사람이 나보다 나은 점도 반드시 있다. 이때 타인의 장점을 질투하면, 그의 장점은 가려지고 약점만 두드러지는데, 이 경우 나는 나를 개선시키거나 긍정적 변화를 이끌어낼 수 있는 기회를 발로 차버린 셈이 된다. 하지만 그것을 선망으로 전환하면, 그 사람의 장점을 내가 긍정적으로 수용함으로써 나를 발전시키는 계기로 삼을 수 있다.

이런 점에서 사람을 많이 만나는 것은 가치를 비교할 수 없는 공부가 된다. 필자 역시 가난한 집안의 아들로 태어나 지방 의대를 졸업한 평범한 의사에 불과하지만, 그나마 조금이라도 사람구실을 하고 이렇게 책이라도 써볼 엄두를 내는 것은 사람과 책을 만나는 것을 가장 큰 공부라 생각했기 때문이다. 가능하면 다른 분야의 사람을 많이 만나 그들의 이야기에 귀를 기울이고, 생소한 분야의 책을 지속적으로 읽었다. 그러면서 그들의 단점을 찾아 어리석게 귀한 시간을 버리기보다, 그들의 장점을 찾아 그가 그런 장점을 갖게 된 이유를 생각하고 본받기 위해 노력해왔다. 그 과정이 정규교육에서는 절대로 얻을 수 없는 타인의 지혜를 염탐하고 훔치는 멋진 기회가 되었던 것이다.

다시 강조하지만 그가 나와 계약을 맺거나 동업을 할 사람이 아니라면 단점을 찾고 그것을 비웃는 어리석은 행동보다, 어떤 부분이건 장점을 찾아 내 것으로 흡수하는 것이 훨씬 유익하다. 그런데 가끔 이런 경우에도 자기함정에 빠질 수 있다. 자기보다 객관적으로 못하다고 여겨지는 사람에게는 관대해서 그의 장점을 칭찬하고 인간적으로 훌륭한 척하면서 정작 자신보다 낫다고 생각하는 사람을 대상으로는 질시하고 투기하며 인정하지 못하는 경우가 있는데, 그것은 가장 나쁜 행동이다.

한 가지 더, 그가 큰 성취를 이루긴 했지만 나보다 나은 점이 보이지 않아 더 질투가 나는 경우도 있을 수 있다. 이때에는 그의 성취를 단지 운이나 과대포장의 결과로 여기지 말고, 오히려 그렇게 내 눈에 보잘것없어 보임에도 불구하고 그런 위치에 올라갈 수 있었던 그만의 장점이 무엇인지 발견조차 못하는 나의 안목에 문제가 있다는 생각을 하고, 그의 성취에 진심어린 경외를 보여야 한다. 이렇게 상대를 경외하고 선망하는 마음을 갖는 것이 바로 진정한 겸손이며, 이로써 타인의 마음을 움직일 수 있다는 사실을 기억해두자.

청년에게 예의가 필요한 이유

예의 매뉴얼을 어릴 때부터 몸에 익히는 것은 삶에서 중요한 태도를 형성한다.
예는 좋든 싫든 해야만 하는 것을 하게 하는 것이고, 그것을 통해 내키지 않지만 할 일은 해야만 하는
태도와 인내심이 만들어지며, 이런 인내의 바탕 위에서 자신을 견제하고 다스리는 일에 능해진다.

예의를 중시하는 우리 문화는 의전의 문제와 맞닿아 있다. 하지만 제대로 된 예의와 과도한 의전은 완전히 다르다. 예의란 아랫사람이 자발적으로 지키는 형식임에도 불구하고, 그것을 규격화하고 강요하는 것이 의전이다.

공자가 생전에 가장 싫어한 두 부류의 사람이 있는데, 바로 향원과 예의 없는 사람이었다. 여기서 향원(鄕愿)이란 겉으로는 정의롭고 현명하며 바른말을 하지만 실천하지 않는 사람을 가리키는데, 공자는 잠시 나랏일을 맡았을 때 '향원을 죽이라'는 살벌한 명령을 내릴 만큼 향원을 싫어했다.

공자가 향원 다음으로 나쁘게 본 부류가 예의 없는 사람이었다. 알다시피 공자는 예악(禮樂)을 중시했는데, 그것은 훗날 유교의 폐단으로 여겨질 정도였다. 공자가 이처럼 예의에 주목했던 것은, 그것이 바로 자기완성의 매뉴얼이었기 때문이다.

공자가 말한 군군신신부부자자(君君臣臣父父子子)는 '임금은 임금답고 신하는 신하답고 아버지는 아버지답고 아들은 아들다워야 한다'는 뜻으로 '다움'의 중요성을 강조하고 있다.

하지만 이 '다움'은 그리 간단한 문제가 아니다. 우리가 가진 다움의 기준이 전부 다르기 때문이다. 어떤 이가 보기에는 세상에 둘도 없는 효자가 다른 사람이 보기에는 불효막심한 사람일 수도 있는 것이다. 그래서 공자는 아예 어릴 때부터 예를 교육하는 것을 최우선으로 삼았다. '부모가 돌아가시고 3년상을 해야 하는가?'라는 질문에, 부모가 너를 키운 기간이 얼마인데 고작 그것도 하지 못하느냐고 공박하기도 했다.

중요한 것은 공자가 중시한 것이 허례허식, 가장된 슬픔과 질서가 아니었다는 점이다. 공자는 인내와 같은 내면단련의 방법으로 예를 중시한 것이다. 유교의 예는 절차가 까다롭다. 소위 매뉴얼이 복잡한 것이다. 심지어 인목대비가 죽었을 때 장자가 아닌 차자인 임금이 3년상을 해야 하느냐 마느냐로 피비린내 나는 사화가 발생했을 정도로 그 절차가 복잡했다.

하지만 이런 예의 매뉴얼을 어릴 때부터 몸에 익히는 것은 삶에서 중요한 태도를 형성한다. 이는 어릴 때부터 참고 통제하는 습관을 익히는 것이고, 그렇게 예가 갖추어져야 비로소 공부가 가능하다고 공자는 생각했다. 즉 예는 좋든 싫든 해야만 하는 것을 하게 하는 것이고 그것을 통해 내키지 않지만 할 일은 하는 태도와 인내심이 길러지며, 이런 인내의 바탕 위에서 비로소 자신을 견제하고 다스릴 수 있게 된다는 것이다.

따라서 예를 배우지 못하면 자제력과 인내심이 떨어지는 것은 당연한 일이다. 다만 예가 본래의 목적을 넘어 위세를 과시하는 데 이용되거나, 공자 이후의 시대처럼 그것이 목적으로 바뀌면 부작용이 나타나게 된다.

지금 우리 시대는 예의 중요성이 완전히 경시되어 인내심과 자제력을 기를 수단을 상실해버렸다. 타인에 대한 배려를 배우지 못한 아이들은 음식점에서 마구 뛰어다니고, 스승에 대한 예를 익히지 못한 아이들은 체벌이 없으면 스스로를 정돈하지 못한다. 예 교육이 가정과 사회에서 실종되면서 우리 아이들의 참을성과 배려, 인내심도 사라져버린 것이다.

예는 좋은 교육에 의해 자발적으로 생성되는 것이므로 강요될 수 없고 강요되어서도 안 된다. 예는 타인에게 나를 대하는 방식을 강요하는 것이 아니라 타인을 향한 나의 습관화된 태도의 일종이다.

안과 밖의 태도가 나를 말해준다

대개 자신의 능력을 효과적으로 발휘하는 사람들의 주변은 단정하다. 환경에서 이미 나의 마음가짐이 드러나는 것이다. 그것은 역으로 마음가짐을 다잡기 위해서 해야 할 가장 우선순위의 일은 혈서를 쓰는 것이 아니라 책상정리, 자세 바로하기와 같은 습관의 변화라는 의미다.

아우라(Aura)는 후광, 광채 등의 의미가 있는 그리스어. 종교에서 예배 대상물의 장엄함을 나타내는 용어였으나 인체와 관련하여 언급할 때 아우라는 신체에서 발산되는 보이지 않는 기나 은은한 향기 혹은 사람이나 물건을 에워싸고 있는 고유의 분위기를 뜻한다. 미술에서는 독일 평론가 발터 벤야민(Walter Benjamin, 1892~1940)의 복제예술에 대한 이론을 통해 널리 알려졌는데, 그는 예술작품의 원본이 지니는 시간과 공간에서의 유일한 현존성에서 도출되는 아우라를 말하면서, 그것을 '아무리 가까워도 아득히 멀리 존재하는 것의 한 번뿐인 현상'이라 하였다.

_ 박연선, 《색채용어사전》

앞서 설명한 애티튜드를 한마디로 정의하면, 좋은 습관을 만드는 자세라고 할 수 있다. 우리 몸에는 크든 작든 나쁜 습관들이 찌꺼기처럼 덕지덕지 붙어 있기 때문에 어떤 일을 하든 그 나쁜 습관의 찌꺼기가 나를 방해한다.

예를 들어 어떤 사람은 저녁에 집에 가면 무조건 TV부터 틀고 소파에 드러눕는 습관이 있고, 또 어떤 사람은 책상에 앉으면 일단 컴퓨터부터 켜고 실시간검색어를 모두 눌러본 후에야 다른 일을 시작한다. 또 내일 아침 일찍 출근해야 하는 직장인이 잠자리에 누우면서 스마트폰을 잡고, 퇴근할 때는 누군가를 붙들고 "한잔 어때?"를 남발하며 술친구를 찾는다. 모두 나쁜 습관의 찌꺼기들이다.

TV를 본다면 보고 싶은 프로그램이 있거나 그것을 통한 휴식이나 위로가 다른 것을 희생할 만큼 가치가 있어야 한다. 컴퓨터를 켤 때는 정보를 얻거나 작업을 할 이유가 있어야 하며, 술자리를 가질 때는 그만 한 사정이 있어야 한다. 하지만 우리는 늘 그렇듯 습관의 관성에 빠져 다른 일은 엄두도 내지 못하고 매일 같은 일을 반복한다.

이런 사람에게는 아우라가 없다. 사람은 누구나 고유한 분위기가 있지만, 그것이 다른 사람의 긍정적인 호기심을 이끌어낼 만한 특성이 없을 때는 아우라라 부를 수 없는 것이다. 아우라는 앞의 인용문에서 설명하듯 '신체에서 발산되는 보이지 않는 기나 은은한 향기 혹은 사람이나 물건을 에워싸고 있는 고유의 분위기'다. 습관적인 타성에 젖은 사람에게서 기나 향기가 느껴질 리 없다.

자기만의 아우라를 만들어보자

사람의 특징은 다른 사람과 차별적인 무엇을 갖는 것이다. 얼굴이 다르고 지문이 다르고 목소리가 다르고 몸집이 다르듯 사람은 누구나 각자의 개성이 있다. 하지만 이런 것들은 태생적으로 타고나는 것이어서 내가 관계할 수 없다. 성형을 하거나 운동을 해서 가꿀 수는 있겠지만, 그것은 어디까지나 보이는 것일 뿐 느껴지는 것은 아니다. 보이는 매력은 금세 식상하거나 권태를 느끼게 되지만, 보이지 않는 특징은 쉬이 권태를 느끼지 않는다.

아우라는 나에 대한 타인의 관대함을 이끌어낸다. 어떤 사람에게 그만의 독특한 아우라가 있다면 우리는 그를 존경하거나 존중하고 때로는 그를 위해 무언가 기꺼이 도와주고 싶어진다. 아우라는 한 가지 장점이 아닌, 사람을 대하는 정중하고 우아한 태도와 미소, 일을 처리하는 열정과 집중력, 언어에서 느껴지는 신뢰감 등 여러 가지 요소가 결합되어 나타나므로 좋은 습관들이 오랜 시간에 걸쳐 쌓인 퇴적물과 같다.

얼마 전 일본여행을 갔을 때, 문을 연 지 500년이나 되었다는 소바(메밀국수)집을 간 적이 있다. 실제 500년이 되었는지 확인할 도리는 없었지만 아버지가 아들에게, 다시 그 아들에게 이어지다가 대가 끊기면 종업원이 잇고 다시 그 아들이 이어왔다고 했다.

잔뜩 기대를 하고 찾아간 그 소바집은 생각보다 작았지만 주인의 정중한 응대와 관록이 묻어나는 내부구조, 그리고 무엇보다 정갈한 상차림이 어우러져 묘한 아우라를 풍겼다. 음식도 마찬가지였다. 아무리 오래되었다고 해도 기껏해야 국수 한 그릇인데 뭐 그리 대단할까 싶었지만, 막상 젓가락을 들고 맛을 보니 왜 이 집이 그토록 오랫동안 대를 이어올 수 있었는지 금세 알 수 있었다. 국수나 쓰유, 그 외 간단한 차림이 각각은 특별히 두드러진 점이 없었지만 작은 차이들이 모여 하나가 된 시너지는 손님을 감동시키는 매력이 있었다.

이렇게 작은 식당 하나에도 고유의 분위기가 있듯 사람은 각자 다른 분위기를 가지고 있다. 하지만 그것을 가리켜 모두 '아우라가 있다'고는 말하지 않는다.

하지만 아우라가 있는 사람이 있다는 것은 안다. 또 좋은 태도는 여러 가지 좋은 습관들을 만들어내고, 그 습관들이 하나가 되어 시너지를 일으킬 때 아우라가 나온다는 것도 안다. 우리에게는 이것이 쉽게 할 수 없는 일이기 때문에 늘 숙제다. 하지만 청년은 시작할 수 있다. 일찍부터 나쁜 습관의 찌꺼기를 몸에서 털어내고 좋은 태도를 통해 좋은 습관을 몸에 익히기 시작하는 것이다.

앞서 말했듯 청년들을 만나서 멘토링을 할 때 자신의 장점 열 가지와 단점 열 가지를 적어보라고 하면 단점이 압도적으로 많이 나온다. 하지만 사람은 사회적 학습의 결과 단점보다는 장점이 많은 것이 당연하다. 그만큼 내심으로는 다들 자신에게 엄격한 셈이다.

아우라는 바로 이런 단점들이 제거된 상태다. 즉 자신의 삶에서 단점들이 제거된다는 것은 삶에 자신감이 있다는 뜻이고 자신의 장점이 고스란히 드러난다는 의미다. 마치 진흙이 묻은 구슬처럼 장점이 햇살에 드러나는 반짝이는 상태가 바로 아우라인 것이다. 자신의 내면에서 발휘된 이러한 발전은 외면적인 능력을 강화하고 타인의 관대함을 이끌어낸다. 기억해두자. 당신은 장점 덩어리다.

태도는 외부 자극의 영향을 받는다

환경은 사람에게 많은 영향을 미친다. 우리는 문제해결의 단초를 대개 나에게서 찾는다. 나름대로 좋은 습관이지만, 그렇다고 무조건 옳은 것은 아니다. 사람의 태도는 외부 자극에 대한 대응방식이 습관화된 것이므로, 나의 문제에만 몰두해서는 출가를 하거나 외부 자극에 대한 관심을 아예 거두는 극단적 선택을 하지 않는 한 문제를 해결할 수가 없다.

일본에 가보면 몇 가지 인상적인 장면이 있는데, 그중 하나가 트럭이다. 일본의 트럭은 깨끗하다 못해 현란하다. 어지간한 트레일러나 덤프트럭은 스테인리스로 외관을 튜닝했고, 트럭기사들은 마치 페라리를 다루듯 트럭을 매만진다. 실용적인 눈으로 보면 터무니없다.

어차피 물건을 싣는 짐차일 뿐인데 많은 돈을 들여 개조하고 반짝반짝 세차를 해서 다니는 모습이 그들 특유의 오타쿠 문화 같아서 우스워 보이기도 한다. 하지만 다른 한편으로 보면 그들은 자신의 삶에서 중요한 점을 간과하지 않고 있는 것이다.

사회인이 되면 삶의 대부분을 일터에서 보내게 된다. 잠자는 시간을 제외하면 휴일을 아무리 알차게 보내더라도 집에 있는 시간보다 일터에서 보내는 시간이 더 많다. 때문에 내가 작업하는 환경은 온전히 내 삶의 중요한 부분인 것이다. 직장인의 경우 회사에서 제공하는 환경에 따를 수밖에 없지만, 개인은 트럭기사건 작은 라멘집 주인이건 자신의 환경을 스스로 만들 수 있다. 그래서 지나치리만큼 깨끗하고 기분좋은 작업환경을 조성하는 것이 일본 특유의 클린문화로 정착된 것 같다.

관념이 아닌 관성이 태도를 만든다

태도는 환경의 중요한 요소다. 대개 자신의 능력을 효과적으로 발휘하는 사람들의 주변은 단정하다. 도서관에서 공부하는 학생들의 모습을 보면 멀리서 봐도 누가 우수한 학생인지 금세 알 수 있다. 강연을 가서 강당에 앉아 있는 학생들의 자세를 보면 어떤 학생이 집중해서 강연을 잘 들을지 1분 안에 파악할 수 있다. 심지어 단체세미나에 초대받아 강연을 하게 될 경우, 그 구성원들의 표정이나 앉음

새만 봐도 이 단체의 창의성이나 효율성이 어느 정도인지 짐작할 수 있다.

이처럼 자세와 주변의 모습에 나의 마음가짐이 드러난다. 그것은 역으로 마음가짐을 다잡기 위해서 가장 먼저 해야 할 일은 혈서를 쓰는 것이 아니라, 책상정리, 작은 화분 하나 키우기, 자세 바로하기, 좋은 언어 골라 사용하기 같은 습관의 변화가 더 중요하다는 의미가 된다. 우리는 너무 관념적인 것을 선호한다. 무언가 목표를 세우면 이를 깨물고 실행할 다짐을 하고 산에 올라 일출을 보면서 "그래, 결심했어!"를 외치지만 그 결심은 며칠도 안 돼 오뉴월의 아이스크림처럼 녹아내리기 일쑤다. 왜 그럴까? 관념은 허무한 것이기 때문이다.

관념이 나의 행동을 지배하는 것이 아니다. 평소에 해오던 습관이 관성이 되고, 관성이 태도를 만드는 것이다. 따라서 태도의 작은 변화를 이끌어내기 위한 환경을 조성하는 게 사실은 더 실효성 있는 실천의지인 것이다.

공부를 열심히 하겠다고 마음먹은 학생의 우선순위는 구호를 외치는 것이 아니라 책상을 정리하고 주변에서 자신을 유혹하는 것들을 없애고 책상에 앉을 때 의자를 당겨앉는 것이다. 또 직장에서 성과를 내고 싶으면 책상에 작은 선인장을 하나 놓고 볼펜과 메모지부터 정리하는 것이 우선이다.

이미 성장을 멈춘 부자나라 일본의 트럭기사들은 자신의 삶에서 발전보다 쾌적함이 더 중요한 가치라고 여겨 매일 트럭을 청소하는 것이지만, 미래를 향한 꿈과 열정이 가득한 우리나라의 청춘들은 당장 자신의 몸가짐과 주변환경을 정돈하고 사회적으로도 좋은 환경을 만들어 나감으로써 능력의 최대치를 이끌어내는 첫걸음을 시작해야 할 것이다.

시간의 가치는 밀도가 결정한다

태어나는 순간 모든 인간의 가능성은 100퍼센트다.
시간이 흐르면서 가능성은 줄어드는데 줄어든 가능성은 성취로 보상된다.
이때 성취는 시간을 어떻게 사용해왔는가에 의해 달라진다.

사랑하는 여러분, 이 한 가지를 간과해서는 안 됩니다. 주님께는 하루가 천년 같고 천년이 하루 같습니다.

_《성경》, 베드로의 두번째 서간

이 구절은 우리가 시간에 대해 갖고 있는 고정된 생각을 뒤흔든다. '하루가 천년 같고 천년이 하루 같다'는 말은 3차원적 사고에 익숙한 우리에게 '시간'이라는 개념에 대한 초월적 시각을 제시한다.

시간은 직선이 아니라 곡선이다

우리의 직선적 시간관은 '물리적 시간은 속도에 따라 달라진다'는 아인슈타인의 상대성원리에 의해 이미 부정된 바 있다. 물론 최근 들어 운동이 빛의 속도를 넘어설 수 없다는 점이 증명되기는 했지만, 그래도 만약 빛의 속도로 나는 우주선이 존재한다면 그 안에서 시간은 정지될 것이다.

그렇다면 우리가 말하는 시간은 대체 무엇일까? '시계시간'이라 불리는 절대적 시간은 모두에게 똑같이 적용될까 아니면 다르게 적용되고 있을까? 또 운동량이 엄청난 하루살이의 수명인 하루와 운동이 느린 거북의 수명인 300년은 물리적으로 같은 시간일까? 이런 의문들만 모아봐도 시간이 우리가 습관적으로 생각하는 단순한 개념이 아닌 것은 분명해 보인다.

일단 우리가 알고 있는 시계시간이 사회화의 결과물이라는 것은 분명하다. 우리가 시간을 의식하고 시계를 보고 날짜를 세는 이유는 출근, 등교, 약속, 일을 하는 데 필요하기 때문이다. 지구의 자전주기를 중심으로 결정되는 '시간'이라는 녀석을 굳이 시차변경까지 해가면서 전세계가 단일체제로 고정하는 이유 역시 인간의 이동이 국경을 넘어 세계화된 탓일 것이다. 우리가 모두 자기 동네에서만 살아간다면 시차라는 개념은 존재할 필요도 없을 테니 말이다.

반대로 사회화된 나 혹은 사회적 인간으로서의 내가 아닌 내면화된 나에게는 이런 시계시간이 무의미하다. 사회가 아닌 독립적인 나를 상정한다면 시간은 그다지 필요한 개념이 아니기 때문이다. 하지만 우리는 사회적 습관인 시간에 얽매여 내면화된 나에게도 시간의 강박을 강요하고 있다.

출근을 하고 다른 사람과 약속을 잡기 위해서는 시계시간이 중요하지만 혼자서 명상을 하거나 공부할 때까지 시계시간에 따라 목표를 세워 거기에 속박될 이유는 없다. 이 경우 시간은 내 기억의 퇴적층일 뿐이다. 오래된 과거 위에 새로운 과거가 쌓이고, 그 과거 위에 현재가 또 다른 과거가 되는 과정이 시간이다. 사회적 내가 아닌 내면화된 나의 입장에서 과거는 똑딱이는 시곗바늘이 아니라 겹겹이 쌓아올린 삶의 흔적이다.

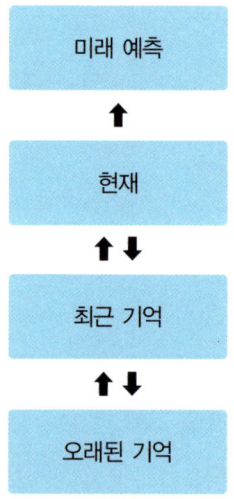

앞의 그림처럼 인간의 의식구조는 과거의 흔적들과 관계하는 현재, 그리고 과거와 현재의 관계를 기반으로 예측하는 미래로 구성된다. 따라서 시계시간으로 보면 모든 사람에게 시간은 동일하지만 그 째깍거리는 시곗바늘 사이를 채우는 밀도는 사람마다 다를 수밖에 없다. 시계가 없어도 우리는 시간이 흐르는 것을 저절로 알게 된다. 앞의 그림처럼 과거의 기억들이 사건의 순번을 정해 나의 기억에 담기고 그 기억의 바탕 위에 현재가 새로운 과거로 누적되며, 이런 과거와 현재의 관계가 자연스럽게 미래를 예상하게 하기 때문이다.

현재에 몰두하면(과거와 미래라는 의식이 존재하지 않으면) 시간은 온전하게 현재 그 자체일 뿐이지만, 문득 정신이 들어 주변을 돌아보며 과거를 비교하고 미래를 떠올리면서 시간이 흘렀다는 사실을 자각하게 되는 것이다. 이것이 도낏자루가 썩는 원리다.

예를 들어 기차를 놓칠까봐 꽉 막힌 도로의 택시 안에서 초조하게 마음을 태우면 시간은 번개처럼 빨리 지나가지만, 일찍 도착해서 기차가 출발하기를 기다리면 시간은 느릿느릿 지루하게 흘러간다. 이렇게 내가 인식하는 시간의 속도는 늘 다른데 이때 시간의 밀도를 결정하는 것은 집중이다. 어떤 일에 골똘하게 몰두하면 시간은 쏜살같이 흐르지만 망상에 사로잡혀 빈둥거리면 시간은 느리게 흘러간다. 또 재미있는 일을 하면 시간은 화살이지만 재미없는 일을 할 때 시간의 흐름은 더디기만 하다.

그러니 시간은 직선이 아니라 곡선이다. 어떤 사람은 시간을 아코

디언처럼 접어서 밀도를 높이지만 어떤 이는 엿가락처럼 늘려서 밀도를 낮춘다. 시계시간으로는 똑같은 시간이지만 내용은 완전히 다르다. 인간의 평균수명이 80년이라고 해도 그것은 시계시간의 문제일 뿐, 각자의 실제 삶의 길이는 열 배 또는 백 배의 차이가 날 수도 있다.

시간의 가치는 집중력과 밀도에서 온다

삶의 태도에서도 마찬가지다. 필자는 '시간이 없어서'라고 변명하는 사람을 가장 싫어한다. 해야 할 일을 하는데 시간이 부족하다면 그것은 곧 나태함이다. 시간은 누구든 열 배, 백 배로 압축할 수 있다. 파편처럼 흩어져버리는 수많은 시간의 조각과 망상의 시간을 붙들거나 정돈함으로써 더 많은 시간을 낼 수 있으며, 집중력과 밀도를 높임으로써 시간의 효율성을 제고할 수 있기 때문이다.

같은 맥락에서 "나이는 숫자에 불과하다."는 말 역시 진리다. 시계시간으로 나이라는 개념은 모임의 상석에 앉거나 주민등록증을 만드는 데 필요한 사회화된 기준일 뿐, 내면화된 나의 관점에서는 의미가 없다. 그런 점에서 '서른 살이 되기 전에 해야 할 100가지' 등의 이야기는 내면적인 것을 사회화시켜 불안감을 파는 시간장사꾼들의 불안마케팅에 불과하다.

우리는 시간을 대할 때 사회화된 나로서 의식해야 할 시간과 내면화된 나로서 의식해야 할 시간의 개념을 구분하고, 시간의 밀도를 높이는 일과 파편처럼 흩어진 시간들을 질서있게 배열하는 데 관심을 두어야 한다.

한편 시간을 재화라는 측면에서 보면 황후장상의 아들이건 노동자의 아들이건 시간은 모두에게 공평하게 주어진 민주적인 재화다. 만약 신이 모두에게 시간을 공평하게 주지 않고 부와 명예에 따라 다르게 주었거나 사고팔 수 있게 했다면 세상은 아마 지금과 사뭇 다른 모습일 것이다. 시간은 누구에게나 한정돼 있고 또 흘러간다. 지금 이 글을 쓰는 필자도, 이 글을 읽는 독자도 마찬가지다.

그리고 우리는 모두 언젠가 끝을 맞이한다. 시간의 끝인 죽음은 인간으로 하여금 겸허하게 살도록 만드는 축복이라고 할 수 있다. 만약 생명이 1,000년쯤 되거나 혹은 돈으로 살 수 있는 것이라면 워런 버핏(Warren Edward Buffett)의 기부도 빌 게이츠(William H. Gates)의 자선도 없었을 것이다. 또 자신의 삶을 반성하는 계기도 사라지며 아마도 종교마저 존재하지 않는 끔찍한 세상이 되었을 것이다. 시간은 곧 자연의 질서다. 인간의 태어남과 죽음 역시 질서일 뿐이다. 시계가 없을 때도 사람은 태어났고, 나이를 셀 수 없을 때도 사람은 죽었다.

이렇게 습관화된 시계시간의 관점에서 벗어나보면 시간은 곧 가능성의 크기라고 할 수 있다. 태어나는 순간 모든 인간의 가능성은 100퍼센트다. 외적 환경에 따라 조건이 다를 수는 있지만, 어쨌든 인간의 가능성이 최대인 때가 출생시점인 것은 분명하다. 그리고 시간의 흐름과 비례해서 그 가능성은 축소된다. 태어나는 순간 나는 무엇이든 될 수 있는 가능성을 가진 존재였지만 성장하는 과정에서 가능성은 서서히 줄어든다. 학창시절을 거치면 대폭 줄어들고 청년기를 지나면 더욱더 작아진다. 장년기에 접어들면 가능성은 거의 숨을 쉬지 못할 만큼 고정되고, 노년을 거쳐 숨을 거두는 순간 나의 가능성은 0이 된다.

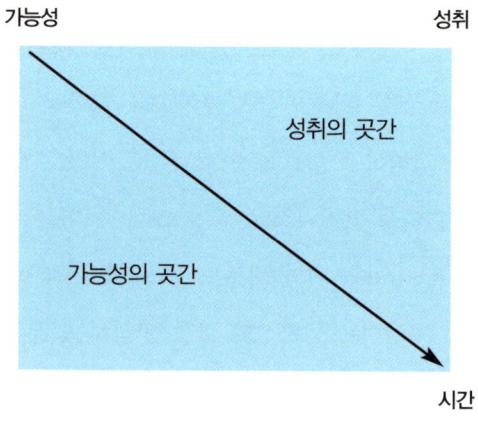

위 그림처럼 가능성은 내 삶의 흐름에 따라 점차 우하향하지만, 이때 줄어드는 가능성은 성취로 보상된다. 가능성이 줄어드는 만큼 그동안 이룬 성취가 그 자리를 채우는 것이다. 열 살이 되어 가능성이 10퍼센트 줄어들었다면 그동안 받은 교육과 학습이 그 자리를 대신하고, 서른 살이 되어 가능성의 곳간이 50퍼센트로 줄어들었다면 그

대신 경험과 지혜라는 성취의 곳간이 그만큼 차 있는 것이다. 이렇게 시간이 흐르면서 성취의 곳간은 점점 커진다. 즉 시간에 따라 가능성은 감소하고 성취는 증가하는 것이다.

이때 문제가 되는 것은 곳간이다. 누군가는 감소한 가능성보다 더 많은 성취로 곳간을 채웠을 것이고, 누군가는 가능성의 감소에 비해 턱없이 적은 성취를 곳간에 채웠을 것이다. 성취의 곳간에 쌓인 곡식의 차이는 내가 시계시간에만 의지해서 살아왔는지, 시간을 아코디언처럼 차곡차곡 접어가며 밀도있게 살아왔는지에 따라 달라질 것이다.

자기관리의 출발은 나태와 태만의 찌꺼기를 버리는 것

우주론자들은 우주는 빅뱅에서 시작되었다고 말하는데, 그럼 빅뱅 이전에는 무엇이 있었는가? 이 질문의 답은 당연히 '아무것도 없었다'다. 빅뱅 전에 아무것도 없었다는 것은 빈 공간, 즉 단조로운 진공상태의 공간만 존재했다는 뜻이고, 아무것도 존재하지 않고 시간만 존재하는 그런 공간을 상상해야 한다. 소위 영겁의 시간만이 존재하는 그런 상태다.

그런데 그런 영겁의 시간에 변화를 일으킨 동기는 무엇인가? 아무것도 변화하지 않고 존재가 없는 상황에서 왜 갑자기 폭발이 일어났을까? 폭발 이후 우주시간, 즉 시계시간이 째깍째깍 작동하기 시작한 것이라면, 그때 빅뱅 이전의 영겁의 시간 자체도 지금 시간의 개념으로 볼 때는 아무런 시간도 존재하지 않았다고 보아야 한다.

_ 로빈 르 푸아드뱅

《시간에 대한 거의 모든 것들 The Discovery of Time》의 저자 푸아드뱅(Robin Le Poidevin)에 따르면 빅뱅이 0년 0시의 출발점이라면 사건의 시작과 시간의 시작은 같다. 그렇다면 시간의 종말은 무엇일까? 바로 아무것도 변화하지 않는 그 순간을 의미한다. 시간은 무엇인가? 변화의 시작에서 변화의 끝을 향해 달리는 말과 같다. 인간의 생명도 마찬가지다. 0세에서 시작해 나이를 먹다가 죽는 순간 시간은 다시 0이 된다. 우리가 70세, 80세에 죽었다고 말하는 것은 과거의 기록일 뿐, 그 순간 그의 절대시간은 0이 되는 것이다.

이렇게 시간은 철학적인 고민을 하게 만드는 중요한 주제인데, 우리가 늘 시간에 쫓기는 것은 이렇게 유(有)이기도 하고 무(無)이기도 한 시간의 속성 때문이다. 우리는 시간여유가 없다는 말을 많이 한다. 하지만 필자는 "시간이 없다."고 말하는 사람 중에서 성공에 이른 이를 만난 적이 없다. 우리가 쫓기는 시간에는 찌꺼기가 너무 많아서 시간이 더 필요하다면 그만큼 찌꺼기를 버리면 된다. '시간이 없다'는 말은 달콤하지만 쓸모없는 것들을 끌어안고 놓지 않는다는 말과 같다. 때문에 불필요한 것들을 버리고 필요한 것들로 채우는 과정을 '시간관리'라고 할 수 있는데, 이것을 내 삶의 가치배분을 위한 포트폴리오라는 관점에서 보면 그렇게 어려운 일도 아니다.

시간 활용, 계획보다 금기를 세우는 것이 더 중요하다

우리는 대개 학창시절 시간표를 짜듯 미시적으로 시간관리에 접근한다. 하지만 시계시간에 의존하지 않고 비중을 배분하는 문제로 보면 훨씬 간단해진다. 이를테면 몇 시부터 책을 읽고 몇 시에 운동을 한다는 시간계획은 나를 늘 초조하게 만들지만, 내가 직업 이외의 일에 배분하는 시간을 비중에 따라 비율로 나눈다면 훨씬 쉽게 시간을 관리할 수 있다.

예를 들어 필자의 경우, 하루 여유시간의 약 10퍼센트를 '소셜'이라는 항목에 배정하는데 이때 웹서핑·블로그·트위터·신문읽기 등을 한다. 또 여유시간의 30퍼센트 정도는 '공부'에 배분해서 이때 책을 읽거나 그에 준하는 학습활동을 한다.

우리가 뷔페에서 음식을 먹을 때에도 상대가치가 큰 음식을 선택하려면 다른 걸 줄여야 한다. 먹을 수 있는 양은 정해져 있는데, 모든 것을 욕심껏 다 취하려고 하면 마음만 초조하고 배탈이 나기 십상이다. 마찬가지로 소셜이라는 항목 안에서 트위터를 많이 했으면 다른 시간을 줄여야 한다. 이때는 같은 소셜 항목에서 줄여야지 공부나 수면 시간을 줄여서는 안 된다.

실제로 많은 사람이 아무런 의미도 없이 마우스나 스마트폰을 잡고 시간을 보내는데, 이런 경우에도 산만하게 검색어나 연예기사를 따라다니지 말고 관심 분야의 정보를 얻는 데 활용한다면 시간을 좀 더 알차게 활용할 수 있다.

결국 시간활용은 계획이 아니라 금기를 세우는 것이 더 중요하다. 하지 말아야 하는 것을 먼저 정하고 해야 할 것을 계획하면 그것은 실천 가능한 계획이 되지만, 해야 할 것만 정하고 하지 말아야 하는 것을 버리지 못한다면 그것은 알코올중독자가 소주공장에서 일하는 것이나 다름이 없다. 그런 다음 해야 할 것들은 비중을 정해 하루중 어느 때든 반드시 그만큼 수행하면 된다.

기차시간에 맞추듯 시계시간에 쫓겨다니면 계획만 세우다 마는 어리석음을 반복할 수 있음을 명심하자.

지식과 지혜, 영감과 창의

> 지식은 사물을 대상으로 삼지만 지혜는 삶 그 자체를 대상으로 삼는다. 지식은 내게 할당된 분야의 기술을 내 것으로 삼은 것이지만 지혜는 내가 주체적으로 외부와 맞서며 키워나가는 것이다. 사람은 이 두 가지가 함께함으로써 발전한다.

청년기는 한 인간이 전방위적으로 성장할 수 있는 기본능력을 배양하는 기간이다. 성인에 대한 교육은 기본적으로 직무나 기술 교육이 될 수밖에 없고 노년의 교육은 인생의 다양성을 제공하는 문화교육이 중심이지만, 청년에 대한 교육은 전방위적 발전을 도모하는 것이어야 한다.

지식과 지혜

청년기에 우리가 익혀야 하는 것은 지식과 지혜다. 지식은 특정한 이론을 배워가는 것이다. 공학이라면 반도체·기계기술·전자전자에 대한 이론들을 배우는 것이고, 인문학이라면 대가들의 사상과 철학·사회구조와 심리 등을 배우는 것이다. 지식은 계주다. 누군가가 앞서 증명한 이론을 익히고 배워서 내 것으로 만든 다음, 내가 다시 이어달리면서 그것을 늘려가야 한다. 우리가 알고 있는 모든 지식이 이런 식으로 발전해왔다.

반면 지혜는 그것을 활용하는 역할을 한다. 지혜가 없다면 불필요한 것을 만들고 어리석은 기술을 발전시키게 된다. 이를테면 원자력 발전을 연구하고 건설하는 것이 지식이라면, 인간이 통제하기 어려운 원자력의 위험성을 인식하고 그것에 제동을 걸 수 있는 판단은 지혜에 속한다.

그래서 지식은 사회적이고 지혜는 개인적이며, 지식은 전해줄 수 있지만 지혜는 가르칠 수가 없다. 일본의 유명한 무사 미야모토 무사시(宮本武藏)는 자신의 검법에 대해 "가르칠 수는 있지만 전할 수는 없다."고 했다. '학습'의 본질을 꿰뚫는 촌철살인의 한마디다. 빌 게이츠나 스티브 잡스가 그들의 지식을 남에게 가르치고 들려줄 수는 있지만 그것을 들은 모두가 그들처럼 될 수 없는 이유이기도 하다.

앞서 언급한 대로 지식은 외부(사회)와 관계된다. 지식은 누군가로부터 배우고 다른 사람과 교류해야 하기 때문에 혼자만 쌓은 지식은 아무런 의미가 없다. 사회가 쌓아놓은 업적들, 즉 역사 속의 인류가 이어달리며 남긴 업적을 계승·발전시켜야 제 구실을 하기 때문이다. 반면 지혜는 내부적이고 개인적인 것이어서 배우거나 가르친다고 이어달릴 수 있는 것이 아니다.

예를 들어 '지혜를 사랑한다'는 뜻의 철학(哲學)이라는 학문을 대면하면 아주 복잡한 생각이 든다. 철학을 아무리 공부해도 자격증이나 일자리를 얻을 수 없다. 심지어 자기소개서에 철학에 관심이 많다고 적었다가는 생각이 복잡한 친구라며 제일 먼저 제외될지도 모를 일이다. 또 철학은 늘 판을 뒤엎는데 어느 것 하나 증명된 것이 없고 전부 주장에 불과하다. 하지만 워런 버핏과 함께 '세계 최고의 투자 구루(Guru)'라 불리는 찰리 멍거(Charlie Munger)는 하버드대학생들에게 투자강연을 하러 가서 네 시간 동안 철학사를 강의했다고 한다.

철학은 늘 문제를 제기하지만 문제는 사라지지 않는다. "왜 비가 내리는가?" 하는 문제는 과학이 해결한다. 연구자들에 의해 관련 지식이 쌓이다보면 결국 어느 날 증명된다. 심지어 비가 내리지 않게 하거나 내리게 할 수도 있다. 하지만 '인간은 천성적으로 악한 존재인가, 선한 존재인가?'라는 문제는 동서고금을 통해 논의되고 사유되었지만 여전히 풀리지 않은 질문으로 남아 있다. 맹자와 순자의 성선설과 성악설은 시작에 불과했고, 플라톤의 이데아, 중세의 교부철학, 스피노자와 루소를 거쳐 애덤 스미스와 케인스에 이르러서는 경제학의 주요 이슈가 되기도 했지만, 답은 여전히 오리무중이다. 이렇게 철학은 위대한 문제제기자로서의 역할을 한다. 철학적 논제는 매우 중요하고 시대를 넘어 논의되어야 하지만 논증될 수 없는 문제들을 전면에 내세우고 그것을 계속 탐구하게 한다.

고민은 더 나은 선택을 위한 의례다

지식을 쌓기 위해서는 공부를 열심히 하면 되지만 지혜를 늘리기 위해서는 앞서 말한 대로 이질적인 것들을 만나야 한다. 새로운 생각은 이질적인 환경에서 나오기 때문이다. 내가 지금 무언가를 결정해야 한다면 그것은 지금까지와는 다른 문제에 맞닥뜨린 것이다. 늘 하는 일에서는 습관대로 처리하면 될 뿐 판단이 필요없다. 반면 습관대로 할 수 없는 상황에 놓이면 우리는 고민하게 되고 그 고민에 대한 답이 축적되면 지혜가 된다.

뒤집어 생각하면 '고민을 하지 않는다'거나 '고민이 없다'는 것은 안주하고 있다는 말과 같다. 더 이상 달라질 것도 없고 나아질 것도 없다는 뜻이다. 그러니 고민은 나은 선택을 위한 의례다. 자발적인 것이건 나의 의지와 무관하게 닥친 것이건 고민은 더 나은 결과를 낳기 위한 진통이다. 어떻게든 더 나은 최선의 선택을 해야 하는 상황을 맞고 있다는 증거인 것이다.

청년의 공부는 늘 그렇다. 우리가 학교에서 배운 기초적인 학문과 사회의 기본질서는 낮은 단계의 기초지식을 형성한다. 그것을 바탕으로 우리는 외적 환경에 대응한다. 사람은 누구나 이질적인 상황을 만나면 불편한데 이는 습관처럼 해오던 태도로는 대응할 수 없기 때문이다. 이때 우리는 새로운 대응을 고민하게 된다. 그리고 그와 유사한 다른 상황에서 이때의 고민을 다시 응용함으로써 보다 쉽게 문제를 해결하게 되는데, 이것이 바로 지혜다.

지식은 사물을 대상으로 하지만, 지혜는 삶 자체를 대상으로 한다. 또 지식은 나에게 할당된 분야의 기술을 내 것으로 삼는 것이지만, 지혜는 내가 주체적으로 외부와 맞서면서 키워나가는 것이다. 사람은 이 두 가지가 함께함으로써 발전한다. 지식만 가진 사람은 하드디스크에 불과하다. 그가 생산하는 것은 구태의연하고 창조적이지 않다. 같은 기술을 배워도 어디에 써먹을지 모르기에 그저 남의 도구로 쓰이게 된다. 지혜는 바로 그런 어둠을 밝힐 등불인 셈이다.

그래서 습관적으로 사는 사람은 100년을 살아도 지혜가 없고, 치열하게 고민하면서 사는 사람은 서른 살에도 지혜의 포도나무가 주렁주렁 열리게 된다. 청년의 공부는 지식을 열심히 탐구하되 늘 치열하게 고민함으로써 지혜와 지식이 균형을 이루는 것이어야 한다.

돌덩어리에서 다비드를 발견하는 창의성

앞에서도 누차 강조했지만 지혜를 키우기 위해서는 다양한 환경을 만나야 한다. 새로운 사람, 새로운 학문, 새로운 환경……. 지혜로운 사람은 다른 결과를 낳는다. 돌을 깎는 기술자가 아무리 섬세

하게 세공을 할 수 있다 해도 다비드상을 조각하지 못하는 것은, 큰 돌덩어리에서 정해진 모양으로 깎아내는 기술만 익힌 탓이다. 하지만 미켈란젤로는 같은 돌덩어리에서 피에타의 성모나 다비드를 발견했다. 이것이 바로 창의적 지혜다.

여기서 '창의력'이란 하늘 아래 없던 것을 창조하는 것을 말하지 않는다. 어딘가 존재하는 것들을 드러내고 결합하고 빛내는 능력을 가리킨다. 예술가의 발상 역시 새로운 창조라기보다는 플라톤의 이데아(idea)처럼 보이지 않는 것을 드러내는 것이라고 할 수 있는데, 우리는 이것을 '영감(靈感)'이라고 부르기도 한다.

중국의 사학자 이중톈(易中天)은 영감을 철학자의 영감, 시인의 영감, 종교적 영감으로 분류했다.

영감이란 말 그대로 '신의 느낌'이니 인간이 쉽게 닿거나 염탐할 수 없다. 그것이 바로 저 너머의 이데아로 존재하고 있다면 철학자는 깊은 사유를 통해 신의 느낌을 알아채기 위해 노력한다. 이런 철학자들의 노력은 '본질'이라는 문제로 귀착될 수밖에 없다. 본질은 신의 영역으로 우리가 보는 현상 뒤에 숨어 있다. 그래서 일부 현상을 보고 '진실'이라고 믿으면 언제나 배반당한다.

그렇다고 과학이 본질을 드러내는 것도 아니다. 과학은 늘 새로운 것들로 그 이전의 것들을 일거에 전복시켜버리기 때문이다. 그래서 과학이 얻는 결론은 시간이 지나고 나면 시대착오적이고 우습게 돼버리는 경우가 많다. 어쨌든 과학이 본질을 잊지 않고 탐구하며 나아가는 것은 철학적으로 제기된 문제들에 답하기 위해서다. 그리고 철학자는 이 현상과 본질의 문제에서 차이를 좁히려 노력하는 존재이므로, 철학자를 '위대한 문제제기자'라고 부르는 것이다.

반면 종교적 영감은 본질을 이해하기보다는 무조건 믿으라고 한다. 맹목적인 믿음을 통해 신의 느낌에 닿으려고 하는 것이다. 현상으로 이해할 수 없거나 통제할 수 없는 것들 또는 본질적인 것들을 이해하기보다는 맹목적으로 믿어버리면 결국 신의 가치를 이해하게 된다는 것이다. 그래서 어떤 것에 대한 종교적 영감이 발휘되면 아우라가 느껴지기도 한다.

이 둘 사이에서 중요한 것이 시적 영감인데, 이것은 논리와 사유로 다가가는 것이 아니며, 보지 않고 믿지도 않으면서 영감을 드러내는 것이라 아주 애매한 성질을 갖고 있다. 즉 분명히 같은 것을 보았지만 그 안에서 다른 것을 발견하거나 느끼는 것이 바로 시적 영감에 해당한다. 그 점에서 시적 영감이야말로 우리가 말하는 창의성이라 할 수 있다.

여기서 앞서 소개한 광고인 박웅현 씨의 말을 다시 빌려보면 그는 창의력에 대해 "문제가 여기에 있으면 답도 여기에 있지, 저기에 있는 것이 아니다."라고 말한다. 즉 같은 장면, 당장 내 눈앞에 펼쳐진 세계에 모든 답이 들어 있는데도 우리는 그것을 발견하지 못하고 다른 데를 두리번거린다는 의미다. 그래서 창의성은 곧 발견이라고 하는 것이다.

문제는 이런 시적 영감, 즉 창의성을 키우는 방법이다. 지금까지 보지 못했던 것을 갑자기 볼 수는 없다. 빛 한 줄기 들지 않는 캄캄한 동굴에서 나와 갑자기 밝은 세상을 보면 오히려 아무것도 보이지 않듯, 영감의 눈 역시 서서히 적응해 나가야 하는 것이다. 바로 그 과정을 위해 먼저 눈뜬 사람들의 경험, 즉 예술에 대한 관심이 필요한 것이다.

그래서 창의성을 키우려면 먼저 예술과 현실의 조화 속에서 이해와 경험의 폭을 넓혀야 하고 그들의 언어를 이해해야 한다. 예술가의 영감은 예술작품으로 구현된다. 무용가의 영감은 몸짓으로, 화가의 영감은 붓질에 의해, 시인의 영감은 시어를 통해 그 모습을 드러내는 것이다. 같은 맥락에서 아이폰은 스티브 잡스의 영감을 드러낸 도구라고 할 수 있다.

예술을 이해한다는 것은 이런 영감, 즉 그들의 언어를 읽는다는 뜻이다. 예를 들어 당신이 누군가를 죽을 만큼 사랑한다고 가정해보자. 그 감정을 언어로 표현하는 데는 한계가 있다. "너를 내 심장과 바꿀 수도 있어." "넌 나의 생명이야." 같은 상투적 언어로는 자신의 특별한 감정을 다 드러낼 수 없기 때문이다. 만일 조각가라면 이 감정을 어떤 형상으로 표현할 것이고, 영화감독이라면 〈라스트 콘서트〉 같은 영화를 만들 것이다. 연극연출가라면 표정과 언어와 몸짓이 결합된 연극으로, 안무가라면 춤사위로, 화가라면 그림으로 자신의 특별한 감정을 표현할 것이다.

따라서 내가 이런 영감의 언어들을 이해할 수 없다면(예술을 사랑하지 않는다면) 이렇게 영감이 표현된 장면들이 나의 한정된 언어에 갇히게 된다. 그러면 나의 영감을 확장하거나 표현하는 방법을 배울 수 있는 길이 막혀버리고 만다. 그래서 입시 위주의 교육에서 이런 영감의 언어를 배울 기회가 없었던 우리는 눈앞에 보석을 놓고도 먼 산만 쳐다볼 수밖에 없었던 것이다.

그러니 청년들은 학교와 사회에서 근육을 키우고(필수적인 지식을 익히고), 스스로 순발력을 키우며(다양한 간접경험과 새로운 세계와의 조우를 통해 지혜를 쌓으며), 새로운 발견을 위한 영감의 언어를 이해하기 위한 탐색을 지속해야(문화예술에 대한 이해력을 높여야) 한다. 그것이 바로 나의 가능성을 극대화하는 최적화된 준비인 셈이다.

학과 습이 병행되어야 진짜 공부다

공부는 배우는 것(學)과 익히는 것(習), 두 개의 바퀴로 되어 있는데
우리는 배우는 것만이 공부라고 여긴다. 배움으로 끝나는 것이 아니라,
생각하고 실천하고 그것을 현실태로 담아낼 때 비로소 공부가 완성된다.

공부에 대한 가장 인상적인 글을 꼽으라면, 당송8대가 중 한 사람인 한유(韓愈)의 〈부독서성남符讀書城南〉을 꼽겠다. 한유가 아들 성남에게 독서를 권하는 글로 구절구절 사무치는 깊이가 느껴진다.

나무가 둥글게 혹은 모나게 깎이는 것은
단지 목수의 손에 달려 있고,
사람이 사람답게 되는 것은
뱃속에 글이 얼마나 들어 있느냐에 달려 있다.
열심히 공부하면 글을 자기 것으로 할 수 있지만

게으름을 피우면 뱃속이 텅 비게 된다.

배움의 이치란

태어났을 때엔 누구나 현명함과 어리석음이 같지만

배우지 못했기 때문에 그 들어가는 문이 달라지는 것이다.

두 집안에서 아들을 낳았다 해보자.

둘 다 어린 시절에는 별 차이가 없고

조금 자라서 같이 모여서 놀 때에는

무리지어 헤엄치는 물고기와 다름이 없다.

그러나 나이가 열두서넛이 되면 서로 능력을 나타내는 점이 달라지고

스무 살경이 되면 그 차이가 점점 더 벌어져

맑은 냇물과 더러운 도랑을 비교하는 것처럼 차이가 난다.

그 후 서른 살, 골격이 굵어질 나이가 되면

하나는 용이 되고 하나는 돼지가 된다.

신마(神馬)와 비황(飛黃)은 높이 뛰어 내달릴 뿐

두꺼비 따위는 돌아보지도 않는다.

결국 한 사람은 말의 고삐 잡는 시종이 되어

채찍 맞은 등에서는 구더기가 끓게 되고,

다른 한 사람은 삼공(三公) 재상(宰相)의 고귀한 사람이 되어

대저택의 깊은 곳에서 의기양양하게 지내게 된다.

여기서 묻는다. 무슨 까닭으로 이렇게 되었는가?
그것은 바로 배우고 배우지 않은 차이다.
금(金)이나 옥(玉)이 귀한 보배라고들 하지만
너무 쉽게 쓰게 되고 깊이 간직하기는 어렵다.
하지만 학문은 몸에 간직하는 것이다.
그 몸만 있으면 아무리 써도 남음이 있다.

군자(君子)가 되고 소인(小人)이 되는 것은
그 부모와 관계있는 것이 아니다.
보아라.
삼공(三公)의 후예들이 헐벗고 굶주리면서
몸을 실을 당나귀 한 마리 없이 문밖에 나서는 것을.

문장(文章)은 귀한 것이다.
경서(經書)가 가르치는 것이 곧 전답(田畓)과 다름이 없다.
길바닥에 고인 물은 근원이 따로 없다.
아침엔 구덩이에 가득 찼다가도
저녁이면 말라 없어지는 것이다.
사람으로 태어나 고금(古今)에 통(通)하지 않으면
말과 소가 사람의 옷을 입은 것이나 다름없다.
자신이 불의(不義)에 빠진 상태에서

어떻게 명예를 바라겠는가.

지금 계절은 오랜 장맛비가 갠 가을이다.

맑고 시원한 기운이 들판에 일어나니

점점 등불을 가까이할 만하고

책을 펼칠 만한 시절이다.

어떻게 아비가 아침저녁으로 너를 걱정하지 않겠느냐.

너를 생각하면 세월이 빨리 지나가는 것이 아쉬울 지경이다.

자식을 사랑하는 마음과

엄하게 교육시키려는 마음은 서로 일치하기 어려워서

이렇게 시를 써서

네게 머뭇거리지 말고 공부에 정진하라 말하고자 한다.

    아들에게 왜 공부를 해야 하는지 조언하는 아버지의 마음이 절절하다. 이처럼 옛사람들은 왜 공부를 해야 하고, 어떻게 할 것인가의 문제를 깊이 고민했다. 하지만 지금 우리는 '공부'라는 말에서 점수를 떠올리고, 점수를 높이는 방법이 곧 공부법이라고 생각한다. 또 공부를 해야 하는 이유는 스펙을 높여 좋은 데 취직하고 돈을 많이 벌기 위해서라고 여긴다. 이는 과연 바람직한 것일까?

깨달음이 있어야 진짜 공부다

공자는 '학이불사즉망, 사이불학즉태(學而不思則罔, 思而不學則殆)'라고 했다. 이는 《논어》〈위정爲政〉편에 나오는 구절로 '배우기만 하고 생각하지 않으면 어리석어지고, 생각하기만 하고 배우지 않으면 위태로워진다'는 뜻이다. 인류가 세상에 글을 남긴 이래 '공부'에 대한 말 중에서 이보다 압축적이고 탁월한 것이 또 있을까. 공부를 생각할 때 뼈에 새겨두어야 할 구절이다.

주희(朱熹)가 편찬한 《사서집주四書集注》에서는 이 말에 다음과 같이 주석을 달아놓았다.

> 진리를 마음에서 구하지 않기 때문에 어리석고 깨달음이 없게 된다. 배운 것을 익히지 않기 때문에 위험하고 불안하게 된다. (중략) 널리 배우고 깊이 묻고 신중하게 생각하고 분명하게 판단하고 독실하게 행하는 것. 이 다섯 가지 중에 한 가지라도 없다면 그것은 학문이 아니다.

'진리를 마음에서 구한다'는 말이 이 글의 절정이다. 아무리 배워도 생각하고 이치를 고민하지 않으면 아무런 소용이 없다는 의미다. 필자는 사람들이 "책을 몇 권이나 읽었나요?"라고 물을 때가 가장 곤혹스럽다. 아무런 의미도 없는 질문이기 때문이다. 아무리 많은 책을 읽었어도 읽은 것을 흡수하지 못한다면 그것은 단지 놀이에 불과할 뿐이다. 그러니 이 질문은 "당신이 읽은 책 중에서 당신에게 영향을 미친 책은 몇 권입니까?"로 바뀌어야 한다.

돌아보면 공부가 늘 그랬다. 의과대학 시절 점수에 연연해 외운 지식들은 모두 허공으로 흩어졌다. 결국 의사로서 진정한 내 실력으로 이어진 공부는 모두 현장에서 환자를 진료하고 고민하는 과정에서 이루어졌다. 의과대학에서 학점을 따고 좋은 점수를 받기 위해 외우기에 급급했던 공부는 남들에게 평가를 받기 위한 도구에 불과했던 것이다.

신분상승의 욕구가 만들어낸 스펙문화

지금 우리 사회의 스펙문화도 그렇다. 과거 개발시대에 효율적이었던 수단들, 이를테면 줄을 세워 순서를 정하는 방식들은 단지 평가를 위한 수단에 불과하다. 공부 역시 그중 하나다. 다만 개발시대에는 창의성과 혁신보다는 모방하고 따라잡는 일이 중요했기 때문에 이런 질서가 나름대로 중요한 역할을 하고 잘 유지되었던 것이다.

하지만 지금은 모방의 시대가 아니라 창의의 시대다. 다른 사람들이 시작한 일을 무작정 뒤따라가면 낙오자가 되기 십상이다. 시대의 선두에 서서 혁신으로 이끌고 창의로 개척해야 하는 시대에 단지 배우기만 해서 쌓아올린 지식은 별 소용이 없다.

그런데도 기존의 질서는 아직도 이런 식의 인재 선발방식을 고집한다. 그러니 학생들은 저절로 점수·학벌·자격증·토익 등 스펙쌓기에 매달릴 수밖에 없다. 다른 사람과 나의 차이를 단지 점수나 자격증 개수로 말할 수밖에 없는 사회분위기 속에서 스펙문화의 문제는 갈수록 심각해지고 있다.

여기에 기성세대의 이기심까지 가세했다. 개발시대에 성공적으로 사회 상층부에 진입한 세대들이 자녀들에게 자신의 지위를 물려주는 가장 손쉬운 방법이 소위 '스펙'으로 줄을 세우는 것이라는 점을 인식한 것이다. 과거에는 모두 같은 트랙을 뛰었기 때문에 노력 여하에 따라 성과가 달라졌지만, 지금은 트랙 자체를 바꿔줌으로써 자신의 자녀들이 더 쉽게 성공하도록 만들 수 있음을 알게 된 것이다.

스포츠에서는 인코너는 뒤에서 출발하고 아웃코너는 앞에서 출발하는 식으로 공정한 룰을 적용한다. 그러나 지금 우리 사회는 이런 룰을 해체하는 것은 물론 태어날 때부터 아예 다른 트랙을 달리게끔 정해둔다. 부유한 가정환경에서 우수한 사교육을 시키고, 비슷한 환경의 부모들끼리 서로 정보를 주고받으며 특목고·자사고에 진학시킨다. 깊은 해자를 파고 높은 장벽을 쌓아 다른 아이들은 아예 처음부터 경쟁을 할 수 없게끔 만드는 것이다.

스펙경쟁은 물론 겉으로는 공정해 보인다. 하지만 태생적으로 출발선이 다르기 때문에 아무리 열심히 뛰어도 따라잡을 수가 없는 불공정이 존재한다. 기성세대가 과거의 성공방식을 지금도 강요하는 이면에는 바로 이런 신분세습의 욕구가 자리잡고 있다.

이런 문화가 국가사회의 불행을 잉태했다. 사회적인 불균형을 거론하지 않더라도, 그렇게 성장한 인재들이 창의성과 혁신성의 부재로 국제적인 경쟁에서 속속 밀려나면서 기업과 사회의 경쟁력을 떨어뜨린 것이다. 배우는 데는 능하지만 생각하지 못하는 인재, 많이 배웠지만 그것을 내면화하지 못한 젊은이들에게서는 새로운 싹이 트지 않는다.

이렇듯 공부는 배우는 것으로 끝나서는 안 된다. 그것은 단지 개인의 문제가 아니라 사회의 문제이며 국가의 미래를 좌우한다. 배우는 것이 벽돌이라면 생각하는 것은 쌓는 것이다. 벽돌을 아무리 많이 찍어내도 쌓지 않으면 집을 지을 수 없다.

진정한 학습이란 배우고, 익히고, 실천함으로써 완성된다

《사서집주》에서 두번째로 강조한 '배운 것을 익힌다'는 말은 우리가 흔히 쓰는 한자어 '학습(學習)'의 의미로 바로 연결된다. 우리는 흔히 배우는 것, 즉 누군가 가르치는 내용을 흡수하는 것을 공부라고 생각한다. 그러나 공부는 반드시 학에 습이 병행되어야 함을 강조하고 있는 것이다.

실제로 '습' 자를 파자해보면 두 개의 날개로 나는 형상이다. 새를 관찰해보면 아기새는 어미새가 날갯짓하는 것을 보고 날개를 움직여 파닥이면 날 수 있다는 것을 배운다. 그러나 스스로 날개를 파닥이며 나는 연습을 하지 않는다면 아기새는 영원히 날 수 없다. 박태환 선수에게 수영을 배우며 그의 영법을 아무리 외워도 실제 내가 물에 들어가서 물을 먹어가며 익히지 않으면 헤엄을 칠 수 없는 이치와 같다. 결국 공부는 배우는 것과 익히는 것 두 개의 날개로 나는 새다. 그런데 우리는 대개 배우는 것만 공부라고 여기고 제대로 익히지 않으니, 실제 현실에서 배운 것을 제대로 활용하지 못하는 것이다.

공부는 배움으로써 끝나는 것이 아니라, 익히고 생각하고 실천함으로써 완성되는 것이다. 리쩌허우(李澤厚)가 《논어금독論語今讀》에

서 지적한 것은 "지성이 배제된 감성은 맹목적이고, 감성이 배제된 지성은 공허할 뿐"이라는 칸트의 말과도 같은 맥락이다.

　이렇게 학과 습을 병행하려면 꽤 많은 노력이 필요하다. 어릴 때부터 우리의 학습과정을 한번 들여다보자. 우리가 처음 태어나서 공부하는 것은 외부에 대응하는 것이다. 아무것도 모르는 어린아이는 뜨거운 것을 만지다 손을 데고, 벌을 건드리다 침에 쏘이면서 경험을 시작한다. 인간의 지혜가 성숙하지 못한 상태에서는 자신만의 세계에 빠져 있고 변화에 대해 창조적인 대응을 할 수 없다. 때문에 엄마가 아무리 "안 돼!"라고 얘기해도 직접 경험하지 않은 것을 쉽게 받아들이지 못한다.

하지만 아이는 성장하면서 점점 더 넓은 외부세계와 만나고 그 과정에서 비로소 수용적인 공부가 시작된다. 처음에는 언어·수리·도덕 같은 정해진 공부를 하고 사회적인 것들을 흉내내면서 성장하다가, 어느 수준에 이르면 그것을 적극적으로 변형하고 나를 표현하려는 욕구가 생기게 된다. 예를 들어 처음 피아노를 배울 때는 악보를 따라 치기에 급급하고 교재를 소화하기도 버겁지만 어느 순간 내 방식으로 표현하고 싶은 욕구가 생기는 것과 같다. 공부의 만족은 바로 이 단계에서 이뤄진다.

이렇듯 공부는 늘 학과 습이 함께하는 것인데, 요즘 우리는 오로지 학만 중시하며 습의 중요성은 까맣게 잊어버리고 살아간다. 청년의 공부는 머리로만 하는 것이 아니다. 가슴 뛰는 열정을 품고 근육을 길들이며 시야가 꽉 차도록 넓은 세상을 탐험하며 그것을 내 안으로 끌어들이는 것이 진짜 공부다.

책을 통해 저자의 진짜 생각과 만나다

> 독서에서 우리가 제일 먼저 만나는 난관은 텍스트를 대하는 자세다.
> 생각을 모두 말로 옮길 수 없고 말은 문자로 고스란히 드러나지 않는다. 따라서 독서할 때는 문자가 아닌, 문자가 지시하는 저자의 진짜 생각을 해석하는 과정이 필요하다.

우리가 책을 읽거나 어떤 정보를 해석할 때 되새겨야 할 경구들이 많다. 필자가 근래에 만난 독서에 대한 최고의 조언은 신영복 교수의 독서에 대한 칼럼이었고, 필자의 기억을 통틀어 가장 강렬한 메시지를 던진 것은 철학자 자크 데리다의 이 말이었다.

> 독해란 한순간에 완결되거나 합의에 이를 수 없다. 그럼에도 합의를 주장하는 것은 지배론적 억압이다.

독서(讀書)를 말하기 전에 먼저 독서라는 행위의 필요성부터 생각해보자. 독서는 인간이 의식과 주체성을 가진 존재로 살아가면서 필요로 하는 긴 교육과정의 일부다. 독서는 선택이 아니라 보편적 교육의 일환인 것이다.

왜 책을 읽어야 하는가

사람이 일생에 걸쳐 받게 되는 교육 가운데 유아기의 교육은 보통 '금지'에서 출발한다. 아직 어린 아이들은 부모의 품 안에서 사회의 일원으로서 살아가는 데 필요한 규율을 금지를 통해 배우는 것이다. 우리는 이 시기에 다른 사람과 다투거나 폐를 끼치거나 위험한 행동을 해서는 안 된다는 것을 배우지만, 바로 그 때문에 일생 동안 우리를 괴롭힐 '죄의식'도 같이 생겨난다. 아이는 부모로부터 배운 금지를 제대로 실행하기에는 너무 미성숙한 존재이기 때문이다. 그래서 아이들은 본능적으로 무언가를 숨기거나 거짓말을 하고 심지어 내면의 욕망을 감추게 되는데, 이때부터 금지된 것에 대한 죄의식이 생겨난다.

우리는 이 시기에 금지와 더불어 질서교육도 받게 된다. 그런데 전두엽이 아직 성숙하지 못한 상태이므로 그것의 필요성을 이해해서라기보다는 단순히 '칭찬'이라는 보상을 받기 위해 배운 대로 행하게 된다. 이를 통해 우리는 보상을 위해 본래의 욕망을 억압하는 억압의 기제도 함께 익히게 된다.

이후 청소년기를 거치면서 교육은 학교라는 울타리 안에서 지식을 익히는 것으로 전환되는데, 이것은 이전과는 다른 교육이다. 가정에서의 유년기 교육이 사회의 일원으로서 살아가는 기본을 배우는 것이었다면, 학교에서의 교육은 타인에게 인정받고 주체적으로 살아가기 위한 윤리와 규범, 그리고 실용적 학문의 기초를 배우는 것이다.

이 시기에는 또 학교라는 작은 사회의 일원으로서 살아가는 능동적 자세도 몸에 익히게 되는데, 이때 중요한 동기는 '인정'이다. 친구들과 선생님에게 인정받기 위해서 어떤 태도를 취해야 하는지 스스로 생각하는 시기인 것이다. 학교에서는 규범과 질서, 수직(교사)과 수평(친구)적 균형 등을 체험하게 된다. 이 시기에 몸에 밴 태도가 평생을 좌우한다. 학교는 사회의 축소판이기 때문이다.

그 다음에는 대학을 거쳐 사회로 진출하게 된다. 대학 시기의 교육은 기능인으로서 필요한 학습이 주를 이룬다. 학문에서 이룬 성취, 교육시스템에서 익힌 기능의 숙련도가 이 시기에 확연한 차이로 드러난다. 이때 드러난 차이는 신속하게 거리를 좁히지 못하는 한 거의 평생 동안 유지되기도 한다.

이것은 우리 모두에게 주어지는 공통의 과정이다. 그렇다면 이 공통 과정에서의 우열이 과연 사회적 성공이나 개인적 성취를 담보해 줄까? 공통 과정의 좋은 결과가 이후 상황을 상당히 유리하게 만드는 것은 사실이지만, 실제 뛰어난 성과를 내는 핵심은 사실 공통된

부분이 아니라 선택적인 부분에 있다. 여기서 말하는 선택적인 부분이란 독서, 체험, 놀이 등 다양한 학습변수들이다. 필수요소에 이들 선택변수가 개입하면서 일으키는 시너지가 궁극적인 성공의 요소로 작동하는 것이다.

책을 통해 방대한 우주와 만나다

이중에서 아무리 강조해도 지나치지 않은 것이 독서다. 지방 소도시에서 태어나 지극히 평범한 청소년기를 보낸 필자가 이처럼 한 권의 책이라도 낼 수 있는 원동력의 8할은 독서다. 독서는 타인의 지식을 빌리는 것이라고 할 수 있는데 무엇보다 중요한 것은 이 지식의 변별력이다. 소위 공통의 교육과정에서는 성과의 높낮이, 즉 차이만 강조된다. 그러나 독서는 완전히 차별적인 성과의 잣대를 제공한다. 더구나 독서는 간접체험을 통해 정규교육에서 얻을 수 없는 지혜를 연마하게 해주고, 다른 사람의 생각을 읽고 이해하는 능력을 키워주며, 다양한 분야를 통섭하는 방법을 알려준다.

그 뿐만 아니다. 독서를 통해 사람들이 각자 다르게 생각하는 언어와 말하는 언어를 배우고, 내 생각의 지평을 넓힐 수 있다. 이 점은 대단히 중요하다. 사람의 생각은 언어로 고정되어 있고, 언어는 맥락이 있어야만 뜻이 형성된다. 언어, 즉 어휘가 부족하면 생각이 풍부할 수 없고 언어를 맥락화할 수 없다면 체계적인 생각을 할 수 없다는 말과 같다. 우리가 흔히 말하는 '사유'란 맥락화된 생각을 가리킨다. 그래서 독서는 사유를 배우는 제1의 수단이며 창의력의 보고라고 할 수 있다.

독서가 이렇게 방대한 기회를 주는데도 독서를 통해 발전을 이루지 못하는 경우가 많다. 이는 독서의 대상이 편협하거나 생각을 읽지 않고 문자에만 의존하는 기계적인 독서를 하거나 저자의 논점을 이해하지 못하고 단순히 사건이나 이야기에만 몰입하는 나쁜 독서 습관을 갖고 있기 때문이다. 독서는 먼저 문자(텍스트)를 읽고 거기에 담긴 저자의 생각과 사상과 지식을 이해해야 한다. 그러고 나서 이해한 것들을 기반으로 나를 변화시키는 내면화의 과정을 거쳐야 한다.

독서에서 우리가 제일 먼저 만나는 난관은 텍스트를 대하는 자세다. 생각을 모두 말로 옮길 수 없고 말은 문자로 고스란히 드러나지 않는다. 그래서 독서를 할 때 단순히 문자를 읽어 나가는 것이 아니라, 문자가 지시하는 저자의 진짜 생각을 해석하는 과정이 필요한 것이다.

이 말을 이해하기 위해서는 앞에서 인용한 데리다의 말을 먼저 새겨볼 필요가 있다. 현재 우리가 인식하는 것(現前)들은 과거의 흔적(差延)들에 기반한다. 따라서 지금 내 눈앞에 펼쳐진 저자의 말(텍스트)은 그의 과거 흔적에 기반한 것이다. 그런데 읽는 나의 과거 흔적은 저자와 완전히 다르다. 또 독자들도 저마다 다른 과거의 흔적을 갖고 있다. 때문에 같은 텍스트를 읽고도 서로 다르게 해석할 수밖에 없다.

독서는 도전이고 좋은 경험이며 가능성이다

하지만 대개 우리가 어떤 책을 읽고 해석한 결과는 비슷하다. 왜냐하면 독자들의 해석은 당시의 억압적인 질서에 따르기 때문이다. 좀 어려운 이야기지만 텍스트를 해석하는 방식은 무의식적으로 그 시대의 주류 해석을 따라간다는 뜻이다. 그러니 그것은 저자의 진짜 의도와는 다를 수밖에 없다.

예를 들어보자. 중국의 제자백가 중 묵자와 순자 등은 시대에 따라 부침을 거듭했다. 특히 '대동사회'와 '겸애'를 주장한 묵자의 사상은 지배계급의 입장에서는 위험하기 짝이 없는 것으로 여겨져왔다. 하지만 현대에 와서 묵자의 사상을 제3의 가능성으로 다시 읽는 사람들이 늘어났다. 한 시대의 금서가 권장도서로 바뀌게 된 것이다. 마르크스의 〈공산당선언 Manifest der Kommunistischen Partei〉이나 《자본론 Das Kapital, Kritik der politischen Oeconomie》은 그런 부침을 겪은 대표적인 사례다.

때문에 텍스트를 대할 때 지배적 해석에 매몰되면 독서를 통해 나의 사상을 발전시키는 것이 불가능해진다. 결국 독서란 발신자인 저자의 메시지가 수신자인 독자에 의존하므로(저자의 생각에 대한 독자의

해석), 저자도 독자도 모두 텍스트의 주인공이 아닌 접속자에 불과하다는 점을 의식해야 한다. 또 독서는 텍스트의 전후맥락을 통해 뜻을 간파하는 과정이고 이때 맥락이란 전후의 인과관계를 조합하는

과정에 불과하다. 따라서 이 조합과정은 모두 다를 수 있다는 점 또한 잊지 말아야 한다.

텍스트는 여러 가지 독립적인 언어들이 순서대로 나열되어 있는 것이므로 이들 상호간에 모순은 필연적이다. 지금 이 책도 유념해서 보면 마찬가지일 것이다. 그런데 우리는 그 모순된 부분을 들어내고 마치 일관된 논지가 흐르는 것처럼 알아서 이해한다. 하지만 그것은 착각이나 편견이며 텍스트는 근본적으로 모호한 것이라는 사실을 잊어서는 안 된다.

또 문자로 인쇄된 텍스트는 바깥세계의 경험을 통해 이해된다. 텍스트는 종이에만 존재하는 활자가 아니다. 지금 내가 서 있는 세계, 이 책을 읽고 있는 나의 세계와 연결되어 있고 지금 이 순간에도 계속 상호작용한다. 즉 이 책을 읽으면서 독자들은 자신이 경험한 것들을 떠올리며 책과 책 바깥을 넘나든다는 뜻이다. 따라서 텍스트를 읽을 때는 현재 나의 경험세계라는, 텍스트 너머의 텍스트를 같이 읽어야 한다. 단순히 글과 문장에만 빠지면 바람직한 독서가 될 수 없다.

결국 책은 인간의 생각이 텍스트로 펼쳐진 것이고 그 텍스트는 발신자인 저자가 딛고 있던 '당시의 현재(독자 입장에서는 과거)'와 관계한다. 그러므로 그것을 읽는 독자의 현재 세계와는 끊임없이 충돌할 수밖에 없다는 사실을 반드시 기억해야 하는 것이다.

이렇듯 독서는 간단한 문제가 아니다. 한 권의 책을 통해 차별적인 나의 세계를 구축하는 작업은 매력적이지만 결코 쉬운 일도 아니다. 그래서 독서는 늘 도전이고 좋은 경험이다.

 마지막으로 독서는 우연의 씨앗을 뿌리는 과정이다. 스티브 잡스에게 아이폰을 만들 기회가 주어진 것은 이전에 그가 디자인에 관심을 갖고 있었던 결과다. 찰리 멍거가 위대한 투자자가 될 수 있었던 것은 그가 그동안 쌓아온 인문·사회·철학에 대한 방대한 관심이 시대의 패러다임을 읽는 통찰적인 안목으로 발산된 결과다.

 그렇기 때문에 우리가 일생을 통해 독서를 해나간다는 것은 언젠가 새로운 기회를 만날 씨앗을 뿌리는 행위이며 나를 준비된 사람으로 만들어가는 과정이다. 독서는 가능성이다.

독서법

> 책을 얼마나 많이 읽었느냐는 중요하지 않다. 거기서 무엇을 얻었느냐가 중요하다.
> 자기 나름의 효율적인 독서법을 찾아낸다면, 보다 다양한 책을 통해
> 사고의 지평을 넓히는 기회를 더 확장할 수 있다.

 우리가 책을 읽는 방법에는 간독, 속독, 발췌독, 정독, 숙독이 있다. 간독(看讀)은 말 그대로 간과하면서 읽는 것이다. 이것은 대충 읽는 것과는 다른데, 세세한 것보다 줄기를 파악하는 데 주력하는 것을 의미한다. 속독(速讀)은 읽는 기술의 문제로 연습이 조금 필요한데, 문장이나 단어가 아닌 문단 단위로 읽는 방식이다. 이것은 그다지 권할 방법은 아니지만, 이미 읽은 책을 리마인드할 필요가 있을 때 유용하다. 발췌독(拔萃讀)은 문자 그대로 필요한 부분만 읽는 것이니, 인문학 책이나 교양서를 읽을 때 자주 하게 된다.

 정독(精讀)은 꼼꼼하게 토씨까지 읽는 방법으로, 공부가 목적일 때

는 정독이 아니면 독서의 의미가 없다. 숙독(熟讀)은 가장 어려운 방법인데, 책을 읽으면서 저자의 문장이 지시하는 바를 벗어나서 사유로 연결하는 독서방식이다.

필자의 서재와 책창고에는 대강 만 권의 책이 있는데, 독서가 습관처럼 몸에 배서 요즘도 대략 이틀에 한 권 이상은 책을 읽는다. 물론 물리적으로는 정독하기 어려운 양이다. 그럼에도 매일 그 정도의 양을 읽는 것은 필자 나름의 책 읽는 방식이 있기 때문이다.

먼저 책을 읽기 전에 가능하면 그 책에 대한 정보를 구해서 어떤 부류에 속하는지를 결정한다.《블루오션전략》이나《롱테일 경제학 *The Long Tail*》같은 실용서라면 중요한 것은 개념이나 슬로건일 뿐, 그것을 증명하기 위한 자료나 사례들은 별로 중요하지 않다. 이런 류의 책들은 대개 한 가지 개념을 설명하기 위해 책의 대부분을 사례로 채운다. 그래서 발췌독으로 저자의 주장이나 개념이 잡히면 나머지는 덮어버린다.

하지만 문학은 다르다. 예를 들어 세풀베다(Luis Sepúlveda)의《연애소설 읽는 노인 *Un Viejo que leía Novelas de Amor*》은 책의 분량은 많지 않지만 이야기 자체가 다양한 사건을 중심으로 전개된다. 이 경우는 이야기의 구성과 작가의 주장에만 귀를 기울이면 된다. 그래서 이런 책을 읽을 때는 단어가 아닌 문장으로 읽는다. 다만 이 경우에는 언어 구사의 아름다움을 느끼기는 애당초 불가능하다. 문장의 의미는 알 수 있지만 말의 아름다움을 인지할 수는 없다는 뜻이다. 그러므로 시나 윤대녕의 소설처럼 언어의 미학이 중요한 책이라면 단어단위로 숙독하고, 맥락이나 의미가 중요하다면 문장단위로 읽으면 된다.

문단으로 읽는 책도 있다. 많은 책을 섭렵하거나 이미 아는 내용을 되새길 때 사용하는 방식이다. 필자의 경우《내가 사랑하는 클래식》은 '읽어야 할 책' 목록에는 있지만, 그 내용이 나에게 새로운 공부나 학습의 기회를 주는 것은 아니다. 이럴 때는 음악에 대한 저자의 애정을 간접적으로 느껴보는 것으로 만족한다. 그곳에서 새로움을 발견하기보다는 익숙한 느낌을 즐기면 되기 때문이다.

필자는 책을 읽을 때 이렇게 3~4일을 끌면서 단어 하나 음절 하나를 물이 될 때까지 꼭꼭 씹어서 삼키는 경우도 있고, 마치 쌈밥을 먹듯이 한 시간에 책 한 권을 그냥 삼켜버리는 경우도 있다. 이것이 길지 않은 시간에 많은 책을 읽는 비결이다.

독서의 원칙

인간은 언어로 사고하고 언어로 의사를 표현한다. 때문에 다른 사람의 언어와 표현법을 많이 익히고 활용하면 궁극적으로 내 사고의 지평을 넓힐 수 있다. 다만 자기 나름의 독서법을 정립해서 좀더 효율적으로 다양한 분야의 독서를 하는 것이 중요하다. 사람마다 책을 읽는 습관이나 방식은 다르겠지만 필자가 제시하는 독서의 원칙은 다음과 같다.

- **독서 1** : 좋은 책을 읽는 것보다 나쁜 책을 읽지 않는 것이 더 중요하다.
- **독서 2** : 지금 읽기에 편안한 책은 오락에 불과하다. 항상 지금 읽기에 조금 버겁고 힘든 책을 고르는 것이 좋다.
- **독서 3** : 저자의 논리에 매몰되지 말 것! 한 권의 책에 매료되면 가능한 한 그 반대 논리를 주장하는 책도 함께 읽도록 노력해야 한다. 그러지 않을 경우 '독서로 인한 편협성'에 빠지기 쉽다.
- **독서 4** : 늘 새로운 것에 선의를 가질 것! 모르는 장르, 익숙하지 않은 분야의 책을 읽기 위해 노력해야 한다. 전공공부가 아닌 이상 익숙한 것의 포로가 되면 독서에 의한 자기발전은 기대하기 어렵다.
- **독서 5** : 완독, 다독보다 중요한 것은 독서 후의 사유다. 한 권의 책을 읽으면 그 책을 읽는 데 투자한 시간 이상 책에 대해 생각하는 것이 중요하다. 독서는 지식을 체화하고 사유의 폭을 넓히는 수단이다. 성찰의 실마리를 던져주지 못한 책은 시간을 파먹는 좀벌레에 불과하다.
- **독서 6** : 쓰기도 같은 맥락이다. 먼저 좋은 글을 골라 수차례 반복해서 필사하고, 다음에는 그 글에서 아쉽게 느껴지는 점을 고쳐써보고, 마지막으로 같은 주제로 내가 다시 써서 내 글이 원본

보다 낫다고 여겨질 때까지 같은 과정을 반복한다.
- **독서 7** : '좋은 책'과 '나쁜 책'에 대한 판단은 의식보다 무의식의 반응을 살펴야 한다. 독서는 의식활동이지만 무의식이 동시에 교접한다. 저자가 논지를 왜곡하거나 내용이 저급할 때, 의식은 해석하고 이해하려 들지만 무의식은 금방 불쾌감을 느낀다.
- **독서 8** : 오락인지 학습인지, 독서의 목적성을 분명히 할 것! 전자라면 편안한 책, 후자라면 약간 버거운 책을 선택해야 한다.
- **독서 9** : 시기별로 어떤 책을 읽는 게 좋을까? 중학생은 감각적인 고전문학으로 생각을 배울 시기이므로 펄 벅의 《대지》로 출발해서 루쉰의 《아Q정전》과 위화의 《가랑비 속의 외침》 등 중국문학을 거쳐 《데미안》 《싯다르타》 《좁은 문》 《변신》 《오만과 편견》 《노인과 바다》 등 보편적인 고전문학을 읽는 것이 좋다.

고등학생은 의식과 인지력 확장을 위해 시와 한국문학, 제3세계 고전을 읽을 시기다. 예를 들면 시는 서정주로 시작해서 김수영까지 읽고(근작들은 대학 때) 한시의 묘미도 알 필요가 있다(정민의 책). 이후에는 우리 근현대소설과 《카라마조프 가의 형제들》 《죄와 벌》 등의 러시아문학, 그리고 제3세계문학과 《삼국지》 등을 읽으면서 사고를 넓히되 역사와 철학 등 인문학에 대한 독서도 가볍게 시작하는 것이 좋다.

대학 신입생은 역사·철학·사회학 등 인문학과 현대문학, 과학서적을 독파할 시기이므로 일주일에 최소 두 권은 읽는다는 각오를 하는 게 좋다. 철학의 경우 관념론은 아리스토텔레스에서 시작해 데카르트와 스피노자에서 끝내고, 니체 이후로 빠르게 전환한 다음 경제사회학과 심리학으로 확장하면 좋다.

- **독서 10** : 돌아가신 분의 책을 읽어라. 선택의 여지없이 좋은 책이다.

책을 고르는 요령

이제 책을 고르는 요령을 살펴보자. 필자의 경우 일주일에 많으면 10~20권의 책이 책상에 올라온다. 서평 두 개와 라디오방송의 책소개 코너, 또 방송사의 책 관련 프로그램 자문위원을 맡고 있기 때문에 아무래도 검토할 책이 많다. 이 책들은 대개 출판사에서 보내주는 것이어서 대강 일별하고 넘어간다.

진짜 읽고 싶은 책은 서점에 가서 직접 고른다. 안목 높은 주인이 운영하는 중소형 서점을 단골로 두면 좋다. 필자가 가는 서점의 주인 역시 안목이 높다. 이런 서점의 경우 진열된 책만 읽어도 의미있는 책을 놓치지 않을 수 있다. 이런 점이 작은 독립서점들이 필요한 이유기도 하다.

또 인터넷에 올라오는 개인서평도 주의깊게 살핀다. 세상에는 내공 깊은 독서가가 별처럼 많고 그들의 집단지성은 개인의 지성이 닿을 수 없는 결과들을 공짜로 나눠주고 있다. 나와 맞는 책블로그를 열 개 정도 점찍어두면 아주 유용하다.

그렇게 고른 책을 읽어나가다가 처음 3분의 1이 기대에 못 미치면 그 다음은 간독하고 넘어간다. 세상은 넓고 읽을 책은 많은데, 돈 주고 산 책이라고 해서 억지로 다 읽을 필요는 없다. 반면 읽어나갈수록 점점 심장 박동이 빨라지는 책들도 있다. 이런 독서경험은 정말 큰 축복인데, 이때 책은 삶의 위안이자 격려이며 무엇과도 바꿀 수 없는 희열이다.

책을 고를 때는 또 신간과 고전을 교대로 읽는 것이 좋다. 특히 고전읽기는 대단히 중요하다. 필자가 생각하기에 '고전(古典)'이라 불리기 위해서는 조건이 있다.

첫째, 고전은 시대를 넘어 언제든 읽혀야 한다. 고전은 당대성이 아닌 시대성을 갖고 있어서, 아무리 오랜 시간이 지나도 당대의 언어로 재해석되고 당대의 의미로 다시 이해된다.

둘째, 고전은 인류의 사상이 오늘에 이르게끔 한 책이다. 오늘 그 책이 있든 없든 미래에 아무런 영향을 미치지 않는 책이라면 고전이 아니다. 고전은 만약 그 책이 없었다면 오늘날의 사상이 지금의 모습이 아니었을 만큼 역사발전과정에 중요한 고리를 형성하는 책이다.

셋째, 고전은 살아남은 책이다. 우리가 좋은 책을 고르는 것은 책을 잘 읽기만큼이나 어려운 일이지만, 고전은 이미 오랜 기간 검증되고 살아남아온, 말하자면 감정평가를 마친 책이다. 전세계적으로 하루에도 수만 권의 책이 발간되는 와중에도 계속 전해지며 읽히는 책은 반드시 그만 한 힘이 있기 때문이다. 고전을 소홀히 하는 것은 인류의 지혜를 쓰레기통에 처박아버리는 것과 같다. 특히 아이들의 책읽기 교육에서 고전의 중요성은 아무리 강조해도 지나치지 않다.

또 하나 강조하고 싶은 것은 얼마나 많이 읽었느냐가 아니라 무엇을 얻었느냐가 중요하다는 점이다. 수천수만 권의 책을 가지고 있지만 사실은 컬렉터에 불과한 경우도 있다. 장좌불와(長坐不臥) 동구불출(洞口不出) 30년에도 진리를 깨치기는커녕 밥만 축내는 수행자가 있는 반면, 하루 만에 문고리를 잡고 깨친 사람도 있다. 독서는 얼마나 많은 책을 읽었느냐가 중요한 것이 아니라, 한 권의 책을 읽더라도 저자의 사상을 이해하고 그것을 나에게로 끌어들여 내 생각을 교정해냈느냐가 중요하다는 것을 기억하자.

마지막으로 조금 민망한 이야기지만 책의 띠지나 뒤표지의 추천사는 무시하는 것이 좋다. 이 책 역시 출판사의 요청에 따라 추천사가 들어갈 수 있지만, 추천사의 대부분은 출판사나 저자와의 인연 또는 인간적인 청탁에 의해 쓰이기 때문이다. 저자의 자신감이라는 측면에서 보면 추천사가 적은 책이 오히려 좋은 책일 수 있다.

글쓰기와 말하기

흔히 많은 책을 읽으면 글을 잘 쓸 것이라고 오해한다. 생각하기와 말하기가 다르듯 읽기와 쓰기 역시 다르다. 책 읽는 행위와 쓰는 행위는 언어라는 매개를 통해 무엇인가를 전달하고 전달받는다는 점에서만 같을 뿐 해석과 창작은 엄연히 다른 것이다.

글을 잘 쓴다는 것은 천부적인 능력이다. 말하기 역시 마찬가지다. 이는 언어학자나 뇌신경전문가들의 연구에서 밝혀진 사실이다. 다만 이 능력은 '잘 쓰는 것'의 정의에 따라 달라진다. 예를 들어 시인이 좋은 시를 썼다면 두 가지 관점이 있을 수 있다. 하나는 아름다운 언어(雅語)를 구사하는 능력일 것이고, 다른 하나는 대상을 바라보는 시각일 것이다. 시인의 눈은 우리가 보지 못하는 것을 본다. 대상을 해석하는 방식이 다르고 분석하는 깊이가 다르다.

그는 물소리는 물이 내는 소리가 아니라고 설명한다. 그렇군, 물소리는 물이 돌에 부딪히는 소리, 물이 바위를 넘어가는 소리, 물이 바람에 항거하는 소리, 물이 바삐바삐 은빛 달을 앉히는 소리, 물이 은빛 별의 허리를 쓰다듬는 소리, 물이 소나무의 뿌리를 매만지는 소리…… 물이 햇살을 핥는 소리, 핥아대며 반짝이는 소리, 물이 길을 찾아가는 소리……

가만히 눈을 감고 귀에 손을 대고 있으면 들린다. 물끼리 몸을 비비는 소리가, 물끼리 가슴을 흔들며 비비는 소리가, 몸이 젖는 것을 모르고 뛰어오르는 물고기들의 비늘 비비는 소리가……

심장에서 심장으로 길을 이루어 흐르는 소리가, 물길의 소리가.
_강은교, 《시간은 주머니에 은빛 별 하나 넣고 다녔다》, 30쪽, ㈜문학사상

강은교 시인의 '물길의 소리'다. 이 시를 읽으면 라이프니츠가 떠오른다. 그는 미세지각이론을 통해 우리에게 하나로 들리는 소리는 미세한 소리들의 총합이라고 설명하면서 폭포를 예로 든다. '폭포소리'라고 하면 우리는 대개 거대한 물줄기가 바닥으로 떨어지며 내는 굉음을 상상한다. 하지만 그 소리는 사실 물방울 하나하나가 서로 부딪치며 몸을 비비는 소리, 물방울이 물과 만나는 소리, 물이 바위에 부딪히는 소리, 폭포 아래 웅덩이에 떨어진 물방울들이 방향을 되돌리며 거칠게 마찰하는 소리들의 총합이다. 즉 우리가 쉽게 인지

하는 어떤 소리는 미세한 소리들의 합인 것이다.

　이 시를 쓸 때 강은교 시인의 시선은 그곳에 머물렀을 것이다. 시인의 눈은 우리가 '물소리'라고 말하는 그 소리를 하나하나 해체한다. 심지어 달밤의 정적과 햇살 반짝이는 오후에 느껴지는 소리의 감각적 차이까지 바라본다. 고요한 달빛 아래 흐르는 물소리와 햇볕 쨍한 대낮에 흐르는 물소리가 다른 것은 그것을 듣는 우리의 느낌이 다른 탓일 것이다. 시인은 그것을 두고 '물이 바삐바삐 은빛 달을 앉히는 소리'라거나 '물이 햇살을 핥는 소리'라고 노래했다.

시인의 시선과 언어, 배울 수 있다

　시인의 관점, 시인의 시선은 우리와 크게 다르다. 뿐만 아니다. 언어구사능력 또한 탄복을 금치 못할 정도다. 그렇다면 이 두 가지 재능은 모두 선천적인 것일까? 결론부터 말하자면 둘 다 다분히 선천적인 재능의 산물이지만, 그렇다고 전혀 배울 수 없는 것은 아니다.

　우리는 보통 음악이나 미술 분야의 대가들은 천재적 재능이 있다고 믿지만, 글을 쓰는 일은 그렇지 않다고 생각한다. 글은 우리도 일상적으로 쓰지만 그림이나 음악은 특별한 사람들이 하는 일이라고 생각하기 때문일 것이다.

　모차르트가 네 살 때 피아노 건반 위를 날아다닌 것은 분명히 신의 축복이지 노력의 산물은 아니다. 미켈란젤로의 〈천지창조〉는 우리 같은 범인이 노력으로 이를 수 없는 경지임이 분명하다. 음악이건 그림이건 간에 예술적 재능은 대부분 선천적으로 타고난다. 글을 쓰는 능력도 그렇다. 대상을 이미지로 표현하거나 소리로 감성을 드러내거나 글로 감정을 표현하는 것은 모두 도구를 사용하는 재능이 분명하다.

그러나 음악적 재능을 향상시키기 위해 노력하면 타고난 음치라도 어느 정도는 노래를 잘하게 되고 그림 그리는 법을 배우면 웬만큼 그림을 잘 그릴 수 있듯이 글쓰기 역시 마찬가지다. 그것도 음악이나 미술보다 훨씬 잘할 수 있다. 음악이나 미술은 우리의 일상이 아니지만 언어와 문자는 일상적으로 접하고 사용하는 것이기 때문에 그만큼 훈련이 되어 있다. 주변에 노래를 잘 부르는 사람은 부지기수지만, 그림을 잘 그리는 사람은 드물다. 그것은 미술적 재능이 천부적인 재능의 영향을 더 받기 때문이 아니라 우리가 미술보다는 음악을 더 자주 접하고 자주 사용(연마)하기 때문이다. 그래서 노래방은 물론 온갖 오디션프로그램에서 가수 뺨치게 노래 잘하는 사람을 어렵지 않게 볼 수 있고, 〈브리튼스갓탤런트〉에서처럼 평범한 휴대전화 외판원의 인생역전도 일어나는 것이다.

물론 우리가 노력으로 강은교의 시를 쓸 수는 없다. 하지만 그에 근접한 수준으로 잘 쓸 수 있는 기능을 연마할 수는 있다. 이것이 글쓰기의 한계이자 가능성이다.

물론 대상을 분석하는 능력은 강은교를 넘어설 수 있다. 우리는 나이가 들면서 통찰이 깊어진다. 어린 시절에는 제아무리 아름다운 명산에 가도 아름답다는 인식을 하기 어렵다. 그저 과정이 즐거울 뿐이다. 하지만 나이가 들면 바람소리에도 눈물이 난다. 같은 사물을 바라보더라도 관점이 달라졌기 때문이다.

글쓰기의 방법

글쓰기에서 중요한 것은 대상을 바라보는 시선이다. 시선을 고정하고 응시하여 나만의 색깔로 대상을 분해할 수 있을 때, 그것을 글로 옮기는 것이다. 그래서 때로 시인과 작가의 빛나는 재능에도 불구하고 철학자의 글이 더 가슴에 와닿기도 한다. 철학자의 시선은 대상을 분해할 뿐 아니라 그 너머를 보여주기 때문이다.

글을 쓸 때는 먼저 말하고자 하는 대상에 대해 충분한 숙고를 거쳐야 한다. 우리가 글을 쓴다고 할 때 가장 먼저 범하는 오류 중 하나가 일단 '나는……'이라고 무조건 시작해놓고 보는 습관이다. 무언가 글을 써야 한다는 강박에 떠밀려 글의 주제와 줄거리에서 멀어지는 것이다.

반드시 기승전결의 얼개를 미리 머릿속에 그리고 시작해야 한다. 글을 쓰기 전에 '시선'을 먼저 가다듬는 것이다. 어떤 글을 쓸 것인지, 무엇을 말할 것인지, 어떤 형식으로 쓸 것인지를 생각해 결정한다. 나의 시선이 분해한 프리즘의 색깔을 명료하게 정리하는 작업이 필요한 것이다.

그 다음 필요한 것은 기교다. 언어를 다루는 능력, 즉 기교를 어떻게 익힐 것인가에 대해서는 이론이 분분하지만 모든 예술행위가 그렇듯 모방에서 출발할 수 있다. 미래의 대가는 현재 대가의 작품을 모사함으로써 공부를 시작한다. 화가는 아그리파를 데생함으로써 첫발을 내딛고, 음악가는 베토벤을 들으면서 꿈을 키운다.

글쓰기 역시 마찬가지다. 좋은 글을 모사하는 것이 중요하다. 우리는 흔히 책을 많이 읽으면 글을 잘 쓰게 될 거라고 생각하지만 그것은 착각이다. 생각하기와 말하기가 다르듯, 읽기와 쓰기는 다르다. 해석과 창작은 엄연히 다른 것임을 잊지 말아야 한다.

글을 쓰는 연습으로 가장 먼저 할 일은 좋은 글이 아닌 잘 씌어진 글을 필사하는 것이다. 글이 내공을 담고 있는가는 중요하지 않다. 글쓰기 연습에서 중요한 것은 문장을 다루는 능력이지 작가의 영감을 흉내내는 것이 아니기 때문이다.

예를 들어 문학적 글쓰기(현란한 글쓰기)가 필요하다면, 즉 소설가·카피라이터·에세이스트 등을 꿈꾼다면 문학가의 글이 좋다. 이를테면 오정희 선생의 단편 같은 것 말이다. 오정희의 단편은 실로 인간의 감정을 묘사하는 능력이 극점에 달해 있다. 적절한 템포, 절제, 무형의 것을 묘사하는 구성과 묘사력은 단연 최고라고 해도 과언이 아니다. 반면 황석영의 글은 이야기 능력이지 필사의 대상은 아니다.

반면 칼럼니스트가 되고자 하거나 타인을 설득하고 자신의 뜻을 주장하는 글쓰기가 필요하다면, 좋은 칼럼을 골라 필사하는 것이 좋다. 필자의 경우 과거 〈이규태 코너〉를 필사한 적이 있는데, 요즘의 글쓰기 트렌드와는 좀 어긋나는 면이 없지 않다. 필자의 글이 무겁고 현학적인 이유가 거기에 있을지도 모른다.

필사를 할 때는 열 번 이상 반복해서 그대로 베껴써야 한다. 키보드를 이용해도 좋고 연필을 쥐어도 좋다. 앞으로 워드프로세서를 통해 글을 쓸 작정이라면 굳이 연필을 잡지 않아도 된다. 특정 글을 이렇게 열 번 이상 반복해서 쓰면 어느 순간 대상의 문체가 내 안으로 들어오는 느낌이 든다. 이때 글을 써보면 그 문체가 내 글에서 배어나오고, 어느 순간에는 그의 어법이나 문장을 흉내내고 있는 자신을 발견하게 된다.

다음 순서는 개작(改作)이다. 소위 청출어람(靑出於藍)의 단계인 셈이다. 필사의 대상으로 삼은 글에서 부족한 점을 찾아 고쳐 써보는 것이다. 이때 중요한 것은 내가 고쳐 쓴 글이 원작보다 낫다는 생각이 들 때까지 여러번 반복해서 고쳐 쓰는 것이다. 특히 불필요한 문장이나 단어를 삭제하고 글을 축약시키는 능력을 키워야 한다. 실제로 글을 써보면 대개는 중언부언하게 된다. 그리고, 그러므로, 그래서, 따라서 등의 남발은 앞선 문맥을 지키려는 일종의 콤플렉스다. 이런 말들은 가능한 한 생략하고 적절하지 않은 문장이나 단어를 삭제한 다음, 그 자리에 나의 글을 가필(加筆)하는 것이다. 이 단계를 반복하다보면 글의 맛을 알게 되고 글과 말의 차이를 스스로 인식하게 된다. 그리고 마지막 단계는 같은 주제를 가지고 처음부터 내가 쓰는 것이다.

처음에는 필사하고 다음에는 축약과 삭제와 가필을 하고, 마지막으로 내가 직접 쓰는 과정을 거치고 나면 세 개의 글이 나란히 놓이게 된다. 필사한 글, 내가 고쳐쓴 글, 내가 새로 쓴 글. 이 가운데 내가 새로 쓴 글이 가장 훌륭하거나 최소한 그와 비슷한 수준에 이르렀을 때, 글을 다루는 훈련은 얼추 마무리되었다고 생각할 수 있다.

진짜 마지막 단계는 통합이다. 나의 프리즘에 비친 내가 주장하고자 하는 것을 선정하고 그 맥락을 머릿속으로 그림으로써 주장을 더욱 선명히 하고 글을 쓰는 것이다. 물론 이때 약간의 기교는 필요하다. 글을 쓸 때는 초두효과, 최신효과 등을 고려해야 한다. 특히 글쓰기에서 가장 유효한 수단은 초두효과다. 인용문, 사례 등을 글의 앞에 제시하는 것이다.

예를 하나 들어보자.

"새로운 것에 대한 선의, 익숙하지 않은 것에 대한 호의를 가져라."
니체의 말이다.

새로운 것에 대한 도전은 늘 익숙하지 않은 것에 대한 모험이다. 사람은 관성에 길들여져 있고 관성은 혁신을 방해한다. 만약 인류가 익숙함에 안주했더라면 우리의 문명이 존재할 수 있을까?

위 글에서 니체의 인용문은 강력한 초두효과를 발휘한다. 읽는 이의 호기심과 시선을 확 잡아끈다. 실제 우리가 책을 읽을 때, 책의 첫 페이지 첫 줄이 그 책을 읽는 내내 영향을 미친다. 이를테면 소설에서 "강은 유유히 흘렀다. 사방에 사람들이 몰려 있었고, 나는 그 주변을 기웃거리다가 결국 그 장면을 보고 말았다. 꺄악, 비명이 저절로 나왔다."로 시작하는 경우와 "꺄악, 비명이 저절로 흘러나왔다.

사람들이 몰려 있는 곳에서 나는 그 장면을 보고 말았다. 강은 유유히 흐르고 있었다."라고 시작하는 경우, 어느 쪽이 더 강한 인상을 남길지 생각해보면 금세 알 수 있다.

특히 칼럼이나 주장을 담은 글은 이렇게 초두효과를 이용하면 상당히 효과적이다. 다만 초두효과를 이용할 때는 반드시 마지막 문장이 첫 문장에 조응해야 한다. 그렇지 않으면 처음 제시된 강한 인상에 반해 끝부분이 지리멸렬하며, 글의 주제가 산만하게 흩어지고 오히려 나쁜 인상을 남기게 된다. 강하게 시작한 만큼 인상적인 마무리가 필요한 것이다.

예를 들어보자. "'새로운 것에 대한 선의, 익숙하지 않은 것에 대한 호의를 가져라' 니체의 말이다."로 시작했다면, 마지막에 "아직도 창의력 논란이 벌어지고 있는 이 땅에서 죽은 것은 신이 아니라 니체인 셈이다."로 다시 한 번 상기시키는 것이다.

하지만 우리 모두가 작가가 될 필요는 없다. 모두 시인이 될 필요도 없다. 글을 써서 먹고살려고 하지 않는 한, 우리에게 있어 글쓰기는 내 생각과 주장을 논리정연하게 담아 다른 사람에게 전달하는 도구일 뿐이다. 그러므로 중요한 것은 그 도구를 지혜롭게 활용하는 일이다.

5장
미래를 여는 변화와 도전

이 시대의 희망부재와 우울

우울증을 극복하는 해법은 사회에 있다. 사회가 발달하며 일정 부분 우뇌형 개인화가 이루어지는 것은 어쩔 수 없고 고도산업사회에서 농경시대처럼 이웃의 숟가락까지 꿰고 있을 수도 없는 노릇이다. 하지만 우리가 들판에 홀로 선 존재가 아니라는 격려와 위안을 사회가 줄 수 있어야 한다.

김제동 씨는 유쾌한 사람이다. 늘 사람좋은 웃음을 짓고, 만나는 사람마다 일일이 인사를 한다. 길을 가다가 누군가 그를 붙잡고 사진을 찍자고 청하거나 사인을 요청해도 거절하는 법이 없다. 그런 부탁이 귀찮을 법도 한데 그의 표정은 한결같다.

그래서인지 그를 좋아하는 사람이 많다. 작년 말 그가 연 토크콘서트는 아예 예약 자체가 불가능할 정도로 초기부터 매진사례를 기록했다. 작은 친분이 있는 필자 역시 그의 콘서트를 관람하기가 쉽지 않았다.

어쨌건 김제동 씨의 매력은 인기연예인이면서도 연예인 같지 않은 자세, 대중의 인기와 기대를 모으면서도 대중에게 진심으로 낮출 줄 아는 인성, 어렵게 살아온 과거를 잊지 않고 어려운 처지에 있는 이들에게 따뜻한 시선을 보내는 삶의 태도 등에 있을 것이다.

인간이 가진 행복 추구의 본성

대중적인 사람은 이미지와 실제의 모습이 꽤 다른 경우가 많다. 겉으로는 화려한 미소를 짓지만 실제로는 어두운 그림자가 드리워져 있는 경우도 적지 않다. 하지만 제동 씨를 만나 이야기해보면 김제동에 대해 대중이 가지고 있는 이미지와 실제가 다르지 않음을 금세 확인할 수 있다. 겸손이 몸에 배어 있고, 허투루 말하는 법이 없으며, 웃음에는 페이소스가 있고, 툭 던지는 한 줄의 개그에도 호소하고 싶은 메시지가 담겨 있다.

그의 집을 방문했을 때의 일이다. 혼자 사는 총각이 으레 그렇듯 거실에는 운동기구와 소파, 침실에는 침대 하나만이 휑뎅그렁하게 놓여 있었다. 무엇보다 인상적이었던 것은 그의 책이었다. 대개 보여주기 위한 책과 읽기 위한 책은 놓인 자리만 봐도 알 수 있다. 곳곳에 이리저리 놓여 있는 그의 책들은 정확히 주인과 함께한 흔적들이 남아 있었다. 그가 만만찮은 독서가임을 금세 알 수 있는 대목이었다.

그런 그가 필자에게 책을 한 권 선물했다.

"이거 제가 감명깊게 읽은 책이에요."

책을 내미는 그의 표정이 하도 진지해서 짐짓 고맙다며 받았지만, 속으로는 별로 달갑지 않았다. '행복은 혼자 오지 않는다'라는 제목 때문이었다. 표지만 봐도 필경 '행복하기 위해서는 사람을 많이 만나고, 늘 웃고, 긍정적으로 생각하고……' 따위의 조언으로 가득할 것 같았기 때문이다.

필자는 이런 류의 책을 좋아하지 않는다. 행복은 누군가의 조언으로 얻을 수 있는 것도 아니고, 한 권의 책에 행복을 찾는 비결이 담겨 있을 리 없다고 여기기 때문이다. 만약 행복이 누군가의 전수로 만날 수 있는 것이라면 이 세상에 불행한 사람이 있을 리 없지 않은가?

더구나 나는 이미 그 책을 갖고 있었다. 언젠가 누군가의 선물로 받은 기억이 있는데, 그때도 받자마자 같은 느낌을 받았고, 그래서 책장 아래 칸 구석으로 밀어넣었다. 이번에 받은 책은 내 책상 한 귀퉁이에 다른 서너 권의 책과 함께 얹혀졌다. 성의에 대한 보답으로 언젠가는 읽겠지만, 당장은 읽지 않겠다는 애매한 심사였던 것이다.

그러던 어느 날 무심코 책상머리에 있던 이 책을 펼쳐들었다. 점심 식사 후의 나른한 시간이었다. 제동 씨가 이 책을 주면서 "굳이 읽지 않아도 돼요. 사진만 보든지, 아니면 촤르르 넘기면서 모퉁이에 그려진 작은 펭귄만 쳐다봐도 됩니다."라고 말했던 기억이 있어서 그림이나 한번 봐야겠다는 생각이었다.

그렇게 펴든 책을 그날로 모두 읽고 말았다. 그 책에는 놀라운 흡입력이 있었다. 저자 히르슈하우젠(Eckart von Hirschhausen)은 행복에 대해서 이렇게 말한다.

중독이 되는 이유는 끊임없이 갈구하기 때문입니다. 도파민은 우리를 충동질하고 미치게 만듭니다. 그것은 우리에게 만족감과 행복을 약속하지만 절대로 온전히 가져다 주지 않습니다! 진화의 설계에 따라, 우리는 행복을 갈구하지만 결코 지속적으로 그것을 느끼지는 못하도록 프로그래밍되어 있습니다. 미칠 노릇이지요! 미국의 헌법에도 '행복추구권'이 보장되어 있다고 나옵니다. 다시 말해서 행복을 탐색할 수는 있지만 그것을 찾아서 손에 넣는다는 보장은 없다는 겁니다. 탐색은 평생토록 계속됩니다. 그리고 어떤 지름길을 택할 때마다 목적지에서 점점 더 멀어집니다. 비극적이면서도 희극적이고 비인간적이면서도 인간적이며, 우주 최대의 해학이자 심술이 아닐 수 없습니다.

그의 주장에 따르면, 인간은 행복을 추구하는 본성이 있다. 하지만 그것을 만족시키려는 노력은 절대 성공하지 못한다고 말한다. 사람은 어떤 것에 대한 욕구가 충족되면 금세 새로운 충족을 위해 눈을 돌리게 되기 때문이다. 통렬한 관찰이라고 할 수 있다. '갈망하되 얻지 말라'는 금언과 상통한다. 우울에 대해서도 말한다.

인간에게는 몇 종류의 뇌호르몬이 있는데, 그중 대표적인 것이 세로토닌이다. 사람이 스트레스를 받고 자극이 줄게 되면 세로토닌의 분비가 줄어든다. 그래서 우울증이 생기면 세로토닌이 증가하는 약을 처방한다. 그런데 문제는 금방 좋아지지 않는다는 것이다. 왜냐하면 세로토닌을 중계할 네트워크들이 움츠러들어 있기 때문이다. 도로에 사람이 다니지 않으면 잡목이 들어차서 길이 막히듯, 신경전달 네트워크가 줄어들어 있어 세로토닌이 쉽게 증가하지 않는다.

보통 의사가 우울증 혹은 우울을 설명하려면 뇌대사 전달물질의 종류부터 메커니즘, 복잡한 약물과 분비 양상까지 일별한다. 자신의 전문성을 내세우려면 전문적인 지식을 드러내야 한다는 강박이 있기 때문이다. 하지만 저자는 다르다. 마치 의학상식을 공부한 일반인이 이야기하는 듯하지만, 의사가 읽으면서도 연신 고개를 끄떡이게 만든다.

희망 부재가 가져온 우울증, 사회구조에 원인이 있다

여기서 중요한 논점 하나를 보태야겠다. 기본적으로 우울증이 급증하는 원인은 사회구조에 있다. 첫번째 요소는 외로움이다. 우리나라는 향우회, 동창회, 동호회 등 온오프라인상의 네트워크가 세계 어느 나라보다 발달해 있다. 일견 외로움과는 거리가 먼 사회처럼 보이지만 군중 속의 개인은 고독하다. 그 이유는 신뢰 부족이다.

OECD 통계를 보면 우리나라의 보건식품 문제, 금융사기범죄 등이 세계 최상위권임을 알 수 있다. 이것은 기본적으로 신뢰 부재를 반영하는 상징이다. 겉으로는 한없이 친밀한 척하지만 타인은 언제나 경계의 대상이다. 공존이 아닌 독존의 사고를 해온 우리 시스템이 문제의 원인이다.

두번째는 희망 부재다. 행복이 소득수준에 비례하지 않는다는 것은 통계만 봐도 알 수 있다. 부탄이 세계에서 가장 행복한 나라라고 알려져 있지만, 부탄은 세계 최빈국 중 하나다. 물론 부탄에 TV가 보급되면서 과거에는 볼 수 없었던 분쟁과 불신의 씨앗들이 싹트고 있다는 소식이 들려오고 있지만, 아직은 부탄 국민들이 행복해한다는 데 이론의 여지가 없다. 부탄 외에도 저소득 아시아 국가들이 행복지수 국가순위의 상위권을 차지하고 있다. 비록 현재는 미약하지만 미래가 지금보다 나을 것이라는 낙관에 기초하고 있기 때문이다. 반면 일본과 우리나라는 우울지수가 높다. 급격한 상향기를 거쳐 정체상태에 돌입했기 때문이다. 미래의 개선에 대한 기대가 꺾이면서 우울 상태로 돌아선 것이다.

세번째는 개인의 문제다. 원래 사람의 태도와 성향은 사회적 학습 이전에 유전적 요인에 의해 결정된다. 좌뇌형과 우뇌형 인간으로 구분하는 것이 대표적인 예다. 좌뇌 전두엽이 발달하면 긍정적인 자극에 민감하고 흥이 많다. 반대로 우뇌가 발달하면 우울한 반응과 부정적 자극에 민감하다. 우뇌형 인간은 내면이 강하고 자기세계를 구

축하는 데 능하다. 그런데 좌뇌형과 우뇌형의 인구비율은 유전적 성향과 더불어 사회적 환경에 따른 요인의 영향도 상당 부분 받는다. 즉 우리나라는 구조적 변화에 따라 과거 저소득 상황의 좌뇌형 우세 형태에서 고소득 상황의 우뇌형 우세 형태로 부정적인 진화가 이루어지고 있다.

우뇌형 인간이 지배적인 사회가 되면 사회는 개인화된다. 개인화된 사회는 다시 우뇌형 우세를 촉진한다. 악순환의 연결고리가 만들어지는 셈이다. 물론 우뇌형 인간은 학문이나 특정 과학기술 분야에서 독특한 성과를 낼 수 있다. 특정 예술 분야도 마찬가지다. 그러나 문제는 개인의 행복이다. 사회적 발전의 대가로 개인의 흥과 행복을 희생하는 것이 바람직한가를 고민해야 한다.

개인의 문제로 보면 우뇌 활동이 왕성한 경우 우울의 소인을 가지고 있다고 볼 수 있다. 그렇다면 이 경우 모두 우울증으로 연결될까? 그렇지 않다. 실제 통계를 보면 일란성 쌍생아가 각자 다른 가정에 입양되었을 때, 반사회적 장애와 우울증, 자살률 등에서 (양쪽 다 일반 평균보다는 높았지만) 의미있는 차이를 보여주었음을 알 수 있다. 즉 기저에 깔려 있는 유전적 요소가 사회적 환경을 만나 발현된다는 뜻이다. 상대적으로 많은 우울의 소인을 가지고 있는 우뇌형이라 하더라도 긍정적 환경을 만나면 그 씨앗은 영원히 냉동된 채로 묻혀 발아되지 않는다. 반면 상대적으로 적은 우뇌형 소인을 가지고 있어도 부정적 환경을 만나면 우울의 씨앗이 바위를 뚫고 싹을 틔운다.

개인의 긍정성도 사회와의 관계에 의해 결정된다

이 문제는 두 가지 측면에서 해법을 찾아야 한다. 개인적인 측면에서는 스스로 긍정성을 강화하는 것이 중요하다. 물론 의도적 노력에 의해 쉽게 이루어지는 것은 아니다. 개인의 긍정적 환경은 대부분

사회와의 관계에 의해 결정되기 때문이다.

개인의 긍정성과 사회의 긍정성이 합치되었을 때, 우뇌형 사회로 진화하더라도 사회 전체는 긍정의 활기가 넘치지만 그 반대의 경우 부정의 암흑 속에 떨어질 수 있다. 그 대표적 사례가 북유럽과 사회주의체제 하의 동유럽 혹은 북한 같은 사회에서 나타나는 긍정과 부정의 교차다. 북유럽은 우뇌형 사회지만 미래에 대한 불안을 제거함으로써 긍정과 행복의 기운을 북돋우는 데 성공하고 있다.

여기가 바로 우리가 고민해야 할 지점이다. 개인의 비극적 선택을 두고, 다른 사람과의 단순 비교를 통해 나약한 선택을 했다고 비하하거나 외면해선 안 된다. 사람은 각자 견딜 수 있는 임계치가 다르고 자극에 반응하는 방식도 제각각 다르다는 점을 인식하지 않고 모두를 일반화하게 되면 비극은 끊임없이 반복된다.

결국 해법은 사회다. 사회가 발달하면서 일정 부분 우뇌형 개인화가 이루어지는 것은 어쩔 수 없고, 지금과 같은 고도산업사회에서 농경시대처럼 이웃의 숟가락까지 꿰고 있을 수도 없는 노릇이다. 하지만 우리가 들판에 홀로 선 존재가 아니라는 격려와 위안을 사회가 줄 수 있어야 한다. 지금 우리 사회의 화두는 welfare(복지)가 되고 있지만, 진정 우리에게 필요한 것은 정치적으로 논쟁하는 복지보다는 wellbeing(참살이)에 대한 근본적 인식이다. 이때 wellbeing은 단순히 유기농 음식을 먹고 피톤치드를 마시며 숲길을 걷는 개인화된 것이 아니라, 정신적 위안과 연대의 회복과 같은 사회적 wellbeing

에 대한 자각을 말한다.

  이런 자각의 바탕이 없이 지속가능한 welfare는 존재하지 않을 것이며, 우리의 우울은 끝나지 않을 것이다.

운명론적 사고가 지배하는 사회의 위험성

우리의 인생이 신의 설계에 따라 레일을 달리는 기차와 같다고 생각하는 사람은 아무도 없다. 하지만 이런 이성적 사고도 자신이 처한 상황에 따라 흔들리는데, 노력해도 실패를 거듭하는 경우가 그것이다. 더구나 이런 운명론적 사고가 사회운명론으로 이어질 때는 위태로운 상황이 만들어지기도 한다.

고대 그리스 철학자 헤시오도스(Hèsíodos)는 운명을 주관하는 세 여신 '모이라(Moira)'에 대해 다음과 같이 말했다. 인간의 탄생을 주관하는 클로토(Clotho)는 생명의 실을 뽑아내고, 라케시스(Lachesis)는 모든 인간의 생애를 자기 마음대로 조종하며, 가장 연장인 아트로포스(Atropos)는 생명의 실을 끊는 역할을 담당한다고 설명했다. 자연의 현상과 세상의 이치, 심지어 사랑과 증오 같은 욕망마저 신에 의지해 풀어갔던 그리스인들의 사고에서 운명은 벗어날 수 없는 올가미였던 셈이다.

이런 생각은 중세 기독교에서도 광범위하게 받아들여졌다. 심지어 아우구스티누스(Aurelius Augustinus)는 "인간 의지의 자유는 제1의 인간, 즉 아담에게만 해당될 뿐 그 이후의 인간들에게는 선(善)을 행할 자유가 아니라 다만 악(惡)을 행할 자유(원죄)밖에 없다."고 주장하기까지 했다. 이렇듯 운명론 속의 인간은 운명의 포로가 되어 허락된 시간과 공간 속에서 정해진 운명에 따라 살아가야만 하는 가련한 존재였다.

거듭된 실패가 만들어낸 운명론적 사고

지금은 우리의 인생이 신의 설계에 따라 레일을 달리는 장난감기차와 같다고 생각하는 사람은 아무도 없다. 즉 인간이라고 해서 생물학과 물리학의 법칙에서 예외가 될 수는 없지만, 그래도 각자의 삶은 자유의지에 따라 결정된다고 생각하는 것이다. 하지만 이런 이성적 사고도 자신이 처한 상황에 따라 흔들리곤 한다. 한계를 극복하기 위해 노력해도 실패를 거듭하는 경우에 특히 그렇다. 더구나 이런 운명론적 사고가 사회적 운명론으로 이어질 때는 위태로운 상황이 만들어지기도 한다.

예를 들어 갈수록 심해지는 청년들의 기회상실과 해결 기미가 보이지 않는 양극화 속에서 부가 세습되고 신분이 고착되는 부조리를 보자. 이런 부조리에 반복적으로 직면하게 되면, 개인이 아무리 노력해도 사회의 변혁은 불가능하다는 체념의 동기가 되는 것이다. 이런 순간 인간은 도전의지를 잃어버리고 좌절에 빠져들며, 본의 아니게 현상황의 동조자가 되어버린다.

하지만 이렇듯 어려운 상황이 우리 시대에만 있었던 것은 아니다. 마키아벨리(Niccolo Machiavelli)의 시대에도, 애덤 스미스(Adam Smith)의 시대에도 이런 체념적 한탄들이 하늘을 찔렀고, 그때마다 사람들은 섣부른 운명론에 사로잡혀 개선의 의지를 잃어버렸다. 하지만 그래도 지나고 보면 역사의 수레바퀴는 계속 굴러가고 있었다.

우리 삶은 자유의지에 따라 결정된다

이에 주목한 차가운 지략가 마키아벨리는 운명에 맞서는 인간의 힘(virtu, 비르투)를 강조했다. 일반적으로 받아들여지는 도덕이란 욕망이나 유혹을 이성의 힘으로 통제함으로써 달성되는 가치지만, 마키아벨리의 비르투는 이런 욕망과 유혹의 불꽃이 견제나 억압 없이 그대로 드러나는 상태를 가리킨다.

그는 어떤 문제가 발생했을 때 운명적 체념을 함으로써 그것에 복종하는 어리석음을 질타하면서, "운명이 행위의 결과물에 반 이상 작용할 수도 있다. 하지만 운명 역시 나머지 절반은 바로 우리 인간에게 맡겨놓았다."고 말했다. 즉 운명은 기다리는 것이 아니라 잡아채는 것이며, 기회가 포착되면 놓치지 않고 거머쥠으로써 목적을 달성할 수 있다는 것이다. 그래서 그는 대표작인 《군주론 *Il Principe*》에서 운명에 순응하지 말고 적극적이고 과감한 자유의지를 내세우고, 여건이 어렵다고 해서 그것에 복종하거나 좌절하지 말고 운명을 개척하라고 외치며 이렇게 말한다.

> 운명의 신은 여신이므로 그녀를 내 것으로 만들기 위해서는 가끔은 쓰러뜨리거나 제압할 필요가 있다. 운명은 거리를 두고 망설이는 사람보다 이런 사람들에게 승자의 면류관을 씌워준다. 즉 운명은 여자와 같아서 젊은 청년의 편이다. 왜냐하면 혈기 왕성한 청년은 좌고우면하지 않고, 민첩하고 과감하게 여자를 지배하기 때문이다.

'운명적'이라는 말은 너무 유연해서 욕망을 추구하는 나와, 좌절과 권태를 거듭하는 나 모두를 위한 변명으로 사용할 수 있다. 때문에 어떤 것이든 선택의 결과를 설명하는 데 이보다 더 탁월한 말은 없다.

이것을 현대적으로 해석하면 기회의 문제로 읽을 수 있다. 그리스 철학자나 교부철학자, 마키아벨리의 시대에 운명은 피할 수 없는 그림자였지만 지금 우리 시대에 운명은 조건이나 환경의 동의어다.

이를테면 중세 이전 인류가 척박하게 살아가던 시기에는 노력해서 혹독한 삶을 개선할 수 있는 가능성은 전혀 없었다. 소작이나 농노의 신분으로는 아무리 노력한다고 해도 부를 누리거나 기회를 얻을 수 없었기 때문이다. 당시 도전이란 귀족들의 전유물이었고, 대중은 운명적 체념 속에 다음 생을 기약하는 것이 여러모로 안전했던 것이다.

하지만 현대 민주주의 혹은 자본주의는, 기회는 모든 이에게 동등하다고 가르친다. 이들 체제하에서는 운명에 체념하기보다 적극적인 도전으로 기회를 잡는 사람에게 보상이 따르기 때문에, 이 시대에는 과학기술의 발달과 더불어 운명론이 퇴조했다.

하지만 지금 우리 주변에는 다시 운명론의 검은 그림자가 짙게 드리우고 있다. 금숟가락을 물고 태어나는 재벌가의 자식과 치열한 생존경쟁에 휘둘리는 비정규직 근로자의 아들에게 주어지는 기회는 동일하지 않다. 누군가는 일류 사교육에 해외연수까지 비단길을 걸어가지만, 다른 누군가는 아르바이트를 하며 학비를 벌어야 하고, 또 다른 누군가는 어린 시절부터 가족의 생계를 책임지면서 기회는커녕 생존의 문제에 시달려야 한다. 더구나 이런 상황이 노력으로 역전될 가능성이 줄어들면서 체념과 좌절이 앞서고 운명론적 자기비하에 빠지게 되는 것이다.

하지만 마키아벨리의 말을 빌리면, 그것은 절반의 문제다. 현실적으로 차이가 차별이 되고 기회의 문은 갈수록 좁아지는 세상이지만, 그래도 그 차이는 어디까지나 절반의 문제이며 나머지 절반의 기회는 여전히 존재한다.

물론 대기업 또는 공기업 입사만이 목적일 경우 그 절반은 엄청난 차별이다. 그러나 미래사회의 새로운 패러다임이 도래하는 국면에서, 그 맨 앞에 설 수 있는 나머지 절반의 기회는 모두에게 공평하게 열려 있다. 다만 이 문에 들어서기 위해서는 의지와 안목, 믿음이 필요하다. 지금 당장이 아닌 미래의 변화, 그 시대에 주어질 기회를 위해 도전하고 준비하는 나의 태도는 제한된 절반의 기회와는 상관없는 영역이며, 그 기회는 누구나 쟁취할 수 있다. 물론 그러기 위해서는 공통의 기회를 잡기 위해 필요한 스펙이 아닌, 다른 절반의 기회를 쟁취하는 데 필요한 통찰력을 예리하게 가다듬어야 한다. 그렇게 함으로써 당신이 바로 새 시대의 주인공이 되는 것이다.

건강한 사회를 위한 시민의식

시민은 계층 간에 균형을 이루고 사회에 속한 개인들이 사회 속에서 기여할 수 있도록 건강한 감시자의 역할을 하는 사람들이다. 즉 시민에게는 사회의 건강성을 유지할 책임과 의무가 있는 것이다. 그리고 이 역할은 이미 시스템에 길들여진 기성세대의 몫이 아닌, 청년의 몫이다.

민주사회의 시민(市民)이란 무엇인가? 원론적으로는 고대 그리스 도시국가에서 참정권을 가진 계급을 가리키는 말이었다. 그러나 이후 봉건사회가 쇠퇴하는 과정에서 농업과 상업 부문에서 개별적으로 경제적 성취를 이루었지만, 정치·사회적으로는 그에 해당하는 힘을 갖지 못했던 유산계급(부르주아지, bourgeoisie)을 가리키는 용어가 되었다. 이들은 '부르주아지'라는 말의 어감과는 달리 개혁적이고 자유주의적인 성향을 띠었다. 스스로의 능력에 맞는 대우를 받지 못하고 있던 이들에게는 세금제도나 사회정치체제가 매우 불리했기 때문에 기존의 체제, 즉 구체제(앙시앵레짐, ancien régime)의 지배층에 반기를 들었고, 그들의 압박에서 자유로워질 것을 촉구했다.

민주사회 시민의 책임과 의무

이런 점에서 본다면 '시민'의 본래적 의미는 '물려받은 재산이나 권력이 아닌 스스로의 능력으로 축적한 것들에 대한 권리의식으로 무장한 집단'이라고 봐야 할 것이다. 이들은 후에 자본가가 되었고 근대 시민사회를 주도했다. 물론 세습된 자본가도 있었지만, 이들의 자본은 스스로 창출한 것이라는 점에서 구체제에 속한 세습된 자본가와 달랐다. 이들의 혁명은 '무산자계급'의 동참을 이끌어내면서 결국 시민혁명으로 이어졌고 이것이 서구민주주의의 출발점이 되었다.

같은 맥락에서, 체제는 세습적인 권력 혹은 자본이 수호하는 기득권 계층과 이것에 저항하지 않으면 새로운 성장이 불가능한 자수성가형 계층의 대립구도라고 볼 수 있다. 이런 대립은 한편 자연스러운 것이기도 하지만 대립이 격화되면 공멸하는 위험을 갖고 있다. 그래서 이런 대립구도가 심화될 때는 둘 사이의 간극을 좁혀 서로 화해하며 양해하는 대타협이 필요한데, 그것이 바로 지금 우리 사회의 숙제이기도 하다.

우리 사회는 이런 대립이 계속 격화되고 있다. 시장경제체제가 완숙기를 지나면서 시장에서 성장한 대자본이 성과를 부당하게 세습하고 있으며, 그 과정에서 기회를 잃은 약자들은 아우성을 치고 있다. 그런 와중에도 대기업은 상대적 욕망의 노예가 되어 수단과 방법을 가리지 않고 부를 늘려가고, 자신의 자녀들에게 그만큼의 부와 지위를 물려주기 위해 내부거래, 편법 증여와 상속 등을 서슴지 않으면서 약자들의 기회를 더 약탈하고 있다. '시장원리'라는 신성불가침한 명분이 이런 부당함에 대한 견제 의무를 다하지 못하고 있으므로, 이대로 가다가는 공멸하고 말 것이라는 위기론이 대두되고 있는 실정이다.

문제는 이 시스템에서 수혜를 받고 있는 주류들이 스스로 문제를 고치려고 하지는 않는다는 것이다. 현실적으로 시스템을 고칠 수 있는 힘은 주류에게 있지만, 주류가 스스로의 이익을 보장해주는 시스템을 포기할 리 없다는 것이 지금 우리 사회의 딜레마다. 이때 시민의 자각과 힘이 중요하다. 지금은 낫과 창의 시대도 혁명의 시대도 아니다. 그리고 인류가 만들어온 사회시스템 중에서 자본주의를 뛰어넘는 체제를 발견하지도 못했다. 그렇다면 문제가 있는 시스템을 고쳐서 영속 가능하도록 하는 것이 시민의 임무가 될 것이다.

시민은 사회의 건강성을 유지할 책임과 의무가 있으며, 계층간에 균형을 이루고 개인들이 누구나 사회에 기여할 수 있도록 건강한 감시자의 역할을 해야 한다. 특히 청년은 현대사회의 시민이 되어야 한다. 개선은 이미 시스템에 길들여진 기성세대의 몫이 아닌 장차 개선의 수혜를 입게 될 청년들의 몫이다. 자신들의 문제를 남에게 맡겨서는 안 된다.

분노는 개선의 노력이며 시민의 의무다

관리자본주의에서 시장(금융)자본주의로 전환되는 지난 몇십 년간의 과정에 문제가 생기면서 산업자본의 발전이 근로자와 대중의 삶의 질도 개선시킬 수 있다는 전통적인 믿음이 사라졌다.

이유는 여러 가지가 있겠지만, 가장 중요한 요인은 자본권력이 대의민주주의적 절차에 의해 대중의 위임을 받은 정치권력을 누르고 국가사회의 어젠더를 결정하기 때문이다. 이런 현상은 골드먼삭스를 가버먼트삭스(government socks)라 부르는 미국에서 먼저 시작되었다. 미국은 겉으로는 완전한 민주주의체제인 듯이 보이지만 실제로는 정부권력이, 자본이 제공하는 정치자금과 인력풀로부터 대단히 자유롭지 못한 나라다.

대표적인 사례가 2008년의 금융위기다. 2000년 이후 2010년까지 10년간 미국민의 개인소득은 증가하지 않았지만 미국의 GDP는 19퍼센트나 증가했다. 그럼 늘어난 19퍼센트는 과연 어디로 갔을까? 이것이 위기의 핵심이다. 신자유주의의 번성으로 지난 수십 년간 자본은 점점 비대해졌지만 편중된 자본축적은 도리어 찬양되었다. 시장주의는 기본적으로 '상대적 욕망'을 찬양하고 부추김으로써 성장하는 것이므로 더 쌓고 더 늘리고 더 모으려는 욕망은 당연하다고들

했다. 그래서 슈퍼리치(super rich), 소위 큰부자는 선망의 대상이다. 그 부를 축적하는 과정보다는 결과물인 부의 크기를 경배하는 천민자본주의가 자리를 잡게 된 것이다. 그 결과 누군가의 계좌에는 평생을 쓰고도 남을 엄청난 부가 쌓이지만 누군가는 마이너스통장에 의지해 살아가야 하는 상황으로 내몰린다. 마치 옆집에서 사람이 굶어죽는데도 만석꾼의 창고에서는 쌀이 썩어나가는 것과 같다. 더 큰 문제는 이렇게 쌓인 부가 대대로 상속된다는 것이다.

이러한 자기파괴적인 시스템은 현대 시장자본주의의 가장 큰 숙제다. 굶어죽는 사람이 늘어간다면 만석꾼의 창고는 약탈을 피할 수 없기 때문이다. 우리 모두는 문제를 알면서도 외면하고 있다. 당장 해결해야 할 문제는 아니라고 생각하는 것이다. 이것은 마차가 절벽을 향해 달리고 있다는 사실을 알면서도 당장은 떨어지지 않을 테니 말을 멈추거나 방향을 틀 필요가 없다고 생각하는 것과 같은 사고방식이다.

그렇다면 어떻게 해야 할까? 상대적 빈곤 문제가 심각하더라도 지금 시점에서 자본주의체제 자체를 부정하고 사회주의로 갈 수는 없음을 우리는 경험을 통해 알고 있다. 지난 세월 지구의 반쪽에서 사회주의를 실험해본 결과, 절대적 빈곤과 독재를 경험했기 때문이다.

그래서 많은 사람이 제3의 대안을 찾아야 한다고 말한다. 물론 빌 게이츠가 말한 노블레스 오블리주(Noblesse oblige)에 기반한 '사람의 피가 흐르는 자본주의'도 하나의 대안일 것이다. 하지만 이것은 제도가 아닌 개인의 선의를 바탕으로 한다는 점에서 성공 가능성이 낮다. 제도적인 문제를 그대로 두고, 소수 개인들의 선량한 기부가 문제를 해결하리라 기대하는 것은 위선적 타협안에 불과하다.

그런 점에서 '오마하의 현인' 워런 버핏이 〈뉴욕타임스 The New York Times〉에 기고한 칼럼은 깊이 새겨볼 만하다. 그는 자신과 같은 거부가 내는 세금보다 자신의 사무실에서 일하는 직원들에게 부과되는 세율이 더 높은 것을 지적했다. 돈으로 돈을 버는 사람이 노동으로 돈을 버는 사람에 비해 세금을 적게 내는 것은 정의가 아니라고 전제하고, 부자들에게 세금을 더 많이 거둬서 가난한 사람을 도우라고 주장했다. 즉 미국식 시장경제는 단순히 자본이익을 취하는 수많은 금융·부동산 소득자는 세금을 적게 내고(우리나라도 마찬가지다), 노동자들에게는 많은 세금을 부담하게 함으로써 자본주의체제를 위협하는 극히 잘못된 제도라는 인식을 드러낸 것이다.

버핏의 증세안은 극단을 향해 치달리는 시장자본주의의 모순을 해결할 수 있는 유일한 방안이다. 제도의 모순을 바로잡아 제도 자체가 제대로 기능하게 만든다는 점에서, 시장자본주의의 욕망을 제도로 통제하는 근본주의에 가까운 주장이다. 물론 그의 주장에는 극소수 부자에 대한 증세라는 구조적 한계가 있다. 그러나 시장자본주의가 번성하기 위해서는 더 많은 돈을 가지려는 욕망이 가장 중요하며, 그 끝없는 욕망을 이용해 파이를 더 키울 수 있다는 신자유주의의 교리에 대한 도발인 것은 분명하다.

결국 제도의 문제다. 선의를 가진 사람의 선량한 기부는 존경받아 마땅한 일이지만 그보다 더 중요한 것은 공동체의 행복을 위해 누구나 시민의 의무를 다하도록 강제하는 제도가 필요하다는 점이다. 이런 점에서 청년의 자각은 대단히 중요하다. 이런 제도는 민주주의 의사결정의 속성상 국민의 요구가 정치적 압력으로 작동해야만 개선될 수 있기 때문이다. 시민의 요구가 없는 상황에서 정치권력은 정치자금의 주요 제공원인 자본의 편을 들 수밖에 없다. 따라서 청년들이 현실에 분노하고 제도의 개선을 요구하는 것은 청년들 스스로 자신들의 미래를 설계하는 가장 중요한 요소다.

다만 분노는 개인적인 것이 아니라 공분(公憤)이어야 한다. 다른 사람이 부당한 일을 겪을 때 내가 분노해주지 않으면 내가 부당한 일을 겪을 때 다른 사람도 나를 위해 분노하지 않는다. 타인에 대한 동정은 비겁한 회피이며 연민에 불과하다. 누군가 부당한 대우를 받았을 때 그를 동정해서 술을 사는 연민은 이기심에 대한 자기합리화일 뿐이다. 우리가 모두 부당함에 대해 진심으로 공감하고 공분할 수 있을 때 사회는 개선되고 발전한다.

소셜네트워크가 만드는 스마트월드

지금 우리 사회에 불어닥친 소셜네트워크 열풍은 사람이 부가가치의 핵심이 되는 시대에 사람의 만남, 그 플랫폼이 갖는 잠재력을 보여주는 상징이자 증거다. 소통하려는 인간의 본성은 소셜네트워크의 진화를 이끌어낼 것이며 그것을 통해 새로운 패러다임이 펼쳐질 것이다.

소셜네트워크서비스(SNS) 열풍이다. 언론은 트위터에 누가 무슨 글을 올렸는지 살피기 바쁘고, 정치인과 기업인들도 나서서 계정을 개설하느라 정신이 없다. 소셜네트워크의 영향력이 그만큼 빠르게 확산되고 있다는 증거다. 하지만 SNS에 대한 우리의 관심은 가십 수준을 넘지 못한다. 막연하게 향후 여론에 큰 영향을 미칠 것이라는 '심봉사의 점괘'만이 난무하고 있다.

그렇다면 SNS가 정말 현실세계에서 큰 영향력을 발휘하고, 여론의 물줄기를 바꾸어놓을 만큼 막강한 대안체계로 안착할 수 있을까? 이 부분에 대해서는 우리가 간과하고 있는 것이 많다.

소셜네트워크의 순기능과 역기능 바로 알기

먼저 SNS는 '병렬성'의 특징을 지녔다는 점에서 의미를 찾을 수 있다. 과거 여론은 오피니언리더와 언론에 의해 형성되었다. 대중의 견해는 '국민의 뜻'이라는 이름으로 왜곡되기 일쑤였고 언론은 보여주고 싶은 것, 비추고 싶은 곳만 보도했다. 이런 정보의 불균형성(직렬성)은 성장하는 시민의식과 유리되고 대중의 불만을 증폭시켰다. 시민사회에서 정작 시민의 의견이 도외시되고, 소위 오피니언리더들의 주장이 여론으로 포장되었기 때문이다.

대중이 할 수 있는 일은 언론사 홈페이지에서 댓글을 달거나, 아고라 같은 인터넷사이트 토론방에서 자신의 주장을 펼치는 것이 전부였다. 평상시에 대중의 힘은 미약하기 그지없었는데, 그것은 절대다수지만 산발적인 대중의 특성 때문이다. 물론 인터넷을 통해 활발하게 자기주장을 펼치거나 드물게 대중의 시선을 끄는 경우도 생겨났지만, 특별한 경우를 제외하고 대중 일반의 의견이 담론화된 경우는 많지 않았다. 기승전결을 갖춘 문장력과 인지도가 부족하면 아무리 탁월한 식견을 가지고 있어도 주목받기가 어려웠던 것이다.

이런 상황에서 SNS는 대중의 갈증을 일거에 해소했다. 높은 데서 낮은 데로 흐르던 여론의 강물이 바다를 만난 셈이었다. 그가 누구건 무슨 일을 하건 같은 기회를 가졌고, 그의 의견이 대중의 지지를 받는지 배척되는지는 팔로어 수와 반응으로 '계량화'되었기 때문이다. 여기 제시한 내용까지는 SNS의 순기능이다.

문제는 역기능이다. SNS의 약점은 역설적으로 '대중성의 부족'에 있다. 기본적으로 SNS는 온라인상의 친분이 우선되기 때문에 기본적으로 나에게 호감을 가진 사람들만 반응한다. 때문에 SNS상에서 나의 견해는 늘 옳은 것처럼 보인다. 관계를 맺지 않은 대중들이 모두 자유롭게 반응하는 기존의 방식과 달리 집중적이고 확산성이 강한 SNS는 정작 같은 견해를 가진 사람들 사이에서 동종교배가 일어날 수 있는 폐쇄성을 갖고 있는 것이다.

예를 들어 트위터에서 나의 팔로어는 기본적으로 나에게 호감을 갖고 있고 나와 성향이 비슷한 경우가 대부분이다. 혹은 오프라인에서 관계를 맺고 있는 사람들이 서로 신분을 공개하며 온라인상에서도 관계를 이어가는 경우도 많다. 때문에 이 그룹에서 나의 견해에 반대하는 비율은 지극히 낮을 뿐 아니라, 동의하지 않는 경우에도 반대의사를 드러내지 못하는 침묵의 나선구조를 형성하게 된다.

때문에 SNS에서 오고가는 담론은 서로 같은 생각을 하는 사람들 사이에서 유통되고 소비되며, 한 가지 견해를 두고 모두가 옳다고 착각하는 '무오류성의 함정'에 빠지기 쉽다. 만약 정치인이라면 자신의 정책이 절대적 지지를 받고 있다고 착각할 것이고 언론사라면 자사의 논조가 대중의 중심을 대표한다고 오해하게 될 것이다. 개인도 마찬가지다. 못마땅한 사람은 입을 다물고 동의하는 사람은 적극적으로 맞장구를 친다. 그래서 SNS상의 의견들은 비판에 민감하고 그래서 비판은 암암리에 위축된다.

결국 SNS를 어떻게 사용하고 해석할 것인가 하는 숙제가 남게 된다. 만약 사용자가 잘못 다루거나 해석하면 그것은 대중민주주의의 도구가 아니라, 마치 대통령 지지 여론조사의 함정처럼 소수의 편견과 아집으로 점철되어, 편협한 주장이 자기정당성을 획득하는 도구로 전락할 수도 있다.

SNS의 활성화는 이런 사회문화적인 측면뿐 아니라 산업 측면에서도 중요한 시사점을 던지고 있다. 사람과 사람이 만나면 부가가치가 발생한다는 사실을 다시 일깨워준 것이다. 10명이 만나면 상당한 가치가 만들어지고, 100만 명이 만나면 더 많은 가치가 만들어지며, 1,000만 명이 만나면 엄청난 가치가 창출되는 세상이다. 그 중심에 소셜네트워크가 존재한다는 사실은 IT혁명 이후 잊혀졌던 플랫폼의 중요성이 재부각되는 계기가 되었다.

이것은 매우 중요한 시사점이다. 문명과 산업이 급격히 발달하면서 일은 점점 분업화·세분화되어 지혜와 통찰력이 사라지고 지식만 파편처럼 쌓였다. 이런 상태에서 기술의 진보는 빨라졌지만 그만큼 분화도 가속화되어 같은 반도체공장에서도 바로 옆사람이 무슨 일을 하는지조차 모르는 상황이 된 것이다. 이런 상황이다 보니 이제 곧 마이크로가 아닌 매크로의 시대가 도래할 것이라는 예상이 나오고 있다. 모두들 현미경만 들여다보고 있으니, 한 발 떨어져서 크게 보고 통합과 조정력을 발휘할 지혜가 필요해진 것이다.

개인화의 관점에서도 그렇다. 사람들 사이에서 사람을 그리워한다. 과거에는 사람 사이의 관계가 끈끈해서 사람으로 지탱하고 사람으로 위로받았지만, 이젠 사람을 두려워한다. 강한 공동체 안에서는 이웃의 숟가락이 몇 개인지 알 정도로 친밀하게 지내면서 서로를 온전히 이해했지만, 공동체의식이 약한 지금은 서로 각자의 페르소나를 앞세울 뿐 진면목으로 상대하지 않기 때문이다. 그러니 상대가 나에게 위로보다는 상처를 줄 거라고 생각하며 두려워하게 된 것이다.

사람은 누군가 자신의 말을 들어주기를 바라지만, 내 말을 하려면 상대의 말도 들어줘야 한다. 이것이 바로 소통이다. 하지만 지금은 누구도 진심을 말하려 하지 않고 들으려고도 하지 않는다. 이익이 우선인 사회에서는 가능하면 자신의 본심은 숨긴 채 상대의 본심을 간파해야 하기 때문이다. 도박사들이 포커페이스로 자신의 패를 감추고 상대의 패를 읽어내야 돈을 딸 수 있는 것과 같은 이치가 사회 전반에 작동하는 것이다. 그렇다 보니 우리는 모두 각자 고립되어 있다. 도시 속의 섬처럼 각자 외롭게 누에고치를 짓고 상대를 경계하며 마음의 문을 닫아건 것이다.

소통에 대한 인간의 욕구가 소셜네트워크의 진화를 이끌다

우리 사회에서 자꾸 번져가는 집단우울증의 원인도 바로 그것이다. 활짝 열려 있던 대문이 어느 순간 닫혀버리면서 폐소공포가 사회를 지배하게 되었으며 이런 상황에서 소셜네트워크가 등장했다. 농경시대처럼 대문을 없앨 수는 없지만, 그렇다고 계속 닫은 채 살 수도 없는 역설을 극복하려는 항상성의 결과인 셈이다. 결국 소통하려는 인간의 본능이, 비록 체온은 아니더라도 언어로서 소통할 수 있는 창구를 열고, 그것을 통해 다른 사람들과 이야기를 주고받고 관계를 맺게 된 것이다. 소셜네트워크가 장차 어떤 식으로 발전할지는 아무도 모르지만, 어떤 형태로든 소통하고자 하는 인간의 본성은 소셜네트워크의 진화를 이끌어낼 것이다. 그래서 소셜네트워크열풍을 닷컴버블처럼 보는 것은 큰 오류다.

소셜네트워크상에서는 생면부지의 사람들이 내 말을 듣고, 내가 가만히 있어도 다른 사람이 말을 걸어온다. 굳이 표정을 드러내지 않아도, 보여주고 싶은 것만 보여줘도, 길거리에서 돌을 맞을 만한 이야기를 해도 누군가는 들어주는 것이다. 일각에서는 이것의 부작용을 지적한다. 루머의 온상이고 불온한 사상이 떠다니며 악플러들이 지배하는 곳이라고 한다. 또 상대가 강도인지, 사기꾼인지도 모르고 관계를 맺는 것은 위험하다고 경고한다.

하지만 소셜네트워크에서 주고받는 관계는 우리의 욕망, 의지, 불안, 무의식, 위선의 총합이다. 없는 생각이 소셜네트워크를 통해 만들어지는 것이 아니라, 원래 가지고 있었지만 애써 눌러왔던 생각과 말들이 터져나온 것이라는 뜻이다. (그런 면에서 소셜네트워크에 부정적

인 사람들은 대중의 무의식 속에 억눌린 것들이 드러나는 것을 두려워하는 것인지도 모른다) 소셜네트워크가 사라지면 그 생각은 다시 잠복할 것이다. 루머 역시 마찬가지다. 공개적인 네트워크를 닫으면 루머는 더 은밀한 공간에서 암세포처럼 성장한다. 오히려 공개됨으로써 루머는 증명되고 결국 사라진다.

결국 소셜네크워크는 이런 기반 위에서 앞으로 더 다양하게 진화할 것이다. 소통과 관계, 그리고 '임금님 귀는 당나귀 귀'라고 외치고 싶어하는 인간의 본성이 사라지지 않는 한, 현대 산업사회가 후퇴하지 않는 한 그렇게 될 수밖에 없다.

그렇다면 애써 부정하기보다 본질을 살필 필요가 있다. 우선 개방성의 한계에 대해 생각해보자. 오프라인에서는 위선적 페르소나를 앞세워도 내 진면목의 일부는 드러나지만 온라인은 다르다. 내가 드러내고 싶은 만큼만 드러내도 된다. 심지어 외모까지도 포토샵 처리된 사진을 통해 얼마든지 바꿀 수 있다. 그래서 우리는 온라인상에서 자신을 더 편안하게 표현할 수 있지만, 한편으로는 다른 사람의 표현을 수용할 때에도 그만큼 할인된 시각이 필요하다는 이야기가 된다.

또 드러내고 싶은 만큼 소통하고 싶은 만큼만 문을 열게 되므로, 타인에게 나의 기준을 강요할 필요도 없다. 나는 말을 하는데 당신은 왜 말하지 않느냐고 따질 이유도 없다. 상대가 아무 말도 하지 않는 게 거슬리면 나도 말을 하지 않거나 그와의 대화통로를 닫으면 그만이다.

지금 우리 사회에 불어닥친 SNS열풍은 사람이 부가가치의 핵심이 되는 시대에 사람의 만남, 그 플랫폼이 갖는 잠재력을 보여주는 상징이자 증거다. SNS를 그저 단순한 오락으로 여기지 않고 그것에 내포된 상징성에 주목한다면, 거기에 펼쳐진 새로운 패러다임의 한 장면이 뚜렷하게 보일 것이다.

전세계적 슬로건, 공존과 공생

사회는 일시적으로 선·악에 대한 분별력을 잃는 경우가 많지만, 장기적으로는 항상성을 기반으로 선한 영향력의 편을 들게 되어 있다. 그리고 선한 영향력 중 무엇보다 중요한 것은 공감력이다. 타인의 고통을 나의 고통으로 이해하는 공감력이 있어야 영속가능한 사회가 될 수 있다.

거래는 이익을 위해 싫은 일을 억지로 행하는 것이고, 희생은 이익을 바라지 않고 힘든 일을 행하는 것이며, 헌신은 이익을 바라지 않고 힘든 일을 기쁜 마음으로 행하는 것으로, 헌신은 인간이 다른 인간에게 느낄 수 있는 최고 단계의 감정이다.

어느 날 필자가 트위터에 쓴 글이다. 사람은 가능하면 영향력을 행사할 수 있는 역할을 맡는 것이 좋다. 학생을 가르치는 선생님이든 좋은 제품을 만들어내는 개발자든 사회운동을 하는 사회사업가든. 비단 정치가가 아니어도 사회나 개인에게 영향력을 행사할 수 있는 방법은 다양하다. 물론 이때의 영향력은 반드시 선한 영향력이어야 한다. 하지만 우리 사회에는 악한 영향력을 행사하는 사람도 많다. 기업가가 탐욕적이어서 약탈적으로 수익을 올리려 하거나, 생산자가 소비자에게 위해를 끼치는 제품을 만들거나, 교육자가 학생에게 나쁜 가치관을 심어주기도 한다.

사회는 일시적으로 선·악에 대한 분별력을 잃는 경우가 많지만, 장기적으로는 항상성을 기반으로 선한 영향력의 편을 들게 되어 있다. 때문에 우리가 일시적 성공을 도모하는 것이 아니라면 우리의 영향력은 반드시 선한 방향으로 행사되어야 한다.

선한 영향력의 두 가지인 sympathy와 empathy

그렇다면 선한 영향력의 정의는 무엇일까? 단지 타인에게 이익이 되는 선택을 함으로써 선한 영향력을 행사했다고 믿는다면 그것은 착각이다. 선량함의 근원에는 두 가지 핵심기제가 작용하는데, 하나는 sympathy(동정심)이고 다른 하나는 empathy(공감력)이다.

1900년대 제정 러시아의 가혹한 통치하에서 지식인들은 헐벗고 굶주리고 억압받는 농민들을 계몽하기 위해 '민중 속으로(브나로드)'라는 운동을 펼쳤다. 농민이 입는 옷을 입고 농민이 먹는 것을 먹고 농민이 자는 곳에서 자며 농민을 교육해 그들의 권리의식을 일깨우고자 했던 것이다. 하지만 농민들을 위해 시작한 이 운동은 처참한

실패로 끝났고 말았다. 농민들이 그들을 비밀경찰에 고발하며 외면했기 때문이다.

당시 농민들이 자신들을 도우려는 지식인들을 고발한 이유는, 그들이 '민중 속으로'를 표방했지만 농민의 마음을 갖고 있진 않았기 때문이다. 교육받은 지식인으로서, 시대를 고민하는 귀족의 자제로서, 농민을 그저 계몽의 대상으로 보고 그들을 구원하고자 하는 인식과 태도를 버리지 못했던 것이다. 이것이 바로 sympathy다.

우리나라 재벌기업들은 공익재단을 만들고 사회사업을 하고 문화사업을 지원하며 사회적 역할을 다하고 있지만 사회적 기여가 없다는 지적을 받곤 한다. 이유는 그것이 sympathy이기 때문이다. 모 방송사의 사장과 아나운서, PD와 기자가 달동네에서 연탄배달 봉사를 하며 얼굴이 온통 시커매졌지만, 그 장면이 감동을 주지 못하는 이유도 sympathy이기 때문이다. 정치인들이 국민을 위한다면서 단식까지 불사하지만, 그것이 국민들의 지지를 받지 못하는 것 역시 sympathy이기 때문이다.

반면 노 전 대통령이 신자유주의 확산이나 한미FTA, 이라크 파병 등 정치적 실패가 적지 않았음에도 불구하고, 생전에 그를 지지했든 지지하지 않았든 많은 사람이 그를 기억하고 추모하는 것은 그의 마음이 empathy였다는 것을 알기 때문이다.

추운 겨울 육교 위에 누더기를 걸치고 앉아 동정을 구하는 걸인이 있다고 가정하자. 육교를 지나는 사람들이 그를 안타깝게 여겨 500원짜리 동전을 던진다. 그들은 선한 영향력을 행사했다는 뿌듯함을 500원짜리 동전과 맞바꾸면서 자신의 선량함에 짧은 순간 도취될지도 모른다. 하지만 그 동전을 받은 걸인의 마음에는 어떤 영향력도 미치지 못했다. 마침 성직자 한 무리가 육교 위를 지나가면서 주머니에 들어 있는 현금을 모두 걸인의 깡통에 넣어주었다고 해도, 걸인의 입장에서는 단지 운이 좋은 날에 불과하다. 모두 sympathy였기 때문이다.

하지만 어느 날 한 사람이 걸인을 보고 다가와 허리를 굽히고 "이 추운 날 이렇게 앉아 있으니 얼마나 힘드시오. 내가 큰 도움이 되지 못해 미안하오."라며 어깨라도 두드리고 500원짜리 동전을 깡통에 넣고 지나간다면 걸인의 마음속에 작은 미동이 일어날 것이다. 또 무릎을 굽히고 마주앉아 그의 눈을 바라보면서 "가족은 없으신가요? 힘드시겠지만 기운내세요."라고 말하면서 손이라도 한번 잡아주고 일어서면 걸인의 마음속에 작은 물결이 출렁일 것이다. 그의 어깨를 두르며 "내가 능력은 없지만 추운 날 따뜻한 국밥 한 그릇 대접하겠소. 외롭다 생각 마시오."라며 일으켜준다면 걸인은 비로소 자리에서 일어날 것이다. 단순한 동정이 아닌 empathy를 보여주었기 때문이다.

독존이 아닌 공존을 위한 영향력

우리는 흔히 '값싼 동정'이라는 표현을 쓴다. 인간은 자존감을 가진 유일한 존재이며, 인간으로 구성된 사회 역시 자존감이 그 어떤 것보다 중요한 가치를 지닌다. 타인의 자존감에 대한 인정, 내가 아닌 그의 관점에서 이해하고 같은 눈높이에서 상대의 마음이 되어 진심을 보이는 것, 이것이 empathy다. 영향력은 바로 이런 마음에서 행사되어야 하고 이를 가리켜 '선한 영향력'이라고 부른다.

일전에 어느 흉악한 범죄자가 "초등학교 3학년 때 육성회비를 가져오지 않았다는 이유로 담임선생님에게 뺨을 맞은 날부터 내 마음속에 악마가 자라기 시작했다."라고 말하는 것을 보았다.

그는 편부모 슬하에서 사랑받지 못하고 자랐고 주변에 아무도 손을 내밀어주는 사람이 없었다고 한다. 인생에서 사랑받고 보호받으며 자라야 할 나이에 홀로 세상에 내팽겨쳐진 아이에게 선생님이 칼을 던진 것이다. 물론 당시의 관행으로는 드물지 않은 일이었지만, 그에게는 칼이 되어 박혔던 것이다. 그럼 유독 왜 그는 악마를 키웠을까? 사람은 역경을 만나면 두 가지 기제가 발동하는데, 하나는 승화고 하나는 좌절이다. 그 시대에 같은 상황을 경험한 아이들 중에 어떤 아이는 자라서 좋은 선생님이 되어 힘들고 어려운 아이들을 돌보겠다고 이를 깨물었을 것이고, 또 어떤 아이는 악마를 키우며 세상을 저주하고 원망하는 사람으로 자랐을 것이다.

이 둘의 차이에는 선천적인 기질뿐 아니라 환경의 문제가 더 크게 작용한다. 예를 들어 똑같은 상황에서도 삯바느질을 하며 자신만 바라보고 살아가는 홀로된 엄마의 사랑을 받는 아이는 전자의 선택을, 술주정을 하며 틈만 나면 아이를 때리는 부모를 만난 아이는 후자의 선택을 하게 되는 것이다. 만약 그때 선생님이 그렇게 버려진 아이의 가슴을 공감하고 그 아이에게 손을 내밀었다면 우리는 희대의 범죄자가 아닌 가슴 따뜻한 선생님을 만나고 있을지도 모른다. 내가 행사하는 작은 영향력은 이렇듯 상상도 하지 못할 엄청난 결과를 초래한다. 내 가게에서 빵을 훔친 아이에게 빵 하나를 더 들려서 보내는 작은 선의, 내가 키보드를 두드리며 악플을 다는 작은 행위 하나가 기적이 되기도 하고 살인이 되기도 하는 것, 이것이 바로 우리가 선한 영향력을 고민해야 하는 이유다.

이때 선한 영향력은 단순히 '착해빠진', '바보 같은'이라는 말이 지시하는 의미를 가리키지 않는다. 단지 분노를 억제하고 권리를 포기하며 대항할 의지를 삭임으로써 '착하다'는 평가를 받는 수동적 태도를 가리키는 것도 아니다. 적극적인 자유의지와 강한 자존감을 바탕으로 나의 그것만큼 타인의 자존감도 중요하다는 것을 인식할 수 있는 능력, 그것이 empathy다. 우리 모두가 독존이 아닌 공존의 방향으로 나아가게 하는 힘이 바로 empathy인 것이다.

욕망과 상생의 갈등

상생(相生)이 화두로 떠오르고 있다. 문자 그대로 '함께 살자'는 뜻이다. 그런데 이 함께 산다는 간단한 원리가 경제에서는 쉽게 구현되지 않는다. '함께 살자'는 주장은 기본적으로 노력이나 위험감수의 다과(多寡)에 대한 합리적 보상이 어렵고, 능력 혹은 노력에 대한 동기부여가 부족하기 때문에 결과적으로 생산성을 떨어뜨리고 성장동력을 훼손할 것이라는 반론에 직면하기 때문이다.

실제 어려움이 있다. 시장자본주의는 기본적으로 욕망을 중시하는 체제다. 갖고 싶은 욕망과 더 가지려는 욕망이 생산성을 높이는 동력이기 때문에 '함께 살자'는 주장은 위험시된다. 개인격이 아닌 법인격의 기업에는 특히 더 적용하기 어렵다. 개인격은 개인의 선의나 윤리, 도덕률에 의해 견제를 받지만, 법인격은 다수의 이해와 의사결정구조가 혼재되어 있어 도덕과 규범의 틀이 아닌 규약과 법의 틀로 움직이기 때문이다.

따라서 기업 부문에서 '함께 살자'는 가치를 구현하는 방법은 사회주의적 법안을 만들어 시행하는 것 외에는 불가능하다는 것이 불가론자들의 논리다. 이것은 일면 맞는 말이기도 하다. 기업의 이익은 그들이 부담한 위험에 대한 보상이다. 사업을 한다는 것은 언제든 망하거나 손해를 볼 수 있다는 위험성을 내포하고 있기 때문에 그 위험을 감수한 만큼 이익을 얻는 것은 당연한 일이다. 여기까지가 경제학자, 특히 자유주의진영의 경제학자들이 설파해온 논리다.

하지만 여기에는 결정적인 함정이 몇 가지 있다. 우선 '기업이 위험을 지지 않고 이익을 낸 경우, 즉 무위험이익도 기업과 주주의 몫인가?'라는 논제다. 예를 들어 국가가 대기업에 대한 지원을 하거나, 기업이 하도급업체에 정당한 대가를 지불하지 않고 가격입찰을 통해 납품단가를 낮춰서 기업의 이익을 극대화한다면, 그것은 무위험이익이 주어진 셈이고 예상치 못한 결과를 초래하게 된다.

이를테면 부품을 공급하는 하도급업체의 혁신 기회를 박탈하게 된다. 대기업이 지불하는 부품가격이 적정선 이하로 떨어진다면 하도급업체는 생존에 급급해서 기술개발이나 혁신을 도모할 여력이 없고, 그것은 결국 원청기업의 문제로 돌아오게 된다.

두번째 함정은 원청기업 자체가 시장을 파괴하는 자기파괴적 속성을 갖게 되는 것이다. 하도급업체가 정당한 보상을 받지 못할 경우, 하도급업체 임직원들의 급여나 후생복지 수준이 떨어지고 고용의 불안정성이 증대되어 장기적으로는 원청기업의 제품을 구매하는 소비자들의 구매력이 떨어지게 된다.

사실 이런 함정에 대한 인식은 1990년 전까지만 해도 공유되었다. 기업의 선순환고리가 중요하다는 인식이 시스템 속에 잘 녹아 있었고, 경제발전의 공은 소위 '낙수효과'를 통해 사회구성원들에게 고루 전달되는 시스템을 구축하고 있었기 때문이다.

하지만 1990년대 이후, 우리나라의 경우 2000년대 들어서 이런 가치사슬이 무너졌다. 기업이 글로벌화·다국적화함으로써 시장이 확대되었고, 기업의 공장이나 시설이 위치한 지역이나 국가의 하청업체나 소비자가 생산성과 구매력을 상실해도 글로벌 아웃소싱과 국경을 초월한 시장 확대를 통해 극복할 수 있다는 가능성을 확보했기 때문이다. 글로벌 대기업, 좁게는 우리 대기업들이 맹렬하게 이익을 추구하며 사회적 기여를 외면하기 시작한 것도 바로 이때부터고, 시장원리라는 이름을 전가의 보도처럼 사용하며 공감력을 상실한 시기도 바로 이때부터였던 것이다.

이제 필요한 것은 사회적 공감력이다

우리나라도 같은 고민에 빠져 있다. 우선 현정부는 출범 초기부터 '비즈니스 프렌들리(business friendly)'를 표방했다. 기업친화적인 정책을 구사하겠다는 것이다. 당시는 연이은 글로벌 경제위기와 맞물려 이런 정책에 대한 논리적인 토론이 불가능한 시절이었다. 이때 정부가 선택한 방법은 대기업, 특히 수출 대기업에 대한 전략적 지원이었다. 특히 국내에서 외국인 자금이 빠져나가면서 외환보유고에 대한 불안감이 고조되고 있었기 때문에, 외화를 벌 수 있는 수출 대기업에 집중적인 지원이 이루어진 것이다.

하지만 그보다 더 중요한 이유는 성장에 대한 집착이었다. 지표상의 성장률이 정치적 목표로 제시되면서 성장률을 가장 효과적으로 끌어올릴 수 있는 주체, 즉 효율성 높은 집단인 수출 대기업에 집중적인 지원을 쏟아부은 것이다

첫번째 수단은 환율지원이었다. 인위적으로 고환율을 지속함으로써 내수 부문의 구매력 저하(다수 국민의 희생)를 감수하면서 수출 대기업들에 해외가격경쟁력(환차익)을 제공한 것이다. 금융위기 직후 현대차, 삼성전자의 수출이 급증하고 현금성 자산이 늘어난 이유다.

두번째는 정책지원이다. 세법상의 특혜와 정책 특혜 등을 제공함으로써 기업의 법인세 실효세율이 명목세율에 비해 현저히 낮았다. 투자와 고용에 대한 세금공제와 연구개발비용과 경제특구의 세금공제, 외국인 합작 공제, 스포츠단 운영과 기부금, 문화행사에 대한 지원금 같은 홍보마케팅비용까지 공제해줌으로써 경쟁사인 소니의 절반도 안 되는 세금을 내도록 한 것이다. 이것은 물론 다른 납세자의 부담을 바탕으로 한 무위험이익이다.

세번째는 금리로, 이 글에서 지적하고자 하는 포인트다. 금리가 어

쩌다가 대기업 이익의 결정적인 요인 중 하나가 되었을까? 어차피 대기업은 막대한 현금을 쌓아두고 있고 부채비율은 100퍼센트도 되지 않는데, 금리가 대기업에 대한 지원이라는 것은 타당성이 없다고 말한다. 그래서 한국은행이나 정부의 저금리기조 유지 명분은 늘 '가계부채와 이자부담 증가로 인한 부담'을 완화하겠다는 것이다.

하지만 본질은 다르다. 현재 수출 대기업들은 분기당 조단위의 수익을 내고 막대한 현금을 보유하고 있지만, 이 현금들은 5만원 권 다발로 묶여 마늘밭에 묻혀 있거나 요구불예금에 묶여 있는 것이 아니라 투자유가증권의 형태로 보유된다. 즉 기업이 보유한 막대한 현금은 주식이나 채권의 형태로 투자되어 있는 것이다.

대신 기업 운영에 필요한 자금은 은행의 저금리대출을 받아서 사용한다. 즉 저금리 은행상품을 빌려 투자하고 자신의 현금은 고수익 투자상품에 넣어두고 있는 셈이다. 은행의 예금을 빌려 사용하면 그 이자는 비용으로 처리된다. 때문에 현재의 저금리기조에서는 기업이 필요한 자금을 은행돈을 빌려 조달하고 그 이자를 비용처리할 경우, 총 조달자금은 대폭 하락한다. 그리고 현금성 자산은 다른 투자에 이용하는 것이 유리한 상황이 되는 것이다.

심지어 최근 들어 대기업에 대한 대출금리가 중소기업보다 낮아지는 역전현상까지 나타나고 있다. 전통적으로 중소기업은 한국은행의 저금리(2.5%) 대출지원을 받기 때문에 대기업보다 이자비용이 낮았다. 물론 이를 만회하기 위해 가계 부문의 대출이율이 더 높아지긴

했지만 말이다. 어쨌든 이 역시 기업에 주어진 무위험이익이다.

이런 구조가 대기업의 이익을 폭증시켰지만, 한국은행이 내세우는 저금리기조 유지의 이유에는 이렇게 대기업에게 돌아가는 혜택은 거론되지 않는다. 단지 가계의 이자부담만을 이야기할 뿐이다.

여하튼 이 구조를 통해 대기업의 이익을 지원한 이유는, 앞서 지적한 대로 대기업의 효율성 때문이고 이는 성장률을 끌어올리는 데 가장 효과적인 수단이다. 하지만 기업의 법인격은 궁극적으로 이익을 추구하기 때문에, 그 이익을 나누거나 사회의 공으로 돌리는 일은 일어나지 않았다. 소위 낙수효과가 나타나지 않은 것이다.

문제는 이제부터다. 앞으로도 이런 방식으로 성장률을 높이는 방향성을 택할 것인가, 아니면 효율성과 성장성이 떨어지는 중소기업과 가계, 자영업자에 대한 지원을 강화할 것인가 하는 선택의 기로에 다다른 것이다. 국가의 인적·물적 자원을 지금처럼 대기업의 성장에만 투하한다면 경제의 지표는 좋아지지만 질은 악화되는 양극화는 더 심화할 것이고, 이 구조는 궁극적으로 사회안정성에 치명적인 독이 되고 만다.

이제 필요한 것은 사회적 공감력이다. 이 문제에 대해 모두가 나의 문제로 받아들이고, 타인의 고통을 나의 고통으로 이해할 줄 알아야만 영속가능한 사회가 될 수 있다. 삼투압이 높은 곳에서 낮은 곳으로 작동하듯 공감과 이해의 물결 역시 그렇게 작동되어야만 하는 것이다.

인문학적 상상력으로 통섭하라

실험실에서 성장해온 과학자의 직선적 사고는 점차 한계에 부딪히고 이제는 검증 못지않게 상상력이 필요한 과학 발효의 시대가 시작됐다. 결국 과학에도 상상력이 더해져야 하고 이미 발달해버린 1·2·3차 산업에도 무엇인가를 대체할 4차 산업의 지적도가 그려져야만 하는 상황이 도래한 것이다.

요즘 창의성교육이 화두다. 국어사전에 '새로운 것을 생각해내는 특성'이라고 정의되어 있는 이 창의성은 '평범성'에 대립된다. 즉 창의적이지 않다는 말은 평범하다와 같은 뜻이고, 평범함은 악덕으로 창의성은 미덕으로 칭송받는 세상이 되었다.

창의성교육에 숨은 음모

일전에 초절정재벌 한 분이 '만 명을 먹여살리는 한 명의 인재'를 거론한 적이 있고, 매스컴은 그 만 명을 먹여살리는 한 명을 길러내는 것을 가리켜 창의성교육, 열린교육이라고 불렀다. 그 결과 너도 나도 아이들을 영재사관학교나 영재스쿨, 영재교육원에 데리고 갔다. 영재성을 키우기 위한 무한경쟁이 시작되었고 그 결과 등장한 것이 소위 수월성교육이다.

'제때' 배우고 '체험적으로' 익히는 것이 학습의 요체임에도 제때를 도외시하고 아이들을 무조건 성능 좋은 하드디스크로 만들어버린 것이다. 그리고 그렇게 주입되는 것을 빨리 삼킨 아이들을 골라 외고와 과고 등 특목고에서 영재학습이라는 것을 시켰다. 그러나 이는 사실 좁은 대학문을 쉽게 돌파하기 위한 그들만의 음모에 불과했다.

이쯤에서 우리는 스스로 '위기'라고 진단한 상황이 정말 창의성만의 문제였는지 돌아볼 필요가 있다. 과거에는 창의성교육이 부족해서 인류문명이 더디게 발달했고 우리는 단지 창의성 부족으로 아직도 선진국에 진입하지 못한 채 1인당 국민소득 2만 달러 문턱에서 숨을 헐떡이고 있는 것일까?

이 물음에 대한 답은 단순하다. 전세계적으로 1·2·3차산업의 전개과정은 다르다. 그런데 상대적으로 물질적 풍요에 이른 나라들이 서비스업 중심으로 전환하면서 소위 '평범함'으로 분류되는 숙련공의 능력보다 '비범함'으로 분류되는 번뜩이는 감각을 갖춘 이들을 선호하면서 생긴 현상이다. 우리나라에 부쩍 창의성 열풍이 불어닥친 것도 이와 같은 맥락이다. 빠르게 3차산업화하면서 2차산업의 공간에서 느슨했던 경쟁이 격화되고, 그 틈바구니에서 생존할 수 있는 특질이 바로 그것이라고 생각되었기 때문이다.

그런데 이런 조류는 비극을 초래했다. 만 명을 먹여살리는 한 명이 아니라 만 명이 먹을 것을 다 가져가는 한 명이 양산되면서, 결국 2차산업시대의 중요성이 재부각되었다. 그런 과정에서 중국처럼 산업화 과정에 있는 나라들이 이미 서비스업화해버린 다른 나라들보다 상대적으로 충격이 덜한 역설적 상황이 벌어진 것이다.

그럼에도 불구하고, 지금 와서 우리가 다시 2차산업에 회귀하는 방식으로 발전의 강물을 되돌릴 수는 없다. 3차산업이 일자리를 빼앗고 분배의 양극화를 초래하며 사회적 안정성을 깨뜨리며 실패의 쓴맛을 보여준 이상, 2차산업의 성과를 기반으로 금융서비스업이 지나치게 비대해지는 3차산업화로의 편중된 발걸음보다는, 그와 함께 2차산업의 일자리와 기회를 대신할 수 있는 대안산업에 대한 준비를 시작해야 한다.

창조성이 아닌 통섭의 시대

최근 통섭 열풍이 불고 있다. 진화론은 인정하지만 진화론의 출발인 생명의 탄생은 설명할 수 없고, 우주의 질서와 법칙은 하나하나 비밀을 벗어가지만 그 질서를 구성하는 태초의 출발은 여전히 오리무중이듯 과학기술의 발전만큼 그 한계에 대한 곤혹감도 동시에 커졌다. 맹목적인 과학기술중심주의에 대한 일대 도전이 시작된 것이다.

실험실에서 성장해온 과학자의 직선적 사고는 실용성의 한계에 부딪혔고, 이제는 과학기술의 속도 못지않게 그 쓰임새에 대한 상상력이 필요한 과학 발효의 시대가 시작되었다. 결국 과학에도 머릿속의 실험실, 즉 상상력이 더해져야 한다. 이미 발달해버린 1·2·3차 산업을 대체할 4차산업의 지적도가 그려져야만 하는 상황이 도래한 것이다. 우리는 그 해법을 가리켜 '통섭'이라고 부른다.

그 결과 과학이 도살해버린 철학이 부활하고 한 손에 아이패드를 들고 다른 한 손에는 철학책을 든 전문경영인이 인문학적 상상력을 이야기하는 시대가 되었다. 그동안 맹렬하게 질주해온 과학의 허점을 간파하고 버려진 기술들을 재조합하며 쓸모없는 우주왕복선을 만들기보다 컬럼비아호 제작과정에서 축적한 이론과 기술을 바탕으로 지금 당장 필요한 분야에 새로운 장을 여는 상상력, 즉 통섭의 시대가 온 것이다.

그런 맥락에서 지금 청년들에게는, 지금까지 없던 것을 새로 창조하는 천재성이 아닌 기존의 것들을 통합해서 재조합하는 통섭의 능력과 안목을 키우고, 인문학적 상상력을 통해 자신의 세계관을 확대하는 것이 가장 중요한 과제가 되었다.

패러다임 변화를 읽어내는 주인공이 돼라

변화가 큰 물줄기를 바꿀 때 그 맥을 짚어 바른 자리에 서는 것이 중요하다. 이렇게 물줄기가 바뀌는 지점을 패러다임 시프트라 부른다. 이런 패러다임 시프트를 파악한 사람은 리더가 되고 과거의 물줄기를 타고 가는 사람은 낙오자가 된다.

'변화'는 사실 우리가 습관처럼 쓰는 말이다. 기업이나 정치권에서는 '변화'와 '혁신'이라는 말을 입에 달고 있고 개인들도 비슷하게 '변화'를 추구한다. 하지만 우리 사회에서 가장 변하지 않는 말이 있으니, 바로 '변화해야 한다'는 말 자체다. 늘 변화를 외친다는 것 자체가 사실은 그만큼 변화를 두려워하고 변화하지 않고 있다는 사실의 반증인지도 모른다. 세상의 모든 슬로건은 콤플렉스의 반영이다. 어떤 이가 반복적으로 무언가를 외친다면 그의 최대 약점이 바로 그것임을 쉽게 알 수 있다. 정치권이나 기업이 내거는 구호를 살펴봐도 이런 사실은 금세 드러난다.

변화의 물결을 읽어야 중심에 선다

우리가 변화를 외치는 것은 그만큼 변화에 대한 콤플렉스가 있다는 뜻이고 이는 인류역사에서도 고스란히 증명된다. 기원전 강가에서 조개무덤을 만들던 사람들은 이미 변화가 생존이라는 사실을 간파했다. 만약 인류가 맨손으로 물고기를 잡으면 미끄러져 빠져나간다는 이유로 물고기 잡기를 포기하고 돌도끼로는 도저히 호랑이를 대적해 이길 수 없다며 맹수와의 대적을 포기했다면, 오늘날의 인류는 없다. 미끄러운 물고기를 잡기 위해 사금파리로 창을 만들고 호랑이를 잡기 위해 활을 만드는 변화의 노력이 바로 오늘을 있게 한 것이다. 이렇게 상황에 한계를 느낄 때마다 변해야 한다는 강박이 인류의 DNA 속에 새겨졌고, 그것이 집단무의식으로 전승되어 '변화'라는 말을 들을 때마다 우리의 가슴이 뜨거워지는 것이다.

그러므로 우리는 늘 변화해야 한다. 아니 실제로 변화하고 있다. 이 글을 쓰는 필자의 경우에도 순간순간 노화하는 자연의 변화와 함께 원고가 한 줄 한 줄 늘어가는 변화가 동시에 일어나고 있다. 이처럼 변화에는 수동적인 변화와 능동적인 변화가 있다. 수동적인 변화는 죽음에 이르는 길이지만, 능동적인 변화는 나를 실존케 하는 증거이자 내 삶의 면류관이다.

또 사회의 일원으로서 그 역할을 제대로 하기 위해서는 시대와 사회의 변화, 산업의 변화를 주의깊게 지켜보고 변화의 큰 물줄기가 바뀔 때 그 맥을 짚어 바른 자리에 서는 것이 중요하다. 이렇게 물줄기가 바뀌는 지점을 가리켜 '패러다임 시프트'라고 부른다. 이런 지점에서는 그것을 파악하고 새로운 물결의 중심에 서는 사람은 리더가 되고, 과거의 물줄기를 타고 사라져가는 사람은 낙오자가 된다. 청년은 이런 패러다임의 변화를 읽고 주인공이 되어야 한다.

변화는 스스로 찾는 사람에게만 보이는 무지개와 같다

문제는 그 안목을 기르는 노력이다. 변화의 본질을 이해하기 위해 중요한 것은 스스로 변화하는 것이다. 가만히 서서 지나가는 KTX를 보면, 마치 야구공이 지나간 것처럼 아무것도 보이지 않는다. 그러나 신발을 벗어들고 같은 방향으로 달리면 객차가 보이고 자전거를 타고 따라가면 사람이 보인다. 하지만 그 안에 누가 타고 있는지를 알려면 KTX에 직접 올라타야 한다.

변화는 스스로 변화하는 사람에게만 모습을 드러내는 무지개와 같다. 매일 스스로 변화해 어제와 다른 오늘, 오늘과 다른 내일, 아침과 다른 저녁을 맞는 사람에게 변화하는 패러다임 혹은 세상은, 속속들이 들여다보이는 느린 장면이 된다. 하지만 모니터 앞에 앉아 습관처럼 연예기사나 살피면서 무의미한 논쟁을 벌이고, 매일 갖는 술자리에서 아무도 주목하지 않는 한탄만 늘어놓는 사람에게는 '번쩍!' 하고 지나가버리는 번갯불처럼 실체를 보여주지 않는다.

청년기는 변화의 시기다. 육체적·정신적으로 가장 빨리 성숙하는 청년기에 마른 스펀지가 물을 흠뻑 빨아들이듯 귀중한 것들, 놓치지 말아야 할 것들을 가득 흡수해야 한다. 그렇게 하루하루가 어제보다 나아지는 자기발전에 주력하는 사람만이 변화의 중심이 되고 리더가 된다. 스스로 변화의 중심, 패러다임의 주인이 된 청년에게 스펙이란 그야말로 길거리에 날리는 휴짓조각에 불과하다. 변하자. 오늘의 나를 어제의 나와 다르게 만들고, 내일의 나를 오늘의 나와 다른 사람으로 발전시키자. 그것이 바로 우리의 희망이다.

능동적 변화를 말하는 책, 주역

이렇게 변화에 대한 이야기를 하면서 필자가 청년들에게 추천하는 책이 바로《주역周易》이다. 영어권에서는《주역》을 '변화의 책(the book of changes)'이라고 부른다. 이것은 '역(易)'자가 '바꿀 역'자여서 영어로 직역한 탓도 있지만, 그보다는 주역이 실제 '변화'를 말하는 책이기 때문이다. 그래서 필자는 가끔 '오바마의 책'이라는 농담을 하기도 한다.

《주역》의 주제는 우리 속담 '쥐구멍에도 볕들 날이 있다'와 사자성어 '새옹지마(塞翁之馬)' 등과 같은 맥락이다. 그 때문에 주역을 소극적으로 해석하면 '참고 기다리며 늘 자숙하라'는 의미가 되는데, 바로 이점 때문에 형이상학적 논리의 교범이라고 불리기도 한다. 원래

형이상학이란 자연의 원리와 법칙을 이해하지 못한 인간이 질서를 자연 그 자체에 두지 않고, 저 너머에 존재하는 신적인 자리에 두는 것을 말한다. 예를 들어 성리학에서 '리(理)'를 상정하고, 그것을 성인(聖人)의 길이라고 하는 것이 그런 경우다. 그 결과 형이상학은 모든 것은 하늘 혹은 그 너머에 존재하는 가상의 존재에 규정되어 있으니, 현실세계에서 아무리 아등바등 애를 써도 고칠 도리가 없다는 패배주의로 연결되고 만다. 그러니 지배계층이 좋아할 수밖에 없었고, 대개의 지배원리는 형이상학적 논리 위에 서 있다.

어쩌면 이점이 '유가(儒家)'에서 《주역》을 경전으로 인정한 까닭이고, 공자가 '가죽 끈이 세 번이나 끊어질 정도(韋編三絕)'로 주역을 읽은 이유이며, 왕필(王弼)을 비롯한 많은 학자가 《주역》에 주석을 달고 평생을 탐구한 진짜 이유였을지도 모른다. 일반대중이 《주역》을 점쟁이책으로 여기며 관심을 두지 않은 반면 지배계층과 그들을 수호하는 지식인들이 탐독하며 사서오경의 한 권으로 인정한 진짜 이유였다고 할 수 있다.

이런 관념론 혹은 형이상학에 대한 지배계층의 인식은 서구에서도 다르지 않았다. 서구의 철학 역시 오랜 기간 형이상학과 관념론에 머물러 있었다. 신(神)은 모든 질서를 지배하고 세계는 신의 섭리에 따라 움직이므로, 지금 질서는 곧 신의 것이고 그것을 바꾸려는 시도는 '섭리'를 거역하는 것으로 보았다. 동서고금을 막론하고, 철학은 지배층의 시스템을 강고하게 구축하는 데 악용되어온 것이다.

하지만 과학의 발달과 함께 자연의 원리가 속속 밝혀지고, 빅뱅에 의해 우주가 팽창중이라는 사실이 허블망원경의 관측으로 증명되었으며, 다윈의 진화론이 종교적 혹은 형이상학적 세계에 대한 믿음을 흔들면서 관념론은 무너지고 과학이 그 자리를 대신하게 되었다. 서양문명의 도래와 함께 《주역》이 몰락한 것도 이런 관점에서 보면 자연스러운 일이었다. 그 결과 《주역》은 지배계층이나 지식인의 교재가 아닌 대중의 점서(占書)로 살아남았다. 그리고 점집이 철학관이라 불리게 되었다.

그럼에도 필자가 《주역》을 필독서로 추천하는 이유는, 이 책이 수천 년 전부터 아우성치고 있는 변화의 원리를 읽어내라고 말하고 있으며, 아울러 수동적인 '역(易)'이 아니라 스스로 변화하는 능동적인 '역(易)'으로의 전환이 지금 이 시대에 너무나 필요하기 때문이다.

우리 시대는 대변환을 요구하고 있다. 햇볕 한 줌 들지 않는 컴컴한 동굴에 앉아 쥐구멍에도 볕이 들기를 기다리는 소극적인 '역(易)'과, 동굴을 파고 쥐구멍을 부숴 볕을 끌어들이는 적극적인 '역(易)' 모두 간절하게 요구되고 있는 것이다.

지금 우리 사회는 너무나 많은 사람이 좌절과 체념에 빠져 있다. 청년이 '희망'이라는 말을 포기한 지 오래고, 사회 전반적으로 우울과 체념의 그림자가 짙게 드리워 있다. 이때 필요한 것은 기다림이다. 결국 볕이 든다는 역사성을 믿으며 변화의 희망을 포기하지 말아야 하는 것이다. 다른 한편에서는 기다림을 넘어 변화를 부르는 역할을 자임해야 한다. 체념 대신 희망을, 기다림 대신 변화를 이끌어내려는 적극적인 자세가 간절한 시대다.

우리가 현대사회에서 취해야 할 《주역》의 기본원리는 계사전(繫辭傳)의 '궁즉변, 변즉통, 통즉구(窮則變 變則通 通則久)'라는 구절에 모두 녹아 있다. 이 아홉 글자의 뜻을 우리말로 풀면 '궁하면 변하고 변하면 통하며 통하면 영원하다'는 뜻으로, 이 말은 사실 인류사에 길이 남을 빛나는 선언이기도 하다. 여기서 궁하다는 것은 난관에 부딪혔다는 뜻이다. 우리는 커다란 난관에 부딪히면 대개 어찌할 바를 모르고 좌충우돌하거나 상황을 원망하며 자포자기한다. 아마 지금 청년들의 처지가 그럴 것이다. 하지만 《주역》은 '막히면 변하라'고 서슴없이 말한다. 즉, 스스로 변하는 것이 해법이라는 뜻이다. 바위가 길을 막고 있다면 그 자리에 주저앉아 굶어죽기를 기다리지 말고 두더지가 되어 굴을 파든지 나비가 되어 날아갈 궁리를 하라는 것이다. 그도 아니라면 뚜벅뚜벅 걸어가 쾅 하고 부닥쳐야 한다. 뼈가 부러지고 살이 찢어지더라도 그냥 앉아서 죽음을 기다리지는 말라는 정언명령이다. 어려움을 만났을 때 그렇게 변하면 결국 통하게 될 것이니, 늘 그렇게 통함으로써 영원하라는 말은 실로 감격적이기까지 하다.

더구나 이런 선언은 학자들이 책상 앞에 앉아서 늘어놓은 탁상공론이 아니라 신석기시대 모래무지를 만들던 사람들이 체험 속에서 스스로 얻어낸 지혜이며 인류가 지금까지 살아남은 생존원리이기에 더욱 놀랍다.

과거 인류가 조개무지를 만들던 시절에, 사람들은 강에 들어가서 물고기를 맨손으로 잡으려 했다. 그러나 매끄러운 비늘 때문에 물고기를 자꾸 놓치게 되자, 나뭇가지에 뾰족한 돌을 매달아 창을 만들었고 사람이 더 들어갈 수 없는 깊은 곳에 사는 큰 물고기를 잡기 위해 생선가시로 낚시를 만들었다. 변화한 것이다. 만약 이들이 비늘 때문에 물고기를 잡을 수 없다고 상황을 탓하며 그냥 주저앉아버렸다면 인류의 오늘도 없는 셈이다. 그렇게 인류는 난관에 부딪힐 때마다 늘 변하고 변해왔으며, 그렇게 변함으로써 지금까지 통하여 번성하고 있다.

새 시대의 패러다임 이해하기

과거시대의 키워드가 '기계'였다면 새로운 시대의 키워드는 '사람'이다. 즉, 사람이 부가가치를 창출하는 시대가 된 것이다. 맹목적인 추격과 질주를 하던 시대에는 앞선 자를 잘 따라가기만 하면 되었지만, 사람의 시대에는 스스로 방향을 설정하고 길을 찾아나서야 한다.

앞서 변화를 강조한 이유는 패러다임에 대한 이야기를 하기 위해서다. 변화는 물 흐르듯이 늘 이루어지는 것이지만, 때로는 느리게 흐르기도 하고 때로는 급류가 되기도 하며 때로는 폭포가 되듯 국면이 뒤집어지는 급변의 순간이 있게 마련이다. 그리고 우리는 그것을 가리켜 패러다임 시프트라고 말한다. 이런 국면의 전환기를 알기 위해서는 주류권력의 관점에서 바라본 패러다임의 변화를 넘어 사회구조적 변환기에 대한 이해가 필요하다.

추격과 질주의 시대가 잃어버린 것들

앞서 1, 2세대 산업자본의 시대에는 그들의 독주를 허용했던 배경에 국부 증가에 대한 열망이 있었다. 헐벗고 굶주리던 나라에 공업단지가 건설되고 인프라가 조성되면 너도나도 근로자가 되어 그 부를 공유한다는 산업화의 시나리오가 거대한 사회적 어젠더로 구축되었던 것이다.

이때 권력과 자본이 설정한 어젠더는 민족중흥의 역사적 사명, 보릿고개 극복, 선진국가 건설 등 경제적 외형 성장과 그에 따른 각 주체의 자본 축적이라는 슬로건이었다. 이런 어젠더 아래에서 국가의 정책목표는 '추격'이었고 이 시대는 '추격성장(2nd follower)의 시대'라 불린다. 기업은 앞서나간 선진기업의 기술수준과 자본을 따라잡고, 국가는 국민소득을 추격하는 것이 제1의 목적이었다.

이 시대 교육의 목표는 추격에 적합한 근육질의 종마를 양성하는 것이었다. 좌고우면하지 않고 '왜?'라는 의구심을 갖지 않으며 앞서가는 깃발만 보고 맹렬히 질주하는 종마, 그것이 바로 인재였다. 먼지를 일으키며 까마득히 앞서가는 선진국 혹은 선진기업의 뒤통수만 바라보고 그 궤적을 추적하기만 하면 되었던 것이다. 따라서 학교는 원리보다 기술, 과정보다 결과를 가르치고 체제 유지에 필요한 교조적 국가관을 주입하는 데 주력했다. 초등학교 때 국민교육헌장을 외우고, 고등학교 때 교련복을 입고 총검술을 익히며, 대학교 때

전방부대에 입소해 국가를 위해 희생하는 인재상, 소위 '희생적·집단적 인재상'과 사회적 프레임을 구축하는 데만 힘을 쏟았다.

질주에 거칠 것은 없었다. 달리다 동료가 쓰러지면 일으킬 사이 없이 외면하고 달렸고, 앞서가던 사람이 발목을 삐어 절뚝거리면 머리채를 잡아 밀어제친 다음 앞서 달려나갔다. 최전방에 쓰러진 시신을 딛고 앞으로 진군하는 전장의 보병과 다를 바 없는 치열한 전투상황이었다.

이런 과정에서 규범과 도덕, 윤리는 뒤로 밀려났다. 달리다 신호등에 걸리면 무시하고 질주했고, 경찰이 호루라기를 불면 '우리가 남이가'를 외치며 노란 봉투를 찔러주고 앞으로 나아갔다. 대학에서는 연구보다 인재의 양성이 중요했고 교수의 논문과 교재는 표절과 복제를 반복했다. 기업은 눈총을 무시하고 다른 기업이 만든 창의의 산물을 모방하고 복제했다. 누군가 개척한 성공의 길을 따라가다가 성과를 가로채며 앞서 달려나가도 그저 달린다는 사실 자체가 중요했던 시대다. 그 결과 오늘날 드디어 선두그룹에 진입했다. 최소한 처음에 내세운 어젠더대로 일류기업, 글로벌기업, GDP순위 등에서는 더 이상 추격할 대상이 없는 선두그룹의 일원이 된 것이다.

하지만 문제는 바로 드러났다. 추격을 끝내자 목표가 사라진 것이다. 무조건적으로 선두, 일등, 일류를 외치며 달려왔지만 막상 선두가 되자 국가적·사회적 가치관의 부재와 혼재의 시대를 만나게 되었다. 남의 것을 모방하고 추격하는 데에만 길들여져온 우리의 문화가 제일 앞줄에 서면서 길을 잃어버린 것이다.

선두의 역할은 추격이 아니라 길을 찾는 것이다

당대성과 시대성의 관점에서 보면, 이것이 바로 지금 우리 사회 분열의 핵심이다. 보릿고개를 넘던 시절, 오로지 잘살면 된다는 최우선 명제의 관점에서는 적당히 부패하고 부정하며 외면하고 짓밟는 것을 불가피한 선택이라고 판단했을 수 있다. 이것이 우리 기성세대들의 논지의 핵심이다. 하지만 시대성의 관점에서 보면 문제는 단순하지 않다.

어떤 논리가 시대성을 갖기 위해서는 당대를 넘어 다음 시대에도 받아들여져야 하기 때문이다. 이런 관점에서 보면, 추격성장기에 불가피하다고 여겨졌던 반민주적·반인권적·반노동적 행위들은 당대의 관점에서는 살아남기 위한 어쩔 수 없는 선택이었다는 당위의 여지를 남길 수 있다. 그러나 시대성은 결여되어 있다고 할 수 있다.

이처럼 당대의 선택이 시대성의 관점에서 가늠되지 않으면 다음 세대에 부정되고, 일부 불가피성도 정당한 것으로 인정받을 수 없다. 결국 기성세대는 당대의 선택을 합리화하고 새로운 세대는 시대성의 관점에서 그것을 부정하게 되고 만다.

당대성의 관점에서 기성세대는 성공의 경험을 말한다. 경험은 무서운 것이다. 세상의 모든 주의주장 가운데 체험을 바탕으로 한 것만큼 강고한 것은 없다. 기성세대는 헐벗고 굶주리던 우리가 이만큼 성장한 배경에는 일사분란하고 획일적인, 소위 '국론통일'로 상징되는 일체화된 질주만한 것이 없었다고 체험적으로 믿는다. 부모는 자식에게, 국가는 국민에게, 기업은 노동자에게 이 체험을 강요한다. 글로벌기업이라고 자랑하는 한국 기업들이 지금도 신입사원을 데리고 눈 내린 태백산을 오르거나 해병대 극기훈련에 참여하면서, 그것을 단합이라 부르는 것도 바로 그런 사고의 산물이다.

문제는, 앞서 달리는 깃발이 있을 때는 그것을 보고 달리는 데 익숙하지만, 앞에 깃발이 없을 때 자신이 깃발을 들고 나아가는 방법을 알지 못한다는 것이다. 즉, 길을 찾는 방법을 한 번도 고민해보지 않은 것이다. 그동안은 타인의 성공을 보고 득실을 계산한 다음 커다란 보폭으로 그것을 추격하는 것을 '기업가정신'이라고 불렀지만, 진정한 기업가정신은 길을 찾는 것이다.

그런데 우리는 길을 찾아본 경험이 없다. 길이 없는 곳에서 질주하면 절벽에 떨어지거나 늪에 빠질 수밖에 없다. 선두의 역할은 추격이 아니라 길을 찾는 것이다. 바로 이 지점이 시대성의 결여다. 그리고 이 고민이 바로 갈등의 핵심이다.

패러다임의 변화, 다양성과 특성을 결합하라

추격자의 신분에서 선두그룹으로 자리바꿈을 하려면 패러다임의 변화가 필요하다. 추격의 시대에는 깃발을 든 자가 앞서 달리고 나머지는 잘 뛰는 순서대로 오와 열을 맞춰 달리면 되지만, 길을 찾을 때는 달리는 능력은 아무 소용이 없다. 누군가가 주머니에서 지도를 꺼내고 다른 누군가가 나침반을 꺼내 새로운 길을 찾을 때, 또 다른 누군가는 길을 가로막고 있는 나무를 베면서 길을 닦아야 한다. 이런 수고를 하는 사람들을 위해 또 누군가는 밥을 짓고, 누군가는 노래를 불러 위로를 해야 한다. 각자의 영역에서 서로 머리를 맞대고 각자의 재능이 만나 불꽃을 일으키며 창의의 빛을 발할 때, 그것이 바로 선도(first mover) 성장기다.

우리가 선진국의 문턱에 들어섰다고 자부하는 것은 추격성장의 시대가 끝나고 선도성장기에 들어섰다는 말과 같다. 이것은 인재양성 방식에서도 잘 뛰는 한 마리의 종마를 고르는 대신, 수천수만 명이 각자가 가진 다양한 재능과 특성을 결합해서 시너지의 불꽃을 일으키도록 해야 한다는 의미다.

하지만 기성세대는 변화를 읽지 못하거나 애써 부정하고 있다. 기성세대의 선두주자들이 이미 현체제에서 강력한 기득권을 토대로 이너서클을 형성했기 때문이다. 그들은 자녀들에게 자신들의 부와 지위를 물려주기 위해 현재의 시스템을 유지하고자 한다. 문제는 이런 기득권의 아집과 독선이 새로운 불씨를 꺼뜨린다는 것이다. 새로운 시대를 창조할 청년들의 기상이 꺾이고, 창의성의 불꽃을 가슴에 품은 새 시대의 주인들이 기존의 경쟁체제 속에서 하나씩 쓰러져가고 있다. 이것이 이 시대의 고민이다. 어떻게 해야 할 것인가? 우리에게 혹은 청년들에게 남겨진 고민이다.

미래의 핵심은 기계가 아닌 사람이다

우리는 이제 선택을 해야 한다. 구시대의 시스템이 가리키는 방향계를 따라 보이지 않는 깃발을 머릿속에 그리며 늪지대를 건너갈 것인가, 아니면 새로운 길을 찾아 앞으로 전진할 것인가? 현재의 시스템이 강요하는 소위 스펙으로 상징되는 긴 줄 뒤에 무의미하게 서 있을 것인지, 아니면 내가 선두에 선 새로운 줄을 만들 것인지 고민해야 하는 것이다.

여기에서 핵심 키워드는 바로 '사람'이다. 과거 시대의 키워드가 '기계'였다면 지금은 사람이 부가가치 창출의 핵심 수단이라는 점을 인식함으로써 새 시대 새 패러다임의 일원이 될 수 있다. 기계문명은 필연적으로 자원고갈과 환경오염의 문제를 피해갈 수 없다. 기계를 돌려 제품을 생산하고 그것이 다시 폐기물이 되는 비가역적인 사이클을 반복하기 때문이다. 여기서 벗어나 자원고갈과 폐기물의 문제에서 자유로우며 무한한 부가가치를 창출할 수 있는 생산수단이 곧 사람이다. 대표적인 사례로 엔터테인먼트, 레저, 에듀케이션, 헬스케어, 바이오 등을 들 수 있다. 이런 영역은 기존에 없던 것을 새롭게 창조하는 것이 아니라, 산발적으로 흩어져 있던 것을 재조합함으로써 시너지를 창출하는 공통점을 가지고 있다.

불가피하게 필요한 기계생산의 경우에도 원리는 마찬가지다. 자원소모를 최대한 줄이고 폐기물을 최소한으로 배출하며 잉여생산, 잉여소비의 함정에서 벗어나는 것이 새로운 패러다임이다. 대표적인 사례로 아이폰을 들 수 있다. 아이폰에 적용된 기술들은 새로운 것이 아니다. 아이폰이 최초의 스마트폰도 아니다. 하지만 아이폰은 기존 제품의 모든 장점을 총합했고, 그것이 만들어낸 시너지는 엄청난 폭발력을 가지고 있다. 겉으로 보면 기계산업의 새로운 진화의 한 형태로 읽힐 수 있지만, 실제 그것이 품고 있는 함의는 실로 두려울 정도다.

애플은 아이폰에서 아이패드, 아이맥, 아이티비로 디바이스를 확장한 다음 아이클라우드로 이 모든 것을 통합하려 하고 있다. 새로 건설된 세계 최대 규모의 애플데이터센터는 수많은 음원과 영상, 드라마, 영화, 콘텐츠, 교육, 미디어까지 담은 소프트웨어의 거대한 창고다. 과거의 디바이스는 기억장치와 연산장치 등을 포함한 복잡한 구성으로 비싼 비용을 들여 생산되고 있지만, 애플의 디바이스는 장기적으로는 저장장치가 필요없는 매개체 역할을 지향하고 있다. 언제 어디서나 애플의 디바이스를 들고 한곳에 통합된 콘텐츠들을 스트리밍으로 접속하고 실행된 작업들은 클라우드서비스를 통해 저장된다. 과거 기계장치가 해온 역할들을 단순화하고 효율화하는 극단적 미니멀리즘을 추구하는 것이다.

하지만 경쟁사의 전략은 애플의 전략을 따라가는 데도 숨이 차다. 삼성의 스마트폰과 아이폰의 결정적 차이는, (전자에 딸려오는) 두툼한 사용설명서와 (후자와 함께 제공되는) 한 장의 종이로 상징된다.

결국 애플의 성공도 사람의 문제였다. 하지만 우리는 이것을 오독한다. 애플이 디바이스전략을 추구하는 것으로 오해하는 것이다. 애플은 장기목표, 즉 거대한 콘텐츠제국을 향해 이렇다 할 경쟁자도 없이 독주하고 있다. 애플은 기계, 즉 디바이스 우위는 언젠가 추격자들에 의해 추월당할 수 있음을 너무나 잘 이해하고 있다. 애플의 성공을 단순히 멋진 디자인과 안목의 승리라고 읽는 것은 그래서 치명적인 오독이다. 안드로이드진영이 iOS보다 뛰어난 운영체계를 만드는 것은 시간문제다. 경쟁사가 아이폰보다 뛰어난 디바이스를 생산하는 것도 시간문제다. 하지만 애플이 구축한 거대한 콘텐츠제국, 아이클라우드는 아무도 넘어설 수 없는 거대한 장벽이 될 것이다.

이런 융합산업의 관점을 넘어 단순화해서 보아도 미래의 핵심은 기계가 아닌 사람이다. 그간 인류가 생산한 기계문명의 산물은 최소 수십 년간 추가적 발전 없이도 인류의 삶에 별 영향을 미치지 않을 만큼 앞서나갔다. 하지만 그렇게 달려온 인류가 정작 필요로 하는 것은 휴식과 위로, 그리고 생존을 보장할 수 있는 환경이다. 따라서 레저와 엔터테인먼트를 통해 위로받고, 그간 산발적으로 성장해온 과학기술의 이면에 뒤처진 인문학과 예술 등의 지적콘텐츠에 주력하는 새로운 교육이 확장되고, 삶의 질과 수명연장의 꿈이 중심으로 들어오게 될 것이다. 이는 코스메틱, 성형, 스파 등의 산업이 최근 급격한 성장을 보이는 배경이기도 하다.

그동안 곡식을 생산하기만 해서 곳간에 곡식이 넘쳐난다면, 사람들은 또다시 들판에 나가 일을 하기보다는 축적된 곡식을 바탕으로 당분간 삶의 질을 높이는 데 주력할 것이다.

같은 맥락에서 헬스케어의 중요성은 향후 30년간 전세계 산업의 화두가 될 것이다. 현재 인도를 제외하고 30세 이상의 인구가 증가하고 있는 곳은 아프리카밖에 없다. 전지구적인 고령화는 기계산업의 동력을 떨어뜨리는 대신 건강과 생명에 대한 관심의 증대로 이어질 수밖에 없다. 생명과 헬스케어, 기타 사람을 대상으로 한 새로운 산업의 물결은 남태평양의 지진처럼 이제 막 거대한 쓰나미를 준비하는 초기단계라고 할 수 있다.

세상은 이처럼 새로운 시대를 준비하고 있다. 대기업에 입사하기 위해 스펙경쟁에 목매고 있는 우리의 모습은, 과거 산업사회로의 전환기에 논 한 마지기를 더 확보하기 위해 기를 쓰던 농경시대 자본가의 시대착오적인 모습과 다를 바 없다. 바야흐로 새로운 시대를 준비할 때다.

공공의식을 가진 공감형 리더십의 요구

> 개인의 성공을 위해 질주하는 스펙경쟁의 시대에 오히려 공공의식을 몸에 익힌 사람이 승자가 되는 새로운 질서가 만들어지고 있다. 지금 청년세대가 미래의 리더가 되는 가장 중요한 자질은 기성세대와 같은 '탁월성'이 아닌 '공공의식'이 될 것이다.

 행복과 선함에 대해 논할 때 결코 빼놓을 수 없는 철학자 아리스토텔레스는 오늘날 우리가 '윤리'라고 부르는 선량함의 규율에 대해 "행복은 어떤 행위의 결과가 아니라 행위 그 자체에 있다."고 선언했다. 따라서 우리가 추구하는 행복을 누리기 위해서는 결과물에 대한 집착이 아닌 '선한 습관' 혹은 '선한 행위'를 내 삶의 일부로 만들어야 하고, 이런 태도를 익히기 위해 인간과 사회의 선량한 규범을 만들어 강제력을 행사할 필요가 있다고 주장했다. 즉 우리가 흔히 생각하는 선함은 개인의 문제가 아니라 국가나 사회 시스템이 추구해야 할 가치이며, 국가·사회 시스템은 선한 규범하에 선량한 강제력을 행사하게 하는 제도라고 여겼던 것이다.

내 아이가 행복하려면 이웃집 아이가 행복해야 한다

그가 주창한 윤리학은 인간의 '선량한 에토스(ethos, 성격)를 어떤 행위규범의 틀에 담는가(ethike, 윤리)의 문제이며, 이런 체제를 만들기 위해 고민하고 방법을 찾는 것이 바로 정치(politike)'라는 영역으로 확장된 것이다. 따라서 윤리나 도덕, 국가경영 등은 별개의 문제가 아니다. 이 모든 것은 궁극적으로 '선'을 추구하고, 그 가치를 바탕으로 '행복'을 구현하는 하나의 틀이기 때문이다. 그 결과 '인간은 본성적으로 정치적 동물이다'라는 명제가 탄생한 것인데, 방송인 김제동은 이 복잡한 말을 '내 아이가 행복하려면 이웃집 아이가 행복해야 한다'는 한마디로 정리해버렸다.

이것은 우리가 당면한 문제, 타인에 대한 배척과 기만, 이기심 등에 대해 많은 시사점을 던진다. 아리스토텔레스의 논법에 따르면, 사회는 인간이 행복을 추구할 수 있는 대상이고 인간은 사회화함으로써 존재하므로, 인간이 인간답게 행복하기 위해서는 사회에 지속적으로 헌신해야 하는 것이다. 즉, 사회는 그 자체의 건강성을 유지하기 위해 극한의 노력을 다하고, 개인은 그에 귀속되는 헌신을 다하는 것이 선함 혹은 행복의 근원이라는 지적인 셈이다. 우리는 보통 이런 헌신성을 가리켜 '공공의식(public mind)'이라 부른다.

예를 들어, 건강한 상식을 가진 대한민국 사람이라면 누구나 지하철의 '막말남'에 대해 분노한다. 나에게 막말을 한 것은 아니지만 문자 그대로 공분하는 것이다. 그러나 홍익대학교의 청소근로자가 오랫동안 근무하던 직장을 허망하게 잃었을 때, 그들의 절규와 비탄은 모두의 관심사가 아니다. 심지어 그 대학의 학생들마저 태연하게 제 갈 길을 가고, 일부는 농성하는 근로자들을 향해 수업권을 주장하기도 한다. 하나는 공분(公憤), 다른 하나는 공감(共感)의 문제다. 따라서 둘은 서로 다른 사안이지만 '공(公)'의 관점에서는 같은 문제다. 다만 전자의 경우는 철저하게 개인화되었고, 후자는 '노와 사' '좌와 우'라는 프레임으로 사회화되었다는 차이가 있다.

공공의식의 관점에서 보면 둘의 맥락은 같다. 지금 우리는 개인화된 시대를 살면서 공적인 무관심과 방관에 익숙해져 있다. 하지만 인간은 사회적 동물이고, 모두가 개인화되면 '사회'는 더 이상 존립할 수 없다.

성공한 리더들의 공공의식 부재 현상

돌아보면 우리 시대에 집안의 화장실 청소는 대개 아들의 몫이었다. 엄마가 하루종일 가족을 건사하고 아버지는 밖에 나가 돈을 벌어오니, 자녀도 가족을 위해 화장실 청소라도 해야 한다는 가족공동체의 공공의식을 그렇게 키워온 것이다. 학교교육도 마찬가지였다.

초등학교 시절부터 양동이를 들고 화장실을 청소하고, 창틀에 매달려 고사리손으로 유리창을 닦고, 양초 조각으로 교실 마룻바닥을 윤이 나도록 닦는 것은 함께 쓰는 공간은 함께 청소해야 한다는 공동체의식에 기초한 것이었다. 일주일에 한 번씩 빗자루를 들고 공터에 나가 청소를 하고, 고수부지를 다니며 잡초를 뽑았던 것도 바로 사회공동체 교육의 하나였다.

하지만 지금은 엄마와 함께 걷던 아이가 거리에 떨어진 휴지를 주우면, 왜 더러운 것을 만지느냐고 타박한다. 이 말에는 무서운 함의가 숨어 있다. '더러운 것을 만지는 사람은 따로 있다'는 의식을 아이에게 심어주는 셈이다.

성채처럼 솟아오른 아파트에서 엘리베이터를 타고 내려와 엄마가 운전하는 승용차로 등교를 하고, 비슷한 부류의 부모를 가진 아이들과 수업을 듣고, 같은 환경의 아이들과 과외를 한 다음 다시 엄마의 승용차를 타고 돌아와 지하주차장에서 엘리베이터를 타고 집에 올라오는 아이는 모른다. 자기가 지나온 도로가 어떻게 깨끗이 유지되는지, 이 건물을 짓기 위해 어떤 사람이 땀을 흘렸는지, 자기와 여건이 다른 아이들은 어떻게 성장하고 있는지 알 수도 경험할 수도 없는 것이다.

온전히 자기가 경험한 만큼이 자신의 세계다. 이런 아이들이 성장해서 스펙을 쌓고, 사법고시에 합격하고, 사업가·정치인·언론인·기타 전문직업인이 되어 소위 기득권을 갖게 되면 그들이 가진 권력은 그들만의 나라를 위해서 행사될 것이다. 상상만 해도 두려운 모습이다.

기성세대도 마찬가지다. 그나마 공공의식과 연대의식을 나누었던 지금의 기성세대들은 아직도 지하철에서 노인을 위해 자리를 양보하고 이웃의 아픔에 같이 눈물 흘릴 줄 안다. 하지만 일부의 성공담은 대중의 그것과 다르다. 사회적으로 성공한 기성세대 중 일부가 공동체를 외면하고 편법과 불법, 불공정한 수단으로 부를 축적한 뒤, 권력을 획득한 과정이 마치 불가피했던 것인 양 당당하게 이야기한다.

아이는 어른의 뒷모습을 보고 배운다. 그런데 그들의 뒷모습은 불을 보듯 훤하다. 이 나라의 어떤 권력자도 청문회에서 그들의 공공의식이 남대문시장에서 포장마차를 하는 서민의 그것보다 낫다는 것을 보여주지 못하고 있다. 평범하지만 공동체의식을 간직하고 살아온 대중과, 그것을 외면하고 달려 성공한 리더들의 모습은 아슬아슬한 불일치를 이룬다.

공공의식을 가진 사람이 승자가 되는 사회의 도래

이런 불균형이 개인화된 학교교육과 맞물려 다음 세대로 전해진다면, 우리의 미래를 진지하게 고민하지 않을 수 없다. 모든 교육은, 또 모든 리더십의 자격은 공공의식이 가장 중요한 기준이 되어야 한다. 권력은 개인을 위해서가 아니라 공공을 위해 행사되어야 하고,

교육은 특정 계층의 자녀가 아닌 전국민의 아이들에게 고른 기회를 줘야 한다. 그것만이 아리스토텔레스가 말한 사회의 건강성을 유지하는 유일한 방법인 것이다. 하지만 지금 우리 사회는 이런 공공의식이 실종된 상태다.

차세대 리더를 꿈꾸는 청년들은 바로 여기서 중요한 힌트를 얻어야 한다. '시대의 요구는 시대의 과잉이 아닌 결핍과 일치'하며, 그 결핍은 다음 세대의 필수 덕목이 된다는 사실이다. 그러니 지금 청년들은 현재 대표적 과잉 중 하나인 무모한 스펙전쟁이 아니라 대표적 결핍인 공공성을 갖추기 위해 최선을 다하고, 사회적 건강성에 헌신함으로써 차세대 리더에게 요구되는 리더십을 획득할 수 있다는 사실을 잊지 말아야 한다. 즉 과거에는 잘난 사람의 리더십이 중요했지만, 지금은 대중의 팔로십이 중요한 시대다. 예전에는 유아독존이더라도 만 명을 먹여살리는 한 명의 인재가 '팔로 미(follow me)'를 외치면 9,999명이 뒤를 따라 뛰었지만, 이제 그런 시대는 끝났다. 공공의식이 없는 리더십에는 대중이 곧 염증을 느낀다. 어떻게든 성공만 하면 되고, 남을 짓밟고 올라서는 것이 성공의 지름길이고, 잘나고 똑똑하면 모두가 따르던 리더십에 염증을 느낀 대중들이 간절하게 공공의식을 가진 공감형 리더십을 요구한다. 때문에 공공의식을 교육받지 않은 사람들은 사회에서 성공하기 어려워질 것이다. 국가지도자건 사회지도자건 '팔로 미'가 아닌 '위드 미(with me)'를 말하는 사람, 함께 가고 헌신하며 먼저 실천하는 사람이 리더로서 인정을 받는 시기가 도래하고 있는 것이다.

그래서 지금 모두가 개인의 성공을 위해 질주하는 스펙경쟁의 시대에 오히려 공공의식을 몸에 익힌 사람이 승자가 되는 새로운 질서가 만들어지고 있다. 지금 청년세대가 미래의 리더가 되는 가장 중요한 자질은 기성세대와 같은 '탁월성'이 아닌 '공공의식'이라는 사실을 기억해야 한다.

정의와 공정성에 관하여

한 시대의 화두는 그 시대에 가장 결핍되었다고 여겨지는 것이다. 앞으로 우리 시대의 키워드는 '공정'이 될 것이다. 결과불평등은 인간의 발전을 위해 필요한 것이지만, 과정의 공정성은 경기 자체가 지속되게 하는 더 중요한 조건이다. 우리나라는 바로 이 부분에서 약점을 갖고 있다.

일전에 김영사 박은주 사장과 대화를 나누다가 "현재 한국 사회의 핵심 키워드가 무엇이라고 생각하는가?"라는 질문을 받았다. 그때 필자의 대답은 '정의'였는데, 공교롭게도 그 다음 해 김영사에서《정의란 무엇인가 Justice: What's the Right Thing to Do?》가 출간되었고 정의라는 키워드가 한국 사회에 열풍을 몰고 왔다. 그것이 계기가 되어 정의를 주제로 한 대담에 초대되었는데 참석자들과 사전 미팅 후 불참을 통보했더니, 갑작스러운 불참 통보에 주최측이 적잖이 당황했다는 후문을 들었다.

이유는 단순했다. 필자가 불참하기로 결정한 이유는 그 토론에 참

가할 토론자들이 이미 자신이 생각하는 것이 곧 정의라는 확고한 인식을 갖고 있었기 때문이다. 정의란 정의하기 어려운 명제이고 그래서 '정의란 무엇인가'라는 논의가 필요한 것이다. 그런데 그런 토론에서 각자 자신이 생각하는 것이 곧 정의라고 설파하는 것은 논리적 모순이라고 생각했다. 그만큼 정의란 쉽지 않은 주제이고 서로가 자신이 생각하는 것이 정의라고 주장하는 한 결코 실현될 수 없는 것이기 때문이다.

어쨌든 그후 다시 박은주 사장을 만났을 때 "정의 다음 키워드는 무엇이겠는가?"라는 질문을 다시 받았고 이때 필자의 대답은 '공정'이었다.

정의와 공정이 결핍된 시대

처음에 우리 시대의 화두가 정의가 될 거라고 대답한 계기는 단순했다. 한 시대의 화두는 그 시대에 가장 결핍되었다고 여겨지는 것이기 때문이다. 개인이든 사회든 그 자체로서 완전한 존재가 아니기 때문에 누구든 크고작은 콤플렉스를 갖고 있는데, 그 콤플렉스는 종종 구호로 나타난다. 그래서 한 시대의 화두는 그 시대의 콤플렉스인 셈이다. 필자는 2009년 말 한국 사회의 가장 심각한 콤플렉스는 바로 정의라고 생각했다.

그 다음 '공정'이 화두가 될 거라는 생각은, 거기서 한 발 더 나아간 실천의 문제에서 나온 것으로, 존 롤스(John Rawls)의 정의론에 입각한 대답이었다. 존 롤스는 공리주의에 입각한 마이클 센델(Michael J. Sandel)과 달리, 정의의 문제에서 평등의 개념을 직접적으로 제기한 사람이다.

그의 정의론은 기회균등과 결과평등의 문제에 주목한다. 그는 '절차적 정당성이 확보된 기회균등에서 결과의 불평등'이 정의라고 말했다. 개인의 노력과 능력을 무시하고 결과를 공평하게 나누자는 생각은 그 자체가 불평등이지만, 과정과 결과가 불공정한 상태에서 결과의 차이를 인정하는 것은 더더욱 정의가 아니라고 생각한 것이다.

그는 자신의 책에서 정의를 구현하기 위한 수단으로 "이해당사자가 규칙을 정하는 사람이 되어서는 안 되는 원초적 입장(original position)이라는 상황을 설정했고, 그러기 위해서는 규칙을 정하는 계약당사자들이 자신의 이해관계를 알 수 없는 무지의 베일(the vail of ignorance)이 필요하다."라고 말했는데, 이것은 절차적 공정에 대한 이야기다.

예를 들어 100미터 달리기를 할 때, 누구는 먼저 출발하고 누구는 늦게 출발해서는 안 되며 심판은 이 경주를 끝까지 공정하게 관리해야 한다. 이때 중요한 것은, 게임의 룰을 정할 때 이 경기의 승패와 관계없는 사람들로 심판을 세우고 규칙을 정해야 한다는 것이다. 이 경우 모두가 경주의 승패를 받아들인다. 열심히 연습한 사람과 그렇지 못한 사람 사이에 승패가 나뉘는 것은 당연하기 때문이다. 하지만 그 과정에서 룰이나 관리가 불공정할 경우에는 누구도 결과에 승복하지 못하게 되고, 그것은 정의가 아니라는 것이다.

단순하지만 대단히 명료한 정리다. 결과불평등은 인간의 발전을 위해 필요한 요소지만, 과정의 공정성은 경기 자체가 지속될 수 있게 하는 더 중요한 조건이다. 우리나라는 바로 이 부분에서 치명적인 약점을 가지고 있다. '꽃돼지논쟁'에서 보듯 과정은 불공정하고 결과는 그 이상으로 불공평하다. 과정과 결과 모두 훼손된 것이다.

체념과 비탄을 결의와 공분으로 바꾸자

제비가 집을 지을 때를 잘 관찰해보자. 강남 갔던 제비가 다시 돌아오는 데는 세 가지 조건이 있다. 첫째, 주변에 진흙과 나뭇가지, 볏짚 등 집을 지을 수 있는 재료가 갖추어져 있어야 한다. 둘째, 주변에 산과 들이 있어서 먹이가 풍부해야 한다. 그래야 새끼를 키울 수 있기 때문이다. 마지막으로 새끼를 잘 가르칠 수 있는 곳이어야 한다. 제비는 흙과 나뭇가지로 집을 짓고, 집이 탄탄하게 굳어 새끼를 낳아도 될 만큼 안전해야 새끼를 낳는다. 그런 다음에는 부지런히 벌레를 물어다 새끼를 키운다. 두 조건이 맞지 않으면 새끼를 낳지도 키우지도 않는 것이다. 새끼가 어느 정도 자라면 그 앞에서 날갯짓을 해 날개가 있다는 사실을 가르치고, 나는 방법을 반복적으로 보여준다. 안전한 집에서 풍족한 먹이를 받아먹으며 튼튼하게 자란

제비가 어미의 날갯짓을 보고 날개를 파닥거리다가 날개에 힘이 붙으면 같이 날아오른다. 그렇게 어미와 함께 강남으로 날아간 새끼는 다음해 어미가 되어 다시 날아온다.

이것은 조류인 제비, 즉 미물인 짐승도 거주와 생계와 교육의 삼박자가 제대로 갖춰지지 않으면 살아갈 수 없다는 중요한 원리를 보여주는 예다. 제비도 이런데, 하물며 사람이야 어떻겠는가? 평생을 일해도 좋은 집은 고사하고 내 가족을 보호할 수 있는 작은 집 한 칸 장만할 수 없다면, 아이들을 배불리 먹이고 가르칠 수 없다면, 그런 열악한 환경에서 인간은 행복하게 살아갈 수 없다.

그런 점에서 인간은 '만물의 영장'이라는 자부심을 갖기에는 턱없이 부족한 동물이다. 노력하면 잘 살아갈 수 있다는 기초적인 원리마저 작동하지 않는다면, 그것은 인권의 문제도 아닌 생명권의 문제인 것이다.

이런 상황에서 우리가 존 롤스의 정의론을 낭만적 이상론으로 폄훼하거나 더 나아가 절차적 공정성의 문제, 기회균등의 문제에 대해 깊이 고민하지 않는다면, 금수의 규칙조차 통하지 않는 사회를 우리 스스로 만들어가는 것과 같다.

그 점에서 새로운 시대의 주인공이 될 청년들의 어깨가 무겁다. 가난을 대물림하기 싫어 대를 끊겠다는 비탄보다는, 문제를 알았으니 반드시 해결하겠다는 결의와 공분이 필요하다. 바로 그 지점을 정확히 간파하고 대열의 전면에 서는 청년이 바로 새로운 시대의 리더가 될 수 있다. 혹시라도 자신이 여건상 유리한 고지에 있다면, 그럴수록 더 사회의 이면을 바라봐야 하고, 소외되고 약한 사람들을 이해하는 공감력을 키워야 한다. 그것이 바로 청년들이 미래의 새로운 패러다임에서 주인공이 될 수 있는 길이다.

정의란 이상이 아니라 현실 참여의 도구다

그렇다면 도대체 정의란 무엇인가? 앞에서 말했지만 정의란 정의하기 어려운 것이므로, 필자에게 정의가 무엇이냐고 묻는다면 답할 자신이 없다. 우리 세대는 현재 시스템의 주인공들이고, 이런 불공정 시스템에 대해 최소한 방관 내지 외면을 해온 원죄가 있는 세대이기 때문이다. 그래서 지금 청년들을 만나면 미안하다는 말밖에 달리 할 말이 없다.

하지만 굳이 개인의 소심한 정의관이 무엇이냐는 질문을 재차 받는다면 '전제에 충실한 것'이라고 답할 것이다. 유형이건 무형이건 모든 존재에는 존재이유가 있고, 그것이 바로 전제이며, 전제에 충실하면 그 자체로 균형이기 때문이다.

예를 들어, 국가는 국가의 원리인 헌법정신을 구현하는 것이 존재의 이유, 즉 존립의 대전제다. 그런데 만약 국가가 헌법정신을 충실히 구현하지 않거나 의미를 왜곡한다면 그 국가는 존립의 근거가 사라진다. 그런 국가가 존재한다면 그것은 정의가 아닐 것이다.

군대는 국토를 방어하고 국민의 생명을 지키는 것이 대전제인데, 만약 군대가 지켜야 할 대상인 자국 국민에게 총을 겨눈다면 전제를 부인한 셈이고, 그런 군대가 존재한다면 그것은 역시 정의가 아닐 것이다.

의학은, 생명은 존엄하다는 명제를 지켜야 하고, 만약 존엄한 생명의 가치를 저버리면 의학은 정의롭지 못하게 된다. 또 정의로워야 한다는 전제를 충족시키지 못한다면 사법부는 존재이유를 상실하게 된다.

그런데 이익을 내기 위해서 존재하는 기업의 경우, 이익만을 위해서 어떤 탐욕을 부리더라도 그것은 전제에 충실한 것이니 정의라는 주장이 있을 수 있다. 하지만 이것은 기업의 전제를 잘못 해석한 데서 오는 문제다. 기업은 물론 이익을 추구해야 하지만 이익 추구가 기업의 존재이유는 아니다. 기업의 전제는 그렇게 천박한 것이 아니다. 기업의 전제는 구성원들을 행복하게 하고, 사회에 고용과 투자의 기회를 제공하며 함께 이익을 추구하는 것이다.

군대 역시 마찬가지다. 자국의 영토와 국민을 보호한다는 좁은 전제에만 비춰보면 다른 나라를 먼저 침략하고 그 나라 국민의 목숨을 빼앗는 것도 정의가 될 수 있다. 하지만 넓은 의미에서 그런 행위는 나중에 복수의 부메랑이 되어 자국에 돌아오게 마련이므로, 사실상 자국의 영토와 국민의 생명을 위협한 셈이 된다.

이렇듯 정의의 문제는 전제에 대한 고민을 계속해나가는 과정이다. 방법론으로 존 롤스의 정의론을 차용하거나 경우에 따라서 공정한 룰을 세우기 위한 만민회를 여는 한이 있더라도, 국민의 민주적 의사결정체계를 갖춤으로써 전제에 대한 고민과 실천에 대한 자기 반성이 끊임없이 이루어져야 한다. 그럼으로써 정의는 단순히 이상의 문제가 아니라, 현실 속에 한 발 더 깊이 참여하는 도구로서의 담론이 될 수 있을 것이다.

에필로그

우리는 늘 두근거리는 시작 앞에 있다

이 책의 내용을 정리해보면 결국 다음과 같은 이야기다.

의식과 무의식은 서로 견제와 균형을 반복한다. 의식을 가다듬고 집중해서 무의식을 들여다보면 마치 지독하게 잘게 부서진 파편 같다. 그런데 이 파편들은 나의 의식이 약화되었을 때, 수면 위로 떠올라 의식을 교란한다. 의식이 정돈되어 무의식을 잘 통제하고 있을 때는 바닥에 가라앉아 있지만, 의식이 산만하거나 집중력이 느슨해지면 장마철 호수 위에 떠오른 쓰레기더미처럼 나의 의식을 오염시키는 것이다. 그래서 습관적으로 긴장을 늦추며 살아가면 나의 의식은 늘 무의식과 함께하게 된다.

무의식은 치명적인 약점들이다. 우리가 살아가면서 긍정적으로 받아들인 것들, 기억하고 싶은 것들, 강렬한 인상을 남긴 것들은 의식의 흐름 속에 자리잡지만, 부정적이고 잊고 싶은 것들은 의식의 가위질로 편집되어 깊은 심연 속에 조각조각 던져지기 때문이다. 그래서 무의식을 잘 통제하는 사람들에게 자신의 장점과 단점을 적어 보라고 하면 장점과 단점 항목을 최소한 비슷하게 나열하지만, 무의식이 통제되지 않고 의식의 틈새에 얼기설기 끼어 있는 사람들은 장점은 두세 개만 적고 단점은 수십 개나 적는다.

이런 상태에서는 가치관과 목표의 이정표를 바로 세울 수 없다. 가치관에 대한 판단도 명료하지 않고, 그에 따른 목표도 자신의 장단점을 분석한 결과가 아니라 외부의 시선을 의식해서 엉뚱한 방향으로 결정하게 된다.

청년들에게 목표가 무엇이냐고 물으면 바로 대답하지 못하는 경우가 많다. 그들의 머릿속에는 외부 요인들만 가득해서 좋아 보이는 것, 기발하고 멋져 보이는 목표들만 가득하기 때문이다. 하지만 그런 것들은 나의 좌표를 설정하는 데 오히려 방해가 된다. 나의 강점과 재능이 무엇인지 파악하고 그 바탕 위에서 내가 잘할 수 있는 것을 찾아야 하는데, 나를 소외시키고 남들에게 성공한 사람으로 보일 수 있는 추상적인 망상만 가득한 셈이다.

목표를 세울 때는 반드시 나를 먼저 들여다봐야 한다. 의식을 집중해서 무의식을 가만히 탐색하고, 나의 장점과 단점을 잘 비교한 다음, 최소한 장점 항목이 단점을 능가할 때, 장점들을 잘 모아서 시너지를 일으킬 수 있는 재능을 파악한다. 그리고 그 재능을 발휘할 수 있는 분야를 결정한 다음, 그 분야에서 가장 가능성이 있는 것을 찾아 그것을 나의 목표로 삼아야 하는 것이다.

이때 의식을 명료하게 하기 위해서는 무의식이 끼어들 틈을 주지 말아야 한다. 그 방법은 나쁜 습관을 제거하는 것이다. 지금 당장 나의 단점들 중에서 버릴 것을 검토하고, 하나하나 차례로 제거해나가야 한다. 나쁜 줄 알면서도 달콤함에 취해 포기하지 못했던 것들을 과감하게 버리지 못하는 사람이, 정말 필요한 일이라고 해서 끝까지 그것을 결행할 인내심을 가지고 있을 리 없다. 손에 쥐고 있는 것을 버리지 못하면서, 새로운 것을 가질 수는 없는 법이다.

그런데 이때 명심할 것이 있다. 단발적으로 버리는 것은 소용이 없다는 사실이다. 이를테면 일요일 아침에 게으름을 버리고 등산을 한 번 하거나, 밀린 청소를 한꺼번에 해버리겠다는 결심은 아무런 소용이 없다. 그것은 어린아이도 할 수 있는 결심이다. 정말 버려야 하는 대상은 장기적 인내가 필요한 것들이어야 한다. 잠을 참아내거나 담배를 참아내거나 술을 참아내는 것처럼, 지속적으로 늘 그것과 투쟁해야 하는 것들을 버리기로 결심해야 하는 것이다.

그렇게 긴 투쟁을 이겨나가면 그것이 곧 새로운 습관으로 이어지고, 의식은 명료해진다. 의식이 본능을 통제하고 극복하면서 필요한 일을 행하는 인내로 이어졌다면, 이미 의식의 통제상태에 들어간 것이다. 이제 그것을 습관화함으로써 강고한 자아를 구축하고, 산만하고 저급한 무의식을 의식의 바다 밑 깊은 골짜기로 밀어버리면 된다.

그로써 우리는 단단한 사람이 될 수 있다. 그 다음 우리가 단단한 바탕을 딛고 자신의 길을 심장이 터질 만큼 힘차게 달려나갈 때, 우리는 다른 사람이 갖지 못한 특별한 아우라를 획득할 수 있다.

 이런 삶은 불행하지 않다. 우울의 여지도 없다. '긍정적으로 생각하라'는 달콤한 말에 현혹될 필요도 없다. 무조건 긍정적으로 생각하라는 것은 무의식의 노예가 되라는 뜻이다. 긍정은 당의정이 아니다. 긍정의 태도를 몸에 익히고 그것을 실천함으로써 느껴지는 자존감이 바로 긍정의 힘을 발휘한다.

 이 길에서는 무언가 이루는 것이 목표가 아니라, 열심히 살아가는 모습, 최선을 다하는 삶 그 자체가 중요하다. 훗날 '지난 20년간 나는 이런 것들을 이루었다'고 회고한다면 비웃음의 대상이 될 뿐이다. 인간은 상대적 욕망 체계가 작동하기 때문에 필연적으로 자신보다 뛰어난 성취를 이룬 사람을 쳐다보게 되어 있고, 그것은 다시 상대적 열등감으로 작용할 것이기 때문이다. 그래서 '지난 20년간 나는 정말 최선을 다해서 살았어'라고 말할 준비를 해나가야 한다. 그것이 내가 주인이 되는 삶, 결과를 돌아보지 않고 과정을 중시하는 긍정적 삶의 뿌리다.

 주어진 상황에서 선택할 수 있는 것은 최악/차악뿐이다. 하지만 내가 만든 상황에서 던지는 주사위에는 최선/차선의 선택이 있다. 기다린다고 상황이 명료해지는 것은 절대 아니다. 밤안개는 시간이 지날수록 짙어진다. 빨리 지나가야 한다. 안개가 옅어지기를 기다리다 결국 새벽을 맞는다. 인생이 바람처럼 지나가버린 것이다.

 다만, 상황을 만들기 위해서는 그만큼의 노력이 필요하다. 내가 지금 하고 있는 일에 최선을 다하면서 새로운 것을 준비하려면 어떻게 해야 할까? 두 마리의 토끼를 좇지 말라는 것은 패배자의 논리다. 지금 만약 어려운 상황에 처해 있다면 두 마리의 토끼를 좇아라. 지금 어려운 상황을 돌파하기 위해 현재에 최선을 다하면서, 미래에 대한 준비를 병행하는 것이다. 하지만 이 경우 그만큼 다른 것을 포기해야 한다. 불필요한 순서대로 나에게 붙어 있는 나쁜 습관의 찌꺼기를 떼어내고, 시간을 압축해서 밀도를 높이고, 코피가 터지고 엉덩이가 짓무르도록 집중해가면서 준비를 해야 하는 것이다.

성급해할 필요는 없다. 물은 99도가 될 때까지 끓지 않는다. 100도가 되기를 기다리는 인내와 여유가 필요하다. 내가 노력하고 있다면 기다림도 당연하게 받아들이는 여유가 필요하다. 세상의 모든 것은 발효 과정이 필요하다. 무언가를 시작해서 당장 성과를 얻는 것은 그야말로 운이다. 우연히 시작한 사업으로 대박을 터뜨렸다는 이야기에 솔깃하고 주눅이 드는 것은, 이탈리아의 어떤 사람이 사상 최고액의 로또에 당첨된 것을 보고 부러워하는 것과 같다.

하필 행운의 여신이 나만 피해갈 리 없고, 하필 불행의 여신이 내 발목만 잡을 리도 없다. 인생은 정직한 것이다. 묵묵히 걸어가라. 결과를 두려워할 필요도 없다.

이것이 바로 필자의 인생에서 아쉬웠던 점이자 이 시대의 청년들에게 하고 싶은 말이었다.

지금 이 에필로그를 쓰고 있는 순간, 필자는 심신고갈 상태에 직면해 있다. 불과 석 달 사이 뜨거웠던 청춘콘서트가 진행되었고, 좋은 선배이자 멋진 친구인 안철수 교수의 서울시장 출마고민으로 촉발된 큰 사회적 변화의 현장을 함께해야 했으며, 그 와중에 밤을 세워가며 이 책의 탈고를 마무리했고, 그에 대한 나비효과로 10년간 진행하던 MBN에서의 방송진행과 KBS '박경철의 경제포커스' 라디오 진행자를 모두 그만뒀다. 지난 48년 필자의 삶에서 가장 뜨거웠던 여름이었던 셈이다. 이후 완전한 탈진 상태에 빠졌다. 정말 뇌가 모두 녹아버린 것 같은 느낌이다.

하지만 조금도 아쉽지 않다. 정말 처음으로 '최선을 다했다'는 생각이 들었기 때문에 결과가 어떻든 간에 아무것도 중요하지 않다. 그것이 전부다. 지금 이 순간 그 이상 중요한 것은 아무것도 없다. 필자도 이제부터 새로운 시작일 뿐이다. 시작은 늘 두근거린다. 그것은 이 책을 읽는 후배들도 마찬가지다. 여러분의 두근거리는 시작을 진심으로 성원하고 싶다. 진짜 파이팅이다!

안동에 돌아와서, 박경철

나는 아무것도 바라는 것이 없다
나는 아무것도 두려운 것이 없다.
나는 자유다.
-니코스 카잔차키스의 묘비명에서